本书系国家社科基金项目"我国扶持低碳经济发展的公共政策整合问题研究"（项目编号：11CZZ021）结项成果

我国扶持低碳经济发展的公共政策整合问题研究

李 奎 著

中国社会科学出版社

图书在版编目（CIP）数据

我国扶持低碳经济发展的公共政策整合问题研究／李奎著 . —北京：
中国社会科学出版社，2017.11
ISBN 978 - 7 - 5203 - 0986 - 8

Ⅰ.①我…　Ⅱ.①李…　Ⅲ.①中国经济—低碳经济—公共政策—
研究　Ⅳ.①F124.5

中国版本图书馆 CIP 数据核字 (2017) 第 224748 号

出 版 人	赵剑英	
责任编辑	张　潜	
责任校对	季　静	
责任印制	王　超	

出　　版	中国社会科学出版社	
社　　址	北京鼓楼西大街甲 158 号	
邮　　编	100720	
网　　址	http://www.csspw.cn	
发 行 部	010 - 84083685	
门 市 部	010 - 84029450	
经　　销	新华书店及其他书店	

印　　刷	北京明恒达印务有限公司	
装　　订	廊坊市广阳区广增装订厂	
版　　次	2017 年 11 月第 1 版	
印　　次	2017 年 11 月第 1 次印刷	

开　　本	710 × 1000　1/16	
印　　张	16	
插　　页	2	
字　　数	254 千字	
定　　价	68.00 元	

目　录

引　言

一　本文主题的研究现状

所谓低碳经济的扶持政策，是指以政府为核心的公共组织为支持低碳经济的发展而制定的公共政策体系、公共政策过程和公共政策措施。[①]低碳经济扶持政策的整合就是对它们进行体系建构、过程调适、措施完善的系列活动。

国外没有明确使用"低碳经济的扶持政策及整合研究"概念，但存在相关理论与实证研究。例如，英国学者戴维·皮尔斯（1998）阐述了"自然资源—产品/用品—再生资源"的低碳经济路径，并提出政府为支持低碳经济发展应该采取的经济奖励制度、绿色税收政策等；德国学者亨瑞克·伦蒂（1999）认为，德国是扶持低碳经济最早的国家之一，针对碳排放量进行"3R"处理，建立"排碳收费制度""环境收税制度""财政补贴制度"；[②] 日本学者黄凯频、大野木升司（2007）梳理了日本的清洁能源政策，提出 RPS（目标强制制度），吉田文和（2008）针对日本的"循环型社会"，提出低碳经济政策的"制度/参与者"模式。[③] 总之，国外相关研究偏重低碳经济政策建构层面，对于政府为支持低碳经济发展的公共政策的整合问题，则鲜有研究成果。

国内对于低碳经济及其扶持政策的研究从 21 世纪初开始，目前还处

---

① 李奎：《我国低碳经济发展的现存障碍和解决思路》，《党史文苑》2010 年第 7 期。

② 何志武、唐一科：《政府支持垃圾发电的公共政策研究述评》，《中国城市经济》2010 年第 11 期。

③ 同上。

于引进阶段。自从《清洁生产促进法》（2002）、《中国应对气候变化国家方案》（2007）、《中国的能源状况与政策白皮书》（2007）、《国务院低碳经济综合性工作方案》（2008）、《循环经济促进法》（2008）① 颁布实施以来，关于低碳经济扶持政策的研究主要有以下观点。

低碳经济扶持政策整合的必要性与紧迫性。唐建荣、吴晓青、郝豫（2006）指出低碳经济发展面临的障碍之一是：低碳经济产业急需优惠扶持政策，而且政策应当协调。庄贵阳、李小明等（2006）从国外低碳经济发展的经验出发，认为扶持政策整合是必要的、紧迫的。

低碳经济扶持政策整合应当考量的因素。鲍健强、奚旦立、毛玉如（2007）认为我国低碳经济扶持政策整合应考量三个因素：国家扶持政策的可操作性问题、现行体制对碳排量的管理问题、节能减排设备的国产化问题。② 宋国君、易兆青等（2008）指出政府应当注意低碳经济产业的管理制度创新问题，提出"BOT"运营模式。③

低碳经济扶持政策整合的措施。张坤民、潘家华、陈振明（2005）就低碳经济扶持政策问题，提出采取强制性的立法手段和奖励性的财税政策，并整合部门政策的对策。④ 朱崇实、苏杨等（2009）对城市的温室气体无害化资源化处理问题进行调研，认为制定排碳量分类分级立法、扶持节能减排政策是政府的紧迫任务。⑤ 少数学者如刘卫东等（2010）提出我国低碳经济发展框架和政策整合路径。

概而言之，国内外对低碳经济扶持政策的研究有一定的基础，很多学者已经认识到低碳经济扶持问题的重要性，如夏堃堡（2003）、牛文元（2005）、李旸、何建坤（2006）、叶文虎、陈佳贵（2007）、胡鞍钢、严强、张世钢（2008）、林辉、黄栋（2009）、樊纲（2010）的研究。但是直接把政府扶持低碳经济发展的公共政策整合问题作为研究对象的成果

---

① 李奎：《我国低碳经济发展的现存障碍和解决思路》，《党史文苑》2010 年第 7 期。
② 何志武、唐一科：《政府支持垃圾发电的公共政策研究述评》，《中国城市经济》2010 年第 11 期。
③ 同上。
④ 同上。
⑤ 同上。

很少，我国低碳经济扶持政策的整合研究还很分散、薄弱。[①]而且现有的研究大多直观地从经济学管理学的角度解读，政治学与行政学介入较少，研究的宏观性与整体性有所受限。如何运用政治学理论与方法，系统评估当前中国低碳经济扶持政策，探寻公共政策整合与政府治理机制间的某种联系，从而提出公共政策制定和整合的优化之道，达到善治，正是本课题的研究空间之所在。

二　本文选题的意义与价值

全球气候变暖已经对中国的生态环境、经济、社会等各方面产生了巨大的影响，我国应对气候变化的压力与日俱增。一些发达国家也不断对中国的高碳排放施加压力，甚至要求我们承担强制性的减排义务。[②]中国是世界上最大的发展中国家，既要保持一定的经济增长，又要维持人口—资源—环境的平衡与协调，这使得中国不能继续走"高排放、高污染、高能耗"的高碳经济老路。发展低碳经济，实施低碳转型，既是中国作为负责任的国际大国担当，也是中国实现经济增长、生态保护和可持续发展的必然选择，更是当下中国走绿色发展的关键路途。

中国的经济发展和政治发展需要有立足于中国实践的理论解读。由于低碳经济的提出及发展只是近年来发生的现象，所以学术界对低碳经济扶持政策的关注较少，专门研究低碳经济扶持政策整合问题的成果更为少见，目前的研究也大多从经济学管理学角度介入，罕有政治学的深刻解读，缺乏学科的交叉与互融。本选题综合运用政治学、管理学、经济学等相关知识，以政府扶持低碳经济发展的公共政策整合问题研究为中心，探寻公共政策整合与政府治理机制间的关系，侧重于探究中国经济活动中独具特色的政治逻辑，侧重于厘清现代化进程中政府与市场、社会之基本关系、行为方式与互动联系，旨在揭示经济增长方式转型期政府公共政策的运行机理和

[①]　任涛：《低碳经济的法律解读》，《对外经贸》2013年第7期。
[②]　程维武：《中国低碳经济发展研究》，硕士学位论文，吉林大学，2012年。

政府治理机制的优化之道。并且，本课题通过实证研究所获得的数据可以为以后的研究积累资料，可以丰富我国低碳经济发展战略研究的内容、推动公共政策整合理论向科学化发展、拓展新的政治学研究领域，对于提高政治学理论在中国现实政治中的应用价值，具有重要的理论意义。

近年来中央把发展低碳经济作为我国转变经济增长方式、建设和谐社会，实现绿色发展的重大举措。据我们统计：目前，我国在江西"鄱阳湖生态经济区"、湖南（长株潭城市圈）和湖北（武汉城市圈）"两型社会实验区"、重庆"垃圾发电循环经济产业区"等地建立了低碳经济实验区；世界自然基金会与国家发改委在上海、南昌、保定等地启动"中国低碳城市发展项目"。从总体上看，这些低碳经济区和低碳城市项目的经济效益和社会效益体现得还不明显，有的甚至陷入运营困境，究其原因，除了自身的经营外，一个共性问题就是政府的扶持政策不完备、不系统、不连续、自相冲突矛盾，"九龙治水"，亟须整合。本课题的研究旨在帮助我们把握低碳经济扶持政策的动态和走向，寻找促进整合低碳经济扶持政策的方式方法。它对于落实科学发展观、建设生态文明，建构"环境保护型、资源节约型"社会有着重要的现实意义；为政府实现文明、节约、绿色、低碳生产消费模式的公共政策制定和整合提供活性的、先导性的经验；为探寻公共政策整合与政府治理机制间的某种联系，找到公共政策整合的优化之道，达到善治，是推进国家治理体系与治理能力现代化的重要抓手。

三　本文研究的主要内容

低碳经济扶持政策的整合理论。针对低碳经济扶持政策，运用公共政策的系统理论、分工理论、政策协调理论、政策合作理论、政策激励理论和效益效率评估理论等，试图确定低碳经济扶持政策整合理论的基本内涵，为本课题的调查研究奠定理论基础。

我国低碳经济扶持政策的现状与问题。通过考察我国低碳经济区、低碳城市发展项目以及到政府部门、非政府组织等调研，评估我国低碳经济扶持政策的现状，找出带有普遍性的问题，为扶持政策的整合方案设计提供依据。

低碳经济扶持政策的公共部门协调机制。针对低碳经济扶持政策的多部门性，建构扶持政策的部门协调机制，协调支持低碳经济发展部门的目标的一致性。

低碳经济扶持政策的公共政策整合机制。通过收集、整理有关低碳经济扶持的政策和法律法规，构建整合这些政策法律法规的原则与机制，避免它们的相互冲突性。

低碳经济扶持政策的激励措施联动机制。梳理我国有关发展低碳经济的激励政策，探索激励措施的配套性和连续性，提出激励政策的设计原理与制度机理，建构低碳经济扶持政策的激励措施联动机制。

低碳经济扶持政策整合的评估机制。公共部门政策决策的科学性必须建立在有效的评估机制基础上，政府对于低碳经济扶持政策的整合效果，也有一个评估的问题。

低碳经济扶持政策整合问题的研究结论对策建议。对公共政策整合与政府治理机制间的关系，以及优化公共政策制定与整合的方案设计做进一步的理论提炼与思考。

四　本文的主要观点、重点难点与创新之处

(一) 主要观点

解决我国低碳经济扶持政策整合问题的关键在于实现"部门协调""政策整合"和"措施联动"。

整合政府支持低碳经济发展的公共政策，增加扶持的力度和广度应当成为我国转变经济增长方式、建设"两型社会"、实现"绿色发展"的当下之急和长远之计。

部门政策的横向整合、激励措施的合力联动是促进我国政府治理机制优化的可行之道，实现善治。

积极建构面向21世纪的、具有中国特色的公共政策整合理论方法体系、制度体系和组织人员体系，努力实现政策整合的科学化、制度化和规范化，全面提高中国的公共政策质量和水平，是推进国家治理体系与

治理能力现代化的重要抓手和有效途径。

（二）本研究的重点和难点

对于本课题来说，低碳经济扶持政策的"部门协调""政策整合"和"措施联动"的机制机理及方案设计既是重点又是难点。一方面，由于本课题属于应用研究，为公共部门提供科学合理且可操作性强的对策方案自然应当是主要目标；另一方面，由于低碳经济扶持政策的部门协调机制、政策整合机制、激励措施联动机制的建构涉及政府治理机制、机构设置、职能划分、利益分配、政府与市场、社会、企业之关系、低碳技术发展等许多复杂因素，还必须有实证调查和定量分析，自然会有相当的难度。为此，课题组必须花大力气，尽可能多地选择不同类型低碳经济区、低碳城市项目、政府管理部门、企业和民间组织等深入调研。调研的范围跨度大，调研对象又不同，这都加大了本课题研究的难度。在进行实证的调查分析中，如何设计合适的关于低碳经济扶持政策整合问题研究的调查问卷，寻找新的研究变量以及在研究中确保数据的信度和效度，更是本课题必须克服的难点。

（三）本研究的创新之处

从公共政策整合的角度剖析我国扶持低碳经济政策体系是研究视角的创新。

以政府引领和助推"低碳消费""低碳生产"作为我国发展低碳经济的主突破口是低碳经济战略研究的内容创新。

应用公共管理的政策整合范式研究低碳经济扶持政策是研究方法的创新。

把低碳经济政策体系、公共政策整合问题、国家治理体系与治理能力现代化，三者贯通，由表及里，依次递进，由实证到理论研究，研究的问题意识突出，体现了研究思路、研究框架和结构安排的渐进、严密和逻辑，具有一定特色。

五　本文的研究思路、研究过程和研究方法

（一）主要研究方法

文献分析。通过文献梳理和分析，掌握国内外低碳经济扶持政策方面已有的理论和实践成果，以使本课题站在理论与实践的最前沿，达到创新的目标。

实证研究。课题组选择江西、湖北、湖南、重庆等省市有代表性的低碳经济区发放问卷，进行实地调研，摸清低碳经济区的运营现状、运营困境及内外原因。同时，课题组到上海、保定、南昌、珠海、四川眉山等低碳城市项目政府部门、企业、非政府组织、居民区等进行调研，考察这些城市扶持低碳经济的政策和社会环境。

数理统计。课题组开发和设计低碳经济扶持政策整合问题研究的调查问卷，运用 SPSS 软件分析调查数据，找出影响低碳经济扶持政策整合的因子，为解决问题提供依据。

比较分析。一方面，对发达国家与我国的扶持低碳经济的公共政策进行比较分析，弄清国外一些可借鉴的切实可行的做法和我国的现实差距；另一方面，也对我国沿海发达地区与中西部地区低碳经济扶持政策进行比较，以便充分认识和把握影响我国低碳经济扶持政策整合问题的各项因素。

（二）本课题的研究思路

包括总体思路与技术路线，如下图所示。

总体思路

技术路线

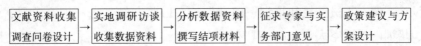

（三）本课题的研究过程

本课题 2011 年 6 月立项，自 2011 年 7 月启动项目以来，课题经过内部成员研讨、外部专家论证、100 个县市区问卷调查、四大专项调研、实证数据分析和凝练研究结论 6 个研究阶段，最终形成结项专著。研究过程的基本情况如下。

1. 内部成员研讨，把握宏观大势

自 2011 年 7 月至 2011 年 12 月 31 日，课题组积极收集、学习和研讨中央、江西省领导最近几年关于发展低碳经济、应对气候变化和建设两型社会的讲话 35 份，从宏观层面把握了课题研究的指导思想、基本原则和研究方向。同时，课题组进行了 20 余次内部研讨，集中学习讨论了关于低碳经济和公共政策整合的最新书籍 56 本及专业文献 500 多篇，找准了课题研究的参照体系，确保课题研究成果的实效性与前瞻性。

2. 外部专家论证，确立总体框架

2011 年 10 月 16 日，课题组召开了开题报告会，邀请了南昌大学、江西省社会科学界联合会等江西省内相关专家学者，对课题研究把脉问诊，与会专家对项目研究提出了很好的建议，课题组均已经吸纳。2012 年 12 月 17 日，课题组特邀武汉大学、华中科技大学、国家行政学院、河南大学、武汉市委党校和湖南省江西省发改委 7 位学者和实务部门官员来南昌指导，对课题的研究框架、研究重点、研究目标和研究思路进行了现场论证，确立了课题"2 + 8"的研究框架，即引言、结语部分体现研究的综合性、理论高度和实效对策，8 章主体部分需在凸显我国低碳经济扶持政策现状的基础上，运用公共政策整合理论与方法研究了低碳经济扶持政策的公共部门协调机制、政策整合机制、激励措施联动机制及评估机制的建构，提出了研究结论与政策建议，进一步升华出完善公共政策整合、提高中国的公共政策质量和水平是优化政府治理机制的重要抓手，是推进国家治理体系与治理能力现代化的有效路径。

3. 问卷调查全覆盖，吃透国情民意

2011 年、2012 年和 2013 年暑假及其他节假日，课题组历经调查问卷设计、调查人员选拔和培训、问卷发放、回收和统计分析四个阶段，组织培训南昌航空大学 300 名具有社会实践经历的本科生和 50 名研究生，成立 11 个调查小组分赴全国 4 个低碳经济区：江西"鄱阳湖生态经济区"、湖南（长株潭城市圈）和湖北（武汉城市圈）"两型社会实验区"、重庆"垃圾发电循环经济产业区"和上海、南昌、保定、珠海、四川眉山等 7 个低碳试点城市开展纸质问卷调查，调查问卷见附录 1，共发放纸质 2500 份问卷，回收纸质问卷 2215 份，其中，有效问卷 2113 份，有效率达到 95.39%。同时，课题组还通过网络平台实施网络问卷调查，共回收网络问卷 3000 余份，收集了网民对低碳经济扶持政策整合问题的基本看法和形势判断，网络问卷见附录 2。通过以上调查，课题组有效了解了我国低碳经济实验区、低碳城市、政府部门、企业、非政府组织、居民等社会各个层面、各职业阶层人员对当前我国低碳经济扶持政策现状及发展趋势的看法，基本判断出我国低碳经济扶持政策整合问题的表现领域和表现类型，全面吃透了有关低碳经济政策的国情民意。

4. 四大专项调研，掌握政策现状

自 2012 年 7 月 1 日至 2013 年 8 月 20 日，项目组进行四大专项调研，一是多次赴江西省发改委、省节能办、省商务厅、省财政厅和省气象局等 9 个省级职能部门实地调研；二是在省法制办的大力协助下，收集了江西省南昌市、赣州市等 7 个地市在扶持低碳经济方面的具体做法和经验；三是在江西省委党校协助下，对我省厅市级、县处级和乡镇（街道）级干部培训班学员进行了结构式访谈；四是对南昌市红谷滩新区、南昌市新建县、井冈山市等 5 家基层单位进行实地调研。通过以上调研，课题组掌握了当前江西省低碳经济发展和扶持政策现状，各职能部门在扶持低碳经济中的政策、行为、态度倾向和遇到的具体困难。通过对江西省的专项调研，希望达到以点见面、窥见全国的作用。

5. 实证数据分析，厘清演变逻辑

2013 年 9 月至 2014 年 4 月，课题组一方面分析归纳从江西省专项调研获取的数据，另一方面聚类研判全国 11 个低碳经济区、低碳城市的问卷调查数据和网络问卷调查数据，通过实证分析数据，全面掌握我国当前低碳经济扶持政策现状、问题和深层原因，厘清我国低碳经济扶持政策的整合逻辑。在此基础上，提出了解决我国低碳经济扶持政策整合问题的部门协调、政策整合、措施联动和评估机制建构的具体原则与方法。根据当前低碳经济扶持政策的不系统、不协调、不连续和相互冲突相互矛盾相互抵消等政策失灵失误现象，挖掘其深层原因，提出了公共政策整合是推进国家治理体系与治理能力现代化的有效途径方法。

6. 梳理研究要点，凝练研究结论

2014 年 5 月至今，课题组不断梳理研究要点，提炼研究结论，总结研究成果，逐渐形成了最终成果专著初稿。初稿突出了四个特性，一是研究过程的实践性，课题研究过程中，收集了江西省、全国典型低碳经济区低碳试点城市，以及国外大量低碳经济扶持政策的案例，查阅了超过 100 份政府职能部门的内部文件、管理办法和领导讲话。二是研究对象的针对性，不仅了解江西省各相关职能部门扶持政策、管理行为、态度倾向，而且抽样调查了全国不同类型地区、不同群体、不同人员对低碳经济扶持政策的看法。三是研究成果的实用性，课题成果的最终目的是为决策者、政府部门及企业在扶持低碳经济发展的政策中提供具体的建议和对策，研究成果强调了应用型的指导原则，提出了解决低碳经济扶持政策整合问题的关键在于实现部门协调、政策整合和措施联动，以及具体的建构原则和方法。四是最终成果的学理性，在研判我国低碳经济扶持政策现状的基础上，分析存在的问题，挖掘其深层原因，运用公共政策整合理论与方法研究了低碳经济扶持政策的公共部门协调机制、政策整合机制、激励措施联动机制及评估机制的建构，提出了公共政策整合是推进国家治理体系与治理能力现代化的有效途径和方法，为丰富和发展政治学研究添砖加瓦，为政策科学的发展尽绵薄之力。

第 一 章

低碳经济及我国低碳发展探索

一　低碳经济

（一）低碳经济界定

狭义上的碳是指造成当前全球气候问题的二氧化碳，广义上的碳包括《京都议定书》上提出的 6 种温室气体：二氧化碳（CO_2）、甲烷（CH_4）、氧化亚氮（N_2O）、氯氟烃（CFCS）和臭氧（O_3）等。[1] "低碳"（Low Carbon）意指较低（更低）的温室气体排放，即自然资源和环境容量能够承载的碳排放。[2]

总结已有的研究，结合自己的思考，我们认为，低碳经济是指实现温室气体低排放的经济增长模式，包括建立低碳能源、低碳技术和低碳产业体系，建构低碳生产、生活方式和消费模式，实施扶持低碳发展的政策、法律体系，低碳经济实质是能源高效利用和清洁能源问题，目的是实现人类可持续发展。[3]

对低碳经济的理解可从以下几方面进一步深入。

其一，相对于高碳排放的生产方式和消费方式的高碳经济，发展低

---

[1]　温室气体是指大气中那些能够吸收地球表面放射的长波红外辐射、对地球有保温作用的气体。直接受人类活动影响的主要温室气体是二氧化碳（CO_2）、甲烷（CH_4）、氧化亚氮（N_2O）、氯氟烃（CFCS）和臭氧（O_3）等。

[2]　张彬：《资源型城市发展低碳技术的模式研究》，硕士学位论文，太原科技大学，2012 年。

[3]　参见陈秀双《低碳农业发展模式》，《统计与管理》2010 年第 6 期；孙桂娟《低碳经济概论》，山东人民出版社 2010 年版，第 26 页；刘倩《山东省发展低碳经济的对策研究》，硕士学位论文，山东师范大学，2010 年。

碳经济目的是降低碳排放量（碳强度），通过碳捕捉、[①] 碳封存、[②] 碳蓄积[③]降低能源消费，控制二氧化碳排放量。[④]

其二，相对于传统化石能源的经济发展模式，低碳经济是采用风能太阳能等清洁能源可再生能源新能源，是的一种新的经济发展模式。发展低碳经济的关键在于促进经济增长与碳排放"脱钩"。[⑤]

其三，相对于讲排场摆阔等面子消费，低碳经济是摒弃高碳消费，实现低碳生活模式，是为了减少碳排放保护生态环境的人类自救行为。[⑥]

发达国家与发展中国家由于国情、经济发展阶段等方面的显著不同，《联合国气候框架公约》也提出两者应承担"共同但有区别"的责任，[⑦] 所以发达国家与发展中国家对低碳经济的认知具有一定的差异性，见表1–1。

表1–1　　　　　　　发达国家与发展中国家低碳经济认知的不同[⑧]

低碳经济认知内容	发展中国家	发达国家
经济发展阶段	未完成工业化	后工业化阶段
经济发展速度与质量	先保增长，后重质量	强调经济发展质量

---

① 碳捕捉（Carbon capture），就是捕捉释放到大气中的二氧化碳，压缩之后，压回到枯竭的油田和天然气领域或者其他安全的地下场所。碳捕捉在于能够减少燃烧化石燃料产生的温室气体。

② 碳封存（Carbon sequestration），指的是以捕获碳并安全存储的方式来取代直接向大气中排放 CO_2 的技术。碳封存设想包括：（1）将人类活动产生的碳排放物捕获、收集并存储到安全的碳库中；（2）直接从大气中分离出 CO_2 并安全存储。

③ 主要是通过大量种植绿色植物特别是植树造林，利用绿色植物的光合作用来吸收固定二氧化碳，也叫碳汇。

④ 孙雨：《低碳经济的技术哲学思考》，硕士学位论文，东华大学，2012 年。

⑤ 同上。

⑥ 参见张彬《资源型城市发展低碳技术的模式研究》，太原科技大学硕士论文，2012 年；刘倩《山东省发展低碳经济的对策研究》，硕士学位论文，山东师范大学，2010 年；孙雨《低碳经济的技术哲学思考》，硕士学位论文，东华大学，2012 年。

⑦ 1992 年，联合国制定了《联合国气候变化框架公约》，目前已有 192 个国家批准了这份公约，而该公约的核心内容正是"共同但有区别的责任"原则。"共同"指每个国家都要承担起应对气候变化的义务。"区别"指发达国家要对其历史排放和当前的高人均排放负责，它们也拥有应对气候变化的资金和技术；而发展中国家仍在以"经济和社会发展及消除贫困为首要和压倒一切的优先事项（公约语）"。参见《争议背后：各国抢占低碳经济控制权》，江西频道、中国经营网、中国经营报（http：//jiangxi. cb. co）

⑧ 参见《发展低碳经济的财税政策研究》课题组《发展低碳经济的财税政策研究》，《财会研究》2011 年第 6 期。

续表

低碳经济认知内容	发展中国家	发达国家
碳减排	非强制性减排	强制性减排
能源利用	降低化石能源依赖向新能源转变	可再生能源、清洁能源、新能源
生产、生活消费模式	逐步由高碳向低碳模式转变	低碳生产、低碳生活消费
低碳经济实现路径	发达国家应向发展中国家无偿转让低碳技术提供资金援助	强调发达国家间国际合作

（二）低碳经济特征

低碳经济是前沿的经济增长模式和一场全球性革命，与农业经济、工业经济等经济形态相比，低碳经济具有技术性、先进性、创新性等3个主要特征。[①]

低碳经济的技术性是指通过低碳技术研发进步，提高能源效率，降低二氧化碳等温室气体的排放。即通过节能技术和减排技术的研发来实现：消耗同样能源的条件下，人们享受到更高的能源效率，排放同等温室气体情况下，人们的生活福利水平得到提高。

低碳经济的先进性是与高碳经济的高排放、高耗能、高污染相比较，低碳经济强调低排放、低耗能、低污染，走可持续发展之路，具有明显的先进性。

低碳经济的创新性是与传统经济特别是工业经济相比较，低碳经济摒弃唯GDP论，考量经济发展的环境成本、生态成本和资源能源消耗，通过技术创新、制度创新来实现生产低碳化、生活低碳化。[②]

（三）低碳经济善性效应

低碳经济的善性效应是指大力发展低碳经济的优益效果，能够节约资源能源，减少排放温室气体，优化经济结构，增加就业，创造巨大的经济效益和社会效益。

[①]　参见《发展低碳经济的财税政策研究》课题组《发展低碳经济的财税政策研究》，《财会研究》2011年第6期。

[②]　徐南、陆成林：《低碳经济的丰富内涵与主要特征》，《经济研究参考》2010年第10期。

低碳经济的善性效应之一是能够增加就业机会。发展低碳经济，建构低碳生产模式、低碳生活消费模式，会出现诸如节能经济、减排产业、新能源等新的经济领域和新的行业产业，这些领域和行业的出现必然会带来新的工作岗位，这有利于促进就业。以资源循环利用的循环经济为例，到 2020 年，欧盟新增就业岗位 280 万个。[①]

低碳经济的善性效应之二是优化产业结构。各国在发展低碳经济的过程中都会面临一个普遍的问题，就是产业结构调整以及如何处理低碳同当前经济社会发展之间的关系的问题。在世界经济格局中，西方老牌资本主义国家的经济发展增速缓慢，以日本、欧盟为代表的力量开始寻求新的经济增长点。由于传统工业已经开始萎缩，西方发达国家走低碳经济发展道路也相对容易。中国产业结构中第二产业的比重高，约为50%，第三产业比重仅为40%；[②] 制造业产品的附加值低。这种情况说明我国产业结构与发达国家相比具有很大差距，我国在优化产业结构方面具有很大空间，而发展低碳经济正是我们优化产业结构的主要实现途径。

低碳经济的善性效应之三是提升国家及企业的竞争力。面对发展低碳经济、应对气候变化这样的历史机遇，发达国家与发展中国家，谁能够抓住这一历史机遇，谁就能提升国家及企业的竞争力。2006年 3 月 1 日，国际标准化组织（ISO）发布 ISO14064 标准，提供了一套全球认可的温室气体量化及报告程序、指引和规范，以帮助各类组织量化并报告他们的温室气体排放状况。随后欧盟、澳大利亚、美国的加利福尼亚州已经立法要求企业报告其温室气体排放状况。[③] 一些行业中的知名品牌，如戴尔、欧莱雅、百事可乐、惠普等都已宣布，也已要求一些供货商测量并公布自己的"碳足迹"，即它们的温室气体排放量化及报告要求，并逐渐在整个供应链中全面推广。企业界也

---

① 欧盟能源政策绿皮书［DB/OL］，中华人民共和国发展和改革委员会网站（http://www. sdpc. gov. cn/nyjt/gjdt/t20060519_ 69404. htm）2006（5）。

② 何建坤：《我国自主减排目标与低碳发展之路》，《清华大学学报》（哲学社会科学版）2010 年第 11 期。

③ Energy 2020, *A Strategy for Competitive, Sustainable and Secure Energy*［DB/OL］，（http://ec. europa. eu/energy/strategies/2010/2020_ en. htm）.

以购买排放额成为"碳中性"企业作为展示形象争取消费者认同的经营方向。① 再如碳交易，通过清洁发展机制 CDM（Clean Development Mechanism）②，以"资金＋技术"换取温室气体的"排放权"。

可以看出低碳已经成为世界知名企业争相追逐的目标，对于中国企业来说，发展低碳同样非常重要。以中国山西为例，山西是一个传统的煤炭大省，环境污染问题一直比较严重，山西临汾市更是世界十大污染城市之一。对于这样一个高碳排放的省份以及该省内的企业来说，减少二氧化碳的排放也是一个棘手的问题。一方面丰富的煤炭资源能够为所在省份、企业创造巨大的经济价值；另一方面在这巨大的经济价值背后存在着诸多隐患，因此发展低碳经济、树立低碳理念也成为山西人的重要目标。山西粉煤灰综合利用有限公司开始了自己的探索，在 2010 年上海世博会山西馆的设计和建造中就注重了低碳的理念，注重使用太钢"粉煤灰"以达到"节能环保、废物利用"的目的。这是一个企业在发展过程中的尝试，不仅创造了巨大的市场价值，同时也提升了自己企业的竞争力。③

低碳经济的善性效应之四是具有巨大的环境效益。大力发展低碳经济，使人类逐步迈入生态文明。地球环境的恶化引起了人们的广泛关注，各种恶劣天气和现象的出现一次又一次地提醒着人们，环境保护应该受到各国的重视。"低碳经济"理念就是因为全球气候变暖对人类生存和发展造成了严峻挑战而提出的，可以说这是为了保护好我们赖以生存的地球环境，因而低碳经济发展的各个方面和领域都以保护环境为其根本

---

① Green Paper on the Security of Energy Supply［DB/OL］,（http：//europa. eu/legislation_ summaries/energy/external_ dimension_ enlargement/l27037_ en. htm），2007 年 10 月 2 日。

② 清洁发展机制，简称 CDM（Clean Development Mechanism），是《京都议定书》中引入的灵活履约机制之一。核心内容是允许附件 1 缔约方（即发达国家）与非附件 1（即发展中国家）进行项目级的减排量抵消额的转让与获得，在发展中国家实施温室气体减排项目。该机制通过发达国家向发展中国家输入资金和技术与发展中国家开展项目合作来实现双重目标：帮助发达国家灵活地以成本有效的方式实现其减排承诺；帮助发展中国家实现可持续发展，并采取措施以减缓气候变化。清洁发展机制不但具有抑制温室气体排放的功能，还能为参与国带来巨大商机，所以成为各国政府与企业重点发展的工作。

③ 霍爱丽：《粉煤灰砖的推广与应用》，《科技信息》2010 年第 7 期；刘志明：《低碳经济：为中国发展强行升级》，《中关村》2010 年第 2 期。

目的。①

二　气候变化与中国低碳经济转型压力

（一）气候变化对中国的影响

气候变化已经全面影响到中国的农牧业、自然生态、水资源、海岸带等方面。②

气候变化对中国的农牧业产生了一定的负面影响。中国的农业生产布局和结构出现变动，种植制度和作物品种发生改变。春季物候期提前了2—4天，③农业生产的不稳定性增加。土地荒漠化趋势增大，草原面积减少，畜牧业生产不确定性增加。④

气候变化已经对中国的森林和其他生态系统产生了一定的影响。中国森林类型的分布北移，山地森林垂直带向上移动，森林火灾及病虫害发生的概率增高。据统计，近50年中国西北冰川面积减少了21%，西藏冻土最大减薄了4—5米。⑤内陆湖泊和湿地加速萎缩。对物种多样性造成威胁，危及珍稀、濒危动植物的生存。⑥

气候变化加剧中国水资源分布的不均衡。未来50—100年，中国北方地区水资源短缺形势不容乐观，特别是宁夏、甘肃等省区的水资源短缺矛盾加剧。长江中下游及其以南地区降水显著增加，增加中国北旱南涝灾害的发生。⑦

气候变化已经对中国海岸带环境和生态系统产生了一定的影响。海平面上升导致沿岸地区发生台风等自然灾害的几率增大，破坏海岸带生态系统及海岸带生物多样性。⑧

---

① 张坤民：《"低碳经济"概述及其在中国的发展》，《经济视角》（上）2009年第3期。
② 《气候变化对中国的影响与挑战》，中国网（http：//www.china.com，2010）。
③ 《中国应对气候变化国家方案》参见（http：//www.mlr.gov.c 2010）。
④ *China's Policies and Actions for Addressing Climate Changefull Text*（《中国应对气候变化的政策与行动》），www.lawinfochina.com。
⑤ 《气候变化对中国的影响与挑战》，中国网（http：//www.china.com，2010）。
⑥ 同上。
⑦ 同上。
⑧ *China's Policies and Actions for Addressing Climate Changefull Text*（《中国应对气候变化的政策与行动》），www.lawinfochina.com。

气候变化对中国自然生态的全面影响，已经威胁到我们的生存环境和身体健康。

（二）中国低碳经济转型的压力

中国正处在城镇化、工业化，居民生活水平不断提高的阶段，人口多、经济发展水平较低、能源结构以煤为主，低碳技术的发展还很薄弱。[①] 中国的能源问题、刚性的碳排放、国内以工业为主产业结构、国际外向型贸易结构等都是促进中国低碳转型的压力。

一是中国能源生产、消费和能源进口均呈快速递增态势。参见图 1-1 至 1-6 所示。

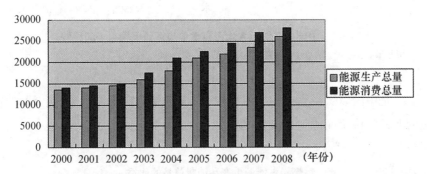

图 1-1　2000—2008 年中国能源生产和消费递增

资料来源：《中国统计年鉴 2009》，中华人民共和国国家统计局。

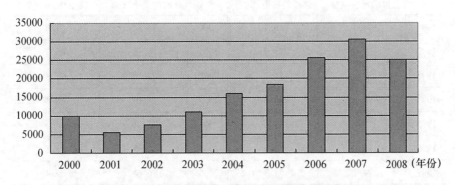

图 1-2　2000—2008 年中国能源进口递增

资料来源：《中国统计年鉴 2009》，中华人民共和国国家统计局。

---

① 《中国应对气候变化国家方案》（http：//www. mlr. gov. c 2010）。

二是中国人均能源资源少、储备不足,① 见图1-3所示。

世界平均水平=100%

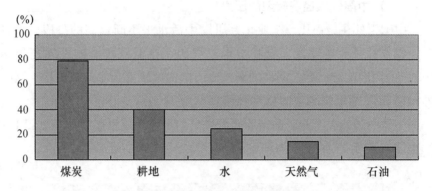

图1-3 中国主要资源人均占有水平与世界平均水平的比较

资料来源:江泽民:《对中国能源问题的思考》。

三是中国以煤炭为主的能源结构,② 煤炭是温室气体排放多、污染环境的非清洁传统能源。见表1-2。

表1-2   煤炭占能源生产和消费总量的比重

年份	煤炭占能源生产总值的比重（%）	煤炭占能源消费总量的比重（%）	年份	煤炭占能源生产总值的比重（%）	煤炭占能源消费总量的比重（%）
1991	74.1	76.1	2000	71.95	67.8
1992	74.3	75.7	2001	71.8	66.7
1993	74	74.7	2002	72.25	66.3
1994	74.6	75.0	2003	75.07	68.4
1995	75.3	74.6	2004	75.96	68.0
1996	75.2	74.7	2005	76.5	69.1
1997	74.1	71.7	2006	76.68	69.4

———————————

① 魏晓平、史历仙:《中国能源产业技术创新的宏观环境分析》,《中国矿业大学学报》(社会科学版) 2008年第9期。

② 《中国应对气候变化国家方案》(http://www.mlr.gov.c 2010)。

年份	煤炭占能源生产总值的比重（%）	煤炭占能源消费总量的比重（%）	年份	煤炭占能源生产总值的比重（%）	煤炭占能源消费总量的比重（%）
1998	71.9	69.6	2007	76.6	69.5
1999	72.6	69.1	2008	76.7	68.7

资料来源：《中国统计年鉴2009》，中华人民共和国国家统计局。

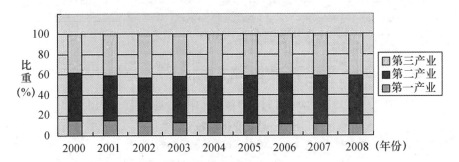

图1-4　2000—2008年三次产业产值占国内生产总值的比重

资料来源：《中国统计年鉴2009》，中华人民共和国国家统计局。

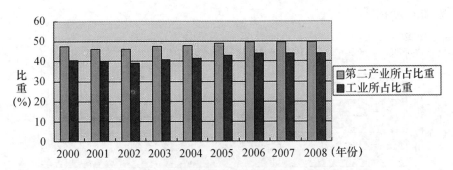

**图1-5　2000—2008年第二产业及其中工业产值占国内
生产总值的比重**

资料来源：《中国统计年鉴2009》，中华人民共和国国家统计局。

四是中国刚性的碳排放。中国的人口基数大，随着经济的继续增长和人民生活水平的提高，中国的碳排放将持续处于刚性增长的势头。

　　五是中国国内产业结构以工业为主，工业是碳排放的主要来源。[①] 见图 1-6。

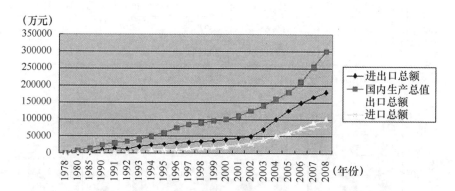

图 1-6　1978—2008 年进出口额、出口额、进口额、国内生产总值变化趋势

资料来源：《中国统计年鉴 2009》，中华人民共和国国家统计局。

　　六是中国对外贸易的外向型经济导致内涵碳排放较多。[②] 图 1-6、图 1-7 充分证明中国是外向型经济，表 1-3 说明中国出口商品以高耗能低附加值为主。[③]

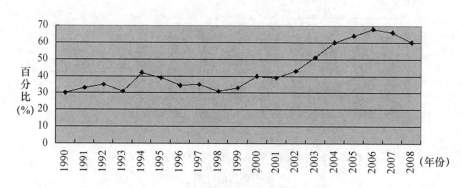

图 1-7　1990—2008 年贸易依存度的变化趋势

资料来源：《中国统计年鉴 2009》，中华人民共和国国家统计局。

---

　　① 邓舒仁：《低碳经济发展研究：理论分析和政策选择》，博士学位论文，中共中央党校，2012 年。

　　② 内涵碳排放是指产品上游加工、制造、运输等全过程所消耗的碳排放量。

　　③ 谷克鉴、吴宏：《外向型贸易转移：中国外贸发展模式的理论验证与预期应用》，《管理世界》2003 第 5 期。

表 1 - 3　　　　　　　2002 年中国进出口内涵能源净值及主要流向

单位：万吨标煤

	净出口内涵能源	出口内涵能源	进口内涵能源
总量	24173.9	40958.3	16784.4
其中美国	7524.2	8455	930.8
中国香港	7090	7295.1	205.1
日本	4893.8	5784.8	891
荷兰	1094.5	1155.4	60.9
德国	915.7	1396.4	480.7
俄罗斯	- 2569.1	389.5	2958.6

资料来源：陈迎《中国外贸进出口商品中内涵能源及其政策含义》,《经济研究》2008 年第6 期。

三　中国发展低碳经济面临的困境、挑战与机遇

（一）中国低碳发展面临的困境

中国发展低碳经济面临资源能源禀赋、低碳技术、经济发展阶段、政策法律环境等一系列的现实困境,[①] 具体见表 1 - 4。

表 1 - 4　　　　　　　中国低碳发展面临的现实困境

项目	现实困境因素
现实困境	中国能源先天"高碳性" 中国能源利用效率低 中国经济发展阶段的刚性制约 低碳技术研发及产业化存在困难 低碳理念低碳发展的社会氛围欠缺 低碳经济法律法规政策环境不理想

资料来源：朱仁崎、陈晓春：《我国低碳发展的制约因素及其路径选择》,《理论与改革》2010 年第 11 期。

---

① 陈晓春、朱仁崎：《我国低碳发展的制约因素及其路径选择》,《西南民族大学学报》（人文社科版）2010 年第 11 期。

1. 中国资源能源禀赋先天"高碳性"

中国是世界上第一煤炭生产国和消费国，能源禀赋具有"多煤、少油、贫气"的特征，水电、核电、风电等清洁能源仅占 8.9%。[①] 能源结构的先天"高碳性"必然导致高排放高污染，成为低碳发展的一个现实困境。

2. 中国能源利用效率低

长期以来中国能源利用效率不高，约为 33%，而发达国家已经达到 40% 甚至 50%。目前我国万元 GDP 能耗下降了 10%，但仍是日本、美国的 4—5 倍。[②] 能源利用效率低就会浪费更多的能源，造成污染。[③]

3. 中国经济发展阶段的刚性制约。

现阶段中国处于工业化、城市化快速发展，人均 GDP 不断增长、人均碳排放不断上升的阶段。[④] 这是中国发展低碳经济、建设低碳社会，面对的刚性约束。

4. 低碳技术研发及产业化存在困难

低碳技术主要指那些有助于碳减排碳存储的技术，如节能减排技术、可再生能源技术、碳捕获和存储技术以及某些现在未知的技术。我国低碳技术方面存在总体水平落后，自主研发、创新能力有限，核心技术欠缺，关键设备制造能力差，产业化薄弱等问题，这是我国从"高碳"经济向"低碳"经济转变的严重障碍。[⑤]

5. 低碳理念低碳发展的社会氛围欠缺

在政府推动下，中国公众对低碳发展有了一定的了解，但是还处于初步认识的阶段。作为有效应对气候变暖和环境保护的一种积极行为，低碳经济涉及经济发展模式、社会氛围和环境保护，公众理解、支持低

---

① 朱仁崎：《我国低碳发展的制约因素及其路径选择》，《理论与改革》2010 年第 11 期。

② 陈晓春：《我国低碳发展的制约因素及其路径选择》，《西南民族大学学报》（人文社科版）2010 年第 11 期。

③ 张海东：《气候变化对我国取暖和降温耗能的影响及优化研究》，博士学位论文，南京信息工程大学，2007 年。

④ 陈晓春：《我国低碳发展的制约因素及其路径选择》，《西南民族大学学报》（人文社科版）2010 年第 11 期；朱仁崎：《我国低碳发展的制约因素及其路径选择》，《理论与改革》2010 年第 11 期。

⑤ 陈晓春：《我国低碳发展的制约因素及其路径选择》，《西南民族大学学报》（人文社科版）2010 年第 11 期。

碳经济需要较长时间。低碳理念低碳发展的社会氛围非一日而蹴。[①]

6. 低碳经济法律法规政策环境不理想

低碳经济发展初期阶段，存在低碳技术研发投入过大、公民低碳理念欠缺、没有市场等问题，基本上是赔钱的买卖，企业和市场没有积极性。政府的扶持政策对低碳发展非常重要，而我们在构建低碳政策环境方面还不理想，有关低碳技术开发利用规定的法律可操作性不强，低碳政策更多体现于中央的文件和报告，是一些宏观性、综合性的东西，缺乏具体、规范化的行动方案。[②]

（二）中国低碳发展面临的挑战

中国作为一个负责任的大国，发展低碳经济、走绿色发展可持续发展道路，仍面临产业结构、技术水平、增长模式、消费模式等挑战。[③]

1. 产业结构不合理、产业链低端的挑战

中国产业结构的主体是第二产业，占 GDP 比重近50％，消耗大量化石能源，排放大量温室气体。中国作为"世界工厂"，处在全球产业链的低端位置，承接了发达国家转移出来的高耗能、高碳排放、高污染生产线。[④] 中国产业结构的不合理、产业链的低端位置，是中国走低碳经济之路面临的重大挑战。[⑤]

2. 低碳技术水平低的挑战

我国研发和创新能力有限，低碳技术水平不高，这是我国由"高碳经济"向"低碳经济"转型的最大挑战。在可再生能源和新能源技术方面，大型风力发电设备、高性价比太阳能光伏电池技术、燃料电池技术等，落后于发达国家；在电力行业中煤电的整体煤气化联合循环技术、热电多联产技术等，中国仍不太成熟。[⑥]

---

① 朱仁崎：《我国低碳发展的制约因素及其路径选择》，《理论与改革》2010 年第 11 期。
② 同上。
③ 姜科：《低碳时代中国生态文明建设新路径研究》，硕士学位论文，西南大学，2011 年。
④ 本刊编辑部：《发展低碳经济对中国是机遇也是挑战》，《现代制造技术与装备》2010 第 1 期。
⑤ 本刊编辑部：《中国发展"低碳经济"面临四大挑战》，《稀土信息》2009 年第 11 期。
⑥ 徐冬青：《发达国家发展低碳经济的做法与经验借鉴》，《世界经济与政治论坛》2009 年第 12 期。

3. 粗放型经济增长模式的挑战

改革开放以来,中国的 GDP 以年均 9% 的速度增长了 30 年,能源消耗几乎也在同步增长。预计到 2030 年中国的煤炭消耗大约为每年 40 亿吨,而中国煤炭产量的峰值大约在 2027 年达到 27 亿吨。[①] 中国粗放型经济增长模式,面临能源供应、环境污染和国际社会的减排压力。[②]

4. 高能耗高碳消费模式的挑战

低碳消费是一种更经济、消费性价比高的消费模式,它摒弃面子消费、奢侈消费等。中国目前的消费模式,无论是高端消费还是中低端消费,都存在很重的浪费问题,高耗能、高污染、高排放。这种高碳消费模式,给推行低碳经济带来巨大的挑战。[③]

5. 资金短缺的挑战

发展低碳经济,无论是生产领域的节能减排推广,还是生活领域的低碳消费模式建构,都需要大笔资金。以 2008 年的 GDP 估算,中国要向低碳经济转型,年需资金 300 亿美元。[④] 这使得中国面临巨额的资金短缺的挑战。

表 1 – 5　　　　　　　　　中央财政节能减排支出情况

年度	中央财政支持节能减排 (亿元人民币)	比上年增长(%)	资金缺口(亿美元)
2011	435		218
2012	895	110.64	177
2013	1000	14.64	166
2014 年 1—9 月	1000	76.22	98

数据来源:1.《发展低碳经济的财税政策研究》课题组:《发展低碳经济的财税政策研究》,《财会研究》2011 年第 6 期;2. 资金缺口计算以 "按 2010 年 GDP 计算,我国由高碳经济向低碳经济转变年需资金 250 亿美元" 为参照,按每年年均汇率计算。

[①] 姜科:《低碳时代中国生态文明建设新路径研究》,硕士学位论文,西南大学,2011 年。
[②] 李茂荣、王立红:《科学发展观视域下的低碳经济研究》,《绿色科技》2012 第 1 期。
[③] 李俊清:《低碳经济:挑战与问题》,《中国市场》2009 年第 12 期。
[④] 王利:《低碳经济:未来中国可持续发展之基础——兼谈中国相关法律与政策的完善》,《池州学院学报》2009 年第 4 期。

（三）中国低碳发展面临的机遇

气候变化将在 21 世纪深刻影响世界各国政治、经济的发展。在环境危机下，各国摒弃高碳经济模式，走低碳发展之路。这给中国带来了发展机遇。

1. 发达国家的成熟低碳经验可供借鉴

发达国家在低碳经济领域已经有比较成熟的经验，他们在生产领域建立低碳产业体系、低碳能源体系、低碳技术体系；在生活领域建构低碳消费模式；在国家和社会层面建构扶持低碳经济发展的公共政策体系。中国转型低碳经济，可以借鉴发达国家的低碳经验，节约时间经济等成本，少走弯路。

2. 低碳经济带来增长空间

发展低碳经济会创造新的投资点和消费点，从而带来经济增长空间。低碳领域的节能减排、新能源、可再生能源等技术和产业化，成为新的经济增长点。汇丰银行预计，到 2020 年，低碳经济行业的年收入将超过 2 万亿美元。[1] 全球经济低迷和增长乏力的情况下，低碳行业逆势增长，增幅高达 75%。[2]

3. 低碳经济提供更多的就业岗位

未来 20 年，随着中国人口峰值的到来，就业成为我国最大的社会问题，没有就业就没有民生和社会稳定。发展低碳经济，把巨额资金投资于可再生能源、能源效率技术、能源基础设施建设，提高能源利用效率，积极发展智能电网、新能源汽车、碳捕捉和碳封存技术等，将催生出更多的工作岗位，促进就业。[3]

4. 低碳技术将促进中国研发创新能力提升和技术升级

低碳技术领域的新能源技术（能源替代技术，可再生能源代替化石燃料）；节能减排技术（煤整体联合气化循环发电技术 MCC）；地质封存

---

① 姜科：《低碳时代中国生态文明建设新路径研究》，硕士学位论文，西南大学，2011 年。

② 郭万达、郑宇劼：《低碳经济：未来四十年我国面临的机遇与挑战》，《开放导报》2009年第 8 期。

③ 同上。

和深海封存二氧化碳技术（碳捕获和碳存储技术 CCS）等，将引发一场新技术革命。这些低碳技术的发明、应用，将促进中国研发创新能力提升和技术升级。[1]

5. 低碳经济为提高中国国际话语权提供机遇

中国发展低碳经济，走可持续发展之路，有效应对能源危机、环境污染、经济增长当代人类社会所面临的三大问题，体现负责任的大国担当。围绕国际气候谈判、温室气体减排义务等全球性问题，中国可以发挥积极的建设性作用，承担起大国责任，提高中国的国际话语权。[2]

四　中国低碳发展的实践探索

（一）积极应对全球气候变化

中国政府以负责任的态度参与全球气候变化问题的国际谈判，1972年中国政府组团参加了第 1 次人类环境会议，后又依次参加了 1992 年巴西里约热内卢的国际环境与发展大会、2009 年的哥本哈根气候峰会。2007 年胡锦涛在亚太经合组织（APEC）第 15 次领导人会议上，郑重提出明确主张"发展低碳经济"。2009 年的哥本哈根联合国气候大会上，中国政府宣布将在 2020 年实现单位 GDP 碳排放比 2005 年减少 40%—45%的目标。2010 年联合国坎昆气候会议上，中国明确表示在工业化过程中将会学习和借鉴发达国家应对气候变化的经验，不会犯发达国家过去无节制排放的错误。这些都表明中国积极应对气候变化、保护环境、发展低碳经济，承担大国责任的决心和行动。[3]

（二）制定实施扶持低碳经济发展的公共政策

从 20 世纪 80 年代后期开始，中国政府更加注重经济增长方式的转变和经济结构的调整，将气候变化问题纳入国家的经济社会发展计划之

---

① 王利：《低碳经济：未来中国可持续发展之基础——兼谈中国相关法律与政策的完善》，《池州学院学报》2009 年第 4 期。

② 郭万达、郑宇劼：《低碳经济：未来四十年我国面临的机遇与挑战》，《开放导报》2009年第 8 期。

③ 徐南、陆成林：《低碳经济内涵、特征及其宏观背景》，《地方财政研究》2010 年第 8 期。

中，明确提出发展低碳能源和可再生能源，改善能源结构。中国政府制定实施一系列扶持低碳经济发展的政策法律体系：如《可再生能源发展规划》《节能减排综合性工作方案》《中国应对气候变化国家方案》《节约能源法》《可再生能源法》《循环经济促进法》《清洁生产促进法》等。

（三）积极开展低碳经济区低碳城市试点

低碳经济是一场新的技术革命，需要在实践中不断总结和探索。2010 年，国家批复浙江省成为全国首个"转变经济发展方式综合试验区"试点省份。试点具体包括加快推动以中心镇新型城市化，大力建设海洋经济发展带，推进义乌国际商贸综合改革试点，加强产业集聚区战略规划和布局引导，促进民营经济平稳健康发展等。省政府拟给予龙港、店口等 20 个中心镇正县级待遇，允许中心镇党政主要领导实行职级高配。将在整合利用现有财政资金的基础上，一次性安排中心镇培育资金 10 亿元、欠发达地区扶持资金 10 亿元。①

2012 年，国家批复辽宁省成为全国循环经济试点省。选取了辽宁老工业基地多个高碳行业和地区进行循环经济试点，通过建立能耗公报制度和技术改造推进节能降耗，在一定程度上控制了碳排放。

国家试点湖北省武汉城市圈、湖南省长株潭城市圈建立两型社会实验区，探索区域低碳能源、低碳交通、低碳产业发展模式，发挥示范作用，建立资源节约型环境友好型城市，创建低碳城市示范区。②

（四）地方政府发展低碳经济的积极探索

各地方政府在中央宏观政策的支持下，也因地制宜，纷纷制定了扶持低碳经济发展的公共政策，启动了一系列试点探索。从财政体制调整、完善财政收入制度、优化财政支出结构和改革财政资金分配管理方式等方面，促进低碳经济发展。

---

① 《国家启动转变经济发展方式试点浙江或为唯一批复省份》，中国金融网（http: // news. zgjrw. co）。

② 曹清尧：《西部地区低碳经济发展研究》，博士学位论文，北京林业大学，2013 年。

1. 优化财政收支结构，推动低碳转型

2011 年，浙江省提出了以支持低碳产业发展、优化财政收入结构、财政支出结构的财税工作措施。为促进低碳产业发展，出台了优化收入结构和优化支出结构向低碳产业倾斜的财政政策，充分调动了市县促进低碳经济发展的积极性。[①]

2008 年，江苏省财政调整了省以下财政体制，让政府财政分配向低碳经济领域倾斜。对地方新引进的低碳经济项目缴纳的营业税，由省财政给予 50% 的返还奖励；对利用新能源发电给予鼓励、对新办火电进行控制。[②]

2. 加大财政资金投入，推进节能减排

江苏省从 2006 年开始，全省各级财政将"环境保护"支出科目列为公共财政支出的重点，逐年加大投入，确保财政对环保支出的增幅高于经济增速。[③]

辽宁省从 2011 年，每年安排财政资金 40 亿元，重点发展新兴产业，支持新兴产业的发展，支持支柱产业的升级，支持节能减排，淘汰落后产能，支持生态环境建设。[④]

福建省集中财政资金，重点投入企业节能降耗，加快发展循环经济。推动冶金、建材、化工、电力等重点行业以及工业园区、重点企业和城市节能节水和资源循环利用。加快能源转型，财政支持生物质能源、太阳能、风能、秸秆能源化、太阳能光伏等新能源产业。制定出台了《福建省节能技术改造财政奖励资金管理暂行办法》和《福建省合同能源管理专项资金使用管理暂行办法》，大力推行"以奖代补，先建后补"财政资金管理新机制。[⑤]

---

① 《发展低碳经济的财税政策研究》课题组：《发展低碳经济的财税政策研究》，《财会研究》2011 年第 6 期。

② 同上。

③ 曹清尧：《西部地区低碳经济发展研究》，博士学位论文，北京林业大学，2013 年。

④ 曹清尧：《西部地区低碳经济发展研究》，博士学位论文，北京林业大学，2013 年；《发展低碳经济的财税政策研究》课题组：《发展低碳经济的财税政策研究》，《财会研究》2011 年第 6 期。

⑤ 《发展低碳经济的财税政策研究》课题组：《发展低碳经济的财税政策研究》，《财会研究》2011 年第 6 期。

部分省市启动低碳经济的探索，通过加大财政投入，有效地推进了重点环境问题整治、重点流域和区域环境整治、重点工业污染源治理、饮用水源地污染防治等项目的建设，调动了企业节能降耗的积极性，推进了节能减排和生态省建设。

3. 强化对低碳技术研发和产业化的扶持力度

湖南省不断增加科技经费投入，积极推动低碳技术创新。全省低碳技术科研经费占 GDP 比重上升到 2.88%；全省地方财政低碳技术科研经费拨款增加到 166.2 亿元。[1]

广东省于 2011 年开始设立低碳技术产业化专项财政扶持资金，主要用于节能技术与产品推广、节能示范项目及试点工程、新能源和可再生能源的开发利用推广、节能技术宣传培训推广等。[2]

---

[1] 《发展低碳经济的财税政策研究》课题组：《发展低碳经济的财税政策研究》，《财会研究》2011 年第 6 期。

[2] 同上。

第 二 章

我国低碳经济扶持政策的
现状与问题

发展低碳经济需要有一个制度保障体系，因此建立本国的扶持政策体系是至关重要的。这样不仅可以把发展低碳经济提升到国家的战略高度，同时可以通过各种政策的优惠措施鼓励更多企业投入低碳行列。

本章主要研究三方面的内容，一是公共政策一般理论，主要包括政策的界定、范畴、功能等；二是介绍发达国家和地区的低碳经济扶持政策，主要包括欧盟、美国、日本等低碳政策的内容；三是梳理我国的低碳经济扶持政策。通过介绍国外低碳经济发展的政策，以期为我国发展低碳经济提供宝贵的经验；通过梳理我国的低碳经济政策，找出不足之处和存在的问题，为政府政策整合提供咨询和帮助。

一　公共政策及低碳经济扶持政策

（一）公共政策的界定

我们从词源考察，"政"通常指"政治""政务""政权"，其本意是"规范、控制"。"策"就是规定、政令、文件等。随着社会生产力的发展和阶级的产生，由于生产、分配和交换的社会行为日益增多，特别是统治阶级为了维护自己的利益，就需要有一套规则体系来体现统治阶级的意志并规范社会成员的行为，于是就产生了政策。政策是人类社会发展到一定历史阶段的产物。

借鉴前人的研究成果，我们认为，公共政策是以政府为核心的公共组织为了实现一定历史时期的路线和任务而制定的行动计划、行动方案或准则等。

公共政策虽然具有公共性，关系社会整体利益或全局性问题，但实际上是特定阶级利益的具体反映，具有以下特征。

阶级性。阶级性是公共政策的最根本特征。在阶级社会中，公共政策只代表和反映特定阶级的利益，并不完全代表、反映全体社会成员的利益和意志。正是由于这种阶级性，不同社会制度的国家、不同阶级出台的政策各有不同。

时效性。公共政策是在一定时间内的历史条件下制定的，随着现实状况的不断变换，原有的政策也要面临一个时效性的问题。因而当原有政策终结时，需要制定新的政策，或是在原有政策基础上进行政策延续。

表述性。公共政策就表现形态而言是外化为符号表达的观念和信息。它是由权力机关用语言和文字等表达手段进行表述之后的一个结果，因此具有表述性。

合法性。公共政策是由国家政府或政党经过一系列的程序之后制定的，由于制定机关本身的权威性，促使政策本身也具有一定的合法性。尤其是当一项政策在实现中运行了很长时间、趋于成熟、上升为法律的时候，则更具有合法性。

（二）公共政策的范畴

公共政策的范畴包括政府的大型规划、计划、策略及行政命令，还包括法律、法规、规章等。[①]

政府关于国民经济和社会发展的规划、计划、策略及行政命令，是一定时期规制经济社会发展的导向性文件，具有一定约束力，当然属于公共政策范畴。

法律和政策是既有联系又有区别的。法律是成熟的政策通过法制化后出现的产物，是固化的政策，是一种具有更高效力、更大调节范围的

---

① 宫捷、叶华青：《论公共政策功能性视角中民主党派调研课题的选择》，《上海市社会主义学院学报》2012 第 10 期。

政策，二者都能够对经济社会产生一定的调节作用。法律是约束人们行为规范及处理矛盾的标准，是量具；政策是管理者实现既定目标所采取的策略，是航标。政府的一些政策经过一段时间的实施和修改、趋于成熟和稳定时，可以通过立法程序上升为法律。而这种法律实际上就是一种比较成熟的政策，因此从政治学视域来看，我们把法律也归为政策的一种形式。①

法规主要指行政法规、地方性法规等，是由国务院、地方人大机关、民族自治机关制定的规范性文件。在中国，除了有法规，还有规章。②

规章主要指国务院组成部门、省级政府在它们的职权范围内，为执行法律、法规，或具体行政管理事项而制定的规范性文件。③

综上所述，在政治学看来，法律、法规、规章等都属于公共政策的范畴。

(三) 公共政策的功能

公共政策功能就是公共政策在与社会目标发生联系时，通过政策的地位、作用、结构等方面表现出来的基本作用和影响力，包括：引领、分配、协调、规制等功能。④

1. 公共政策的引领功能

公共政策的引领功能是指公共政策引领公众的行为朝着政策所期望的方向发展。⑤ 政策引领所包含的一项重要内容是规定目标、确定方向。规定目标就是把整个社会生活（包括政治生活、经济生活、文化生活等）由复杂的、多面的、互相冲突的、漫无目标的潮流，纳入明晰的、单面

---

① 黄耀杰、蒋澜、佘元冠：《中美卓越绩效标准之政府管制职能的比较研究》，《世界标准化与质量管理》2007 年第 12 期；李洪海：《法律法规教育在高职专教学中的特效作用研究》，《科技资讯》2011 年第 9 期。

② 李洪海：《法律法规教育在高职专教学中的特效作用研究》，《科技资讯》2011 年第 9 期。

③ 刘萍：《行政诉讼法律适用问题研究》，硕士学位论文，贵州大学，2006 年；李洪海：《法律法规教育在高职专教学中的特效作用研究》，《科技资讯》2011 年第 9 期；朱家壁、何娜：《法律框架下的政府通告制度研究》，《法制博览》2015 年第 3 期。

④ 刘昌雄：《公共政策：涵义、特征和功能》，《探索》2003 年第 8 期。

⑤ 田千山：《社会阶层良性流动的政策选择——以新生代农民工市民化为例》，《山西青年管理干部学院学报》2011 年第 12 期。

的、统一的、目标明确的轨道，使社会有序的发展。政策引领功能的另一项重要内容是教育指导、协调行动、因势利导。①

在低碳经济发展的过程中，国家出台各种政策，包括环境保护、促进低碳技术研究与开发、发展低碳经济战略等政策实际上都是在发挥政策本身的引领功能。通过政策的制定，引导人们的行为方式、企业的经营方式发生变化。

2. 公共政策的分配功能

公共政策之所以具有分配功能，是因为政府具有参与社会再分配的职能。政府制定与实施政策的目的就是为社会公众合理有效地分配公共资源。任何政府在分配社会公共资源时，总是要解决向谁分配、怎样分配等问题，政策正是围绕这些问题制定并实施的。②

在计划经济体制下，政府推行的政策在分配功能上贯彻的是牺牲效率的平均主义原则；在市场经济体制下，社会主义国家的政府所制定与实施的政策实行的是效率与公平相兼顾的分配原则。③

能从公共政策中获益的社会公众通常包括三类。

第一类是与政府的主观偏好相一致的公众。政府是政策制定与推行政策的主体，也是社会公共资源分配的主体。任何政府要维持自身的存在与发展，一方面要考虑社会的总体利益，另一方面，也必然要维护与坚持其主观利益。因此，凡是与政府主观利益或主观偏好相一致的公众，必然会首先获利。

第二类是能代表社会发展方向的公众。因为当人们采取的行动和社会发展的方向相一致时，也就必定符合社会运行变化的规律。这些行动即便有时会受到阻碍，但最终必定会获得成功。朝着社会发展方向努力的公众能够创造出更高的效率和更大的利益，从长远来看，能够从政策中获取好处。

第三类是在社会中成为大多数者的公众。对大多数政府来说，其制定的公共政策应使大多数的人受益。④

---

① 张春林：《新疆可持续发展的区域公共政策研究》，博士学位论文，新疆大学，2007 年。
② 同上。
③ 同上。
④ 刘昌雄：《公共政策：涵义、特征和功能》，《探索》2003 年第 8 期。

政府出台低碳扶持政策，虽然触动了一些企业或组织的经济利益，但是从长远来看，这是符合整个社会发展方向的。因此，任何一类社会公众都有可能从政府出台的政策中获取利益。

3. 公共政策的协调功能

国家的管理活动有许多利益关系需要协调，是一个复杂的系统过程，以保证整个国家社会生活的和谐运行。这些关系主要包括社会政治组织之间的关系、各种政治权力关系、各种经济关系、各民族之间的关系等。这些不同性质、错综复杂的关系，主要依靠正确的公共政策予以调解，而不能靠长官意志或个人权威来协调。

无论社会处于常态运行，还是非常态运行，公共政策的协调功能都能发挥作用。在社会的常态运行下，会产生利益矛盾，出现利益冲突。政策的作用就是对这些一定范围内的利益矛盾、冲突加以缓解、调和、协调，使之趋于和谐。在社会非常态运行时，即社会处于激烈变迁、较大转型时期，政策的作用在于重新调整和规范人们之间的行为和行为关系，以保证新的体制、制度和模式的建立。[1]

扶持低碳经济发展的公共政策主要是协调在社会常态运行下的一些利益冲突和选择问题，主要是协调环境保护和经济发展之间的关系问题。通过发挥政策的作用，可以在一定范围内解决二者之间的矛盾，促使二者共同发展。

4. 公共政策的规制功能

公共政策的规制或是事先控制，或是事后控制。政策制定者在政策上对所希望发生的行为予以鼓励，对不希望发生的行为予以惩罚，从而达到对社会的规制。调节与规制是紧密联系的。人们往往是在控制各种利益矛盾中调节、平衡各种利益关系的。[2]

（四）低碳经济扶持政策

综合前文对公共政策的界定、特征、范畴和功能的认识，联系低碳经济政策现状，结合作者自己的研究和借鉴其他学者的观点，本书尝试

---

① 张春林：《新疆可持续发展的区域公共政策研究》，博士学位论文，新疆大学，2007 年。
② 同上。

将扶持低碳经济发展的公共政策（或简称低碳经济扶持政策）界定为：所谓低碳经济的扶持政策，是指以政府为核心的公共组织为支持低碳经济的发展而制定的公共政策体系、公共政策过程和公共政策措施。[①] 低碳经济扶持政策的整合就是对它们进行体系建构、过程调适、措施完善的系列活动。

我们可以看到，低碳经济扶持政策既包括以政府为核心的公共组织为支持低碳经济的发展而制定的法律、法规、规章等政策体系；还包括低碳经济扶持政策制定、整合、实施的政策过程和采取的政策措施。

企业、非政府组织等其他组织也有自己的低碳经济扶持政策，但是在我国，政府集中了许多行政资源与经济资源，使市场、企业、社会力量相对较小，政府是低碳经济扶持政策制定整合的主体和主导力量。这决定了本书将政府公共部门扶持低碳经济发展的公共政策及其整合问题作为研究重点，企业等其他组织的低碳经济扶持政策及其整合研究不属于本书研究重点。

二　发达国家和地区低碳经济扶持政策的现状考察

欧盟、美国、日本等国家和地区，为了扶持低碳经济的发展，都制定和出台了一系列公共政策。本研究将考察这些国家和地区的扶持政策，从中汲取宝贵经验，为我国低碳经济扶持政策的制定和整合提供借鉴和参考。

（一）欧盟的低碳经济扶持政策

完善的公共政策体系可以保障低碳经济和低碳产业的健康发展，因此在制定低碳政策方面，欧盟各成员国都比较重视。欧盟各成员国国内不仅拥有自己独立的法律体系，而且也适时推出了所有成员国共同遵守的法律法规，如《欧盟能源政策绿皮书》和《燃料质量指令》等。欧盟

[①]　李奎：《我国低碳经济发展的现存障碍和解决思路》，《党史文苑》2010 年第 7 期。

制定的低碳政策主要包括以下几个方面。

1. 2003 年——《减排限额政策》

2003 年 6 月，欧盟委员会通过一项关键法案，主要对温室气体的排放设定限额，并且创立第一个国际碳排放交易市场。法案规定从 2005 年 1 月开始，包括炼油业、能源业、冶炼业、钢铁业等多个行业必须经过许可才能排放二氧化碳。2006 年 11 月，欧盟委员会对欧盟排放交易体系交易第一阶段的运营情况进行报告，将第二阶段国家分配计划纳入议程。从 2008 年 1 月 1 日开始，欧洲排放交易体系进入第二阶段。此后，欧盟又公布了欧洲排放交易体系交易第三阶段的实施建议，提出"20%"减排目标。[①]

2. 2006 年——《欧盟能源政策绿皮书》

2006 年 3 月，欧盟委员会发表《欧盟能源政策绿皮书》，鼓励可再生能源的利用，发展清洁能源、新能源代替传统化石能源，加大对能源的研发投入；成立"能源战略政策高级理事会"，设立"欧洲能源供应观察机构"和"欧洲能源网络中心"等机构，为解决全球性的能源问题做出更大的贡献。[②]

3. 2007 年——《燃料质量指令》

2007 年 1 月，欧盟委员会要求修订 1998 年制定的《燃料质量指令》，为燃料制定更严格的排放环保标准，以有效减少温室气体的排放。[③]

4. 2009 年——《绿色经济政策》

2009 年欧盟宣布，每年出资 1000 亿欧元支持"绿色经济"，用于发展低耗能、低污染、低排放的绿色低碳经济，加强绿色低碳技术研发，把低碳经济作为新的经济增长点。[④]

---

① 肖志明：《欧盟排放交易机制实施的成效与启示》，《武陵学刊》2011 年第 1 期；陈柳钦：《低碳经济发展的国际动向》（http：//www.pbgchina）。

② 冉光和、鲁钊阳：《低碳产业研究进展》，《江苏社会科学》2011 年第 6 期；柯岚：《发展战略性新兴产业掌握科技竞争新优势——美国、欧盟、日本等如何发展战略性新兴产业》，《中国科技产业》2011 年第 6 期。

③ 牛勇平：《从低碳经济视角看烟台经济发展的战略选择》，《山东工商学院学报》2011 年第 6 期；赵刚：《欧盟大力推进低碳产业发展的做法与启示》，《中国科技财富》2009 年第 11 期。

④ 陈柳钦：《低碳经济发展的国际动向》（http：//www.pbgchina）。

（二）英国的低碳经济扶持政策

作为低碳经济的发起国，英国在推动低碳经济发展过程中积累了丰富的经验，有许多值得学习和借鉴的地方。英国认为即使是在经济不景气时期，也不能放弃应对气候变化的目标。因为低碳增长方式是唯一能够实现可持续发展和经济繁荣的途径，故英国率先制定了多项扶持政策。

1. 2003 年——《我们能源的未来：创建低碳经济》

2003 年英国政府在《我们能源的未来：创建低碳经济》能源白皮书中首次正式提出低碳经济概念，把发展低碳经济提升为国家战略。[①]

2. 2008 年——《气候变化法案》

2008 年《气候变化法案》规定，英国到 2050 年要达到减排 80% 的目标，[②] 为此英国政府必须致力于发展低碳经济，政府要有碳预算。[③] 如果人们的某些活动增加了二氧化碳的排放，就必须采取其他行动予以补救。[④]

3. 2009 年——《英国低碳转换计划》

2009 年英国发布《英国低碳转换计划》以及《英国低碳工业战略》《英国可再生能源战略》《英国低碳交通计划》三个配套文件，实现到 2020 年整体减排温室气体 34%；[⑤] 创造 120 万个"绿色"就业机会；整体改建 700 万户民宅并支持家庭生产自己的清洁能源；全国 40% 的电力来自可再生、核能、清洁煤等低碳能源；削减一半天然气进口量；小轿车平均碳排放量比现在降低 40%。[⑥] 该计划标志着英国成为世界上第一个设立碳排放管理规划的国家。

---

① 杨锐：《各国低碳政策研究综述》，《边疆经济与文化》2011 第 6 期；陈柳钦：《低碳经济：国外发展的动向及中国的选择》，《甘肃行政学院学报》2009 年第 12 期。

② 陈柳钦：《低碳经济发展的国际动向》（http：//www. pbgchina）。

③ Tom Delay、哲伦：《英国的〈气候变化法〉》，《资源与人居环境》2011 年第 5 期；张静：《英国低碳经济政策与实践及对中国的启示》，硕士学位论文，华东师范大学，2012 年。

④ 王飞、丰志勇、陈建：《英国发展低碳经济的经验浅谈》，《生态经济》2010 年第 4 期。

⑤ 陈柳钦：《低碳经济发展的国际动向》（http：//www. pbgchina）。

⑥ 王涛：《英国出台低碳过渡计划》，《经济日报》2009 年 7 月 17 日；陈柳钦：《低碳经济发展的国际动向》（http：//www. pbgchina）。

(三) 德国的低碳经济扶持政策

德国作为欧盟的成员国之一，历年来在能源开发和环境保护等方面一直处在世界前列。

1. 1971 年——《环境规划方案》

第二次世界大战以后，在德国人口密集的居住区和工业区，环境污染问题比较严重。为了缓解这种状况，20 世纪 70 年代以后，德国政府就开始制定一系列的环境政策。最早在 1971 年公布第一个较为全面的《环境规划方案》，包括《废弃物处理法》《联邦控制大气排放法》等环境法案。[1]《废弃物处理法》的实施开启了德国关于低碳经济、循环经济发展的先河。1986 年德国正式成立环境、自然资源保护和核安全部。[2]

2. 1991 年——《废物分类包装条例》

1991 年，德国通过旨在减少包装废弃物的《废物分类包装条例》，这是首部按照废弃物——再生资源的物质循环思路制定的条例。[3] 条例规定：对于不可避免的一次性包装废弃物必须再利用或循环。随后，欧盟制定包装标准时以此为重要参考，强调包装废弃物再生利用。

3. 1996 年——《循环经济与废弃物法》

1996 年，德国开始实施《循环经济与废弃物法》。该法规定：所有资源必须尽力减少用量，明确列入循环经济回收利用的产品包括：除包装废弃物外，还包括汽车、废旧电子器件和电子设备、废旧电池、生物废弃物、建筑或拆毁废墟、废地毯和纺织物、废木柴等。[4]

4. 2008 年——《可再生能源法》

《可再生能源法》最早在 2000 年颁布，2008 年修订后，将更新现有

---

① 徐立：《深度城市化过程中的低碳生态新城建设》，《住宅科技》2014 年第 12 期。

② 黄海峰、李慧颖、李博、柴金艳、郑伟：《借德国循环经济经验谋中国可持续发展》，《国际商报》2007 年 9 月 27 日。

③ 陈梅：《我国循环经济发展现状及其策略研究》，《东方企业文化》2011 年第 3 期；黄海峰、李慧颖、李博、柴金艳、郑伟：《借德国循环经济经验谋中国可持续发展》，《国际商报》2007 年 9 月 27 日。

④ 黄海峰、李慧颖、李博、柴金艳、郑伟：《借德国循环经济经验谋中国可持续发展》，《国际商报》2007 年 9 月 27 日。

风能发电设备作为发展风能的重点工作，政府投资 3.5 亿欧元继续再生能源投资计划。①

这些政策的出台推动了德国能源供应的可持续发展，在促进低碳经济发展的同时，保护了气候和自然环境。

（四）日本的低碳经济扶持政策

日本地狭人多，资源能源严重依赖外部，对气候环境等因素变化敏感。日本政府对低碳经济的发展高度重视，注重各项扶持政策的制定和整合。②

1. 1979 年——《节约能源法》

日本最早在 1979 年颁布实施《节约能源法》，此后进行多次修订。《节约能源法》对能源消耗标准作了严格的规定，并赏罚分明。③ 日本还制定了新能源发电目标，每年新能源发电占年度发电量的百分比每年递增 2% 左右。④

表 2 - 1　　　　　　日本新能源发电使用目标　　　　单位:%

年份	2013	2014	2015	2016	2017	2018	2019	2020
发电目标	10.33	12.20	14.00	15.34	16.67	17.27	18.35	20.10

资料来源：日本经济产业省。

此后修改的《节约能源法》要求运用"领先原则"，新开发的汽车、家电等的节能性能必须超过现已商品化的同类产品中节能性能最好的产品，同时重视市政公用设施和普通民众的节能。⑤

---

① 赵宇峰、郭秋霞：《试析城市生活垃圾分类与循环经济的发展》，《社会科学家》2008 年第 4 期。
② 陈柳钦：《日本如何推进建设低碳社会（上）》，《节能与环保》2010 年第 8 期。
③ 刘安华：《发展我国低碳经济的法治路径》，《经济导刊》2011 年第 1 期；列春：《日本建设"低碳社会"的主要经验》，《工程机械》2009 年第 12 期。
④ 姜雅：《日本新能源的开发利用现状及对我国的启示》，《国土资源情报》2007 年第 7 期。
⑤ 姜雅：《日本的新能源及节能技术是如何发展起来的》，《国土资源情报》2007 年第 8 期。

2. 2006 年——《国家能源新战略》

2006 年 6 月，日本出台《国家能源新战略》，提出发展低碳节能技术、降低石油依存度、实施能源消费多样化等推行新能源战略。① 具体包括：优化能源结构，增加新能源使用，降低石油依赖等；② 加大研发非化石能源利用技术，降低对化石燃料的依赖；提高能源利用效率，加大创新节能减排技术。③

3. 2007 年——《21 世纪环境立国战略》

2007 年，日本公布了《21 世纪环境立国战略》，把环境保护上升为日本的国家战略。该战略提出把日本建成一个"低碳化社会""循环型社会"和"与自然和谐共生的社会"。④ 主要措施包括：实施"3R 原则"⑤；保护生物多样性，传承大自然的恩惠；加强国民环保教育，培养国民环保意识，培养环保人才。⑥

4. 2008 年——《建设低碳社会行动计划》

《建设低碳社会行动计划》提出要重点发展太阳能和核能等低碳能源，促使日本早日实现低碳社会。计划明确提出未来太阳能利用的发展目标，争取在太阳能发电方面排在世界首位。同时提出要在 2020 年前实现二氧化碳捕捉及封存技术的应用，降低每吨二氧化碳回收的成本；利用 3—5 年时间将发电系统的价格降至目前的一半左右。⑦

5. 2009 年《绿色经济与社会变革法案》

该法案规定日本全国实施"环保积分制度"。政府对购买符合环保节能标准商品的消费者实施"环保积分"，所获积分可用于兑换消费券。⑧

---

① 《日本着力发展低碳经济，实现低碳社会》（http：//www. xslx. com/）。
② 郭海涛：《应当关注美、欧、日能源战略调整新思路》，《经济纵横》2007 年第 11 期；陈柳钦：《低碳经济发展的国际动向》（http：//www. pbgchina）。
③ 王越：《日本能源战略之鉴》，《中国石油石化》2009 年第 6 期。
④ 吴松：《日本政府促进可持续发展开展节能减排的实践与经验》，《全球科技经济瞭望》2009 年第 9 期。
⑤ 3R 原则：reducing 减量化，reusing 再利用，recycling 再资源化。
⑥ 吴松：《日本政府促进可持续发展开展节能减排的实践与经验》，《全球科技经济瞭望》2009 年第 9 期。
⑦ 陈志恒：《日本构建低碳社会行动及其主要进展》，《现代日本经济》2009 年第 11 期；陈柳钦：《新世纪低碳经济国际动态》（http：//www. chinarefo）。
⑧ 陈柳钦：《新世纪低碳经济发展的国际动向》（http：//www. chinarefo）；陈柳钦：《日本的低碳发展路径》，《环境经济》2010 年第 3 期。

该制度在刺激消费、推动家庭节能减排等方面取得了显著效果。

（五）美国的低碳经济扶持政策

美国是世界经济强国，出台了多项发展低碳经济、解决能源和环境问题的政策。

1.1978 年——《国家能源政策法》

20 世纪 70 年代，美国经历了首次能源危机，主要是石油危机。在石油供应短缺的情况下，美国政府出台了包括设定汽车油耗标准、控制燃油价格和定量供应、限制高速公路速度在内的多项措施。经历危机后的美国迅速成立了国家能源部，并在 1978 年颁布了《国家能源政策法》。

《国家能源政策法》规定了平均每加仑 27.5 英里的油耗标准，同时为支持州一级地方政府开展节能工作（能源调查、执行国家能源计划等），国家要给予补助费；对低收入者采取住宅隔热措施的，给予补助金，实行隔热设施的税额扣除（免税）制度；对中等以下收入者提供低利贷款（利息补助）；对中等以上收入者提供一般贷款（无利息补助）；对于采取新能源设施者（太阳能利用等）给予贷款。[①]

2.2005 年——新《国家能源政策法》

2005 年 8 月，美国总统布什签署了新《国家能源政策法》，这是在 1978 年《国家能源政策法》基础上不断完善和补充而形成的，是美国近 40 多年来包含内容最广泛的能源法。法案中包括节能、新能源的开发利用等多方面的内容，通过财税手段倡导美国民众节能。新《国家能源政策法》规定 2015 年联邦政府建筑物能耗要在 2003 年的基础上降低 20%，为公共建筑如医院、学校等提供资金支持，向全美能源企业提供 146 亿美元的减税额度，鼓励企业节能。同时提高空调、冰箱等家用耗能电器的节能标准，政府对于那些研究利用节能技术的企业和个人提供贷款和补贴。[②]

3.2007 年——《低碳经济法案》

2007 年美国国会通过《低碳经济法案》，发展低碳经济成为美国的国

---

① 郭建琴：《从能源形势谈建筑节能问题》，《世界建筑》1981 年第 8 期。
② 孙毅：《发达国家与中国发展低碳经济的政策比较》，硕士学位论文，青岛大学，2011 年。

家战略。美国从曾经多少经历的能源危机中汲取教训,认识到要摆脱石油依赖必须发展低碳经济。美国扶持低碳经济发展的政策是促进节能增效减排,鼓励研发新能源等多个方面。[①]

4. 2009 年——《美国复兴与再投资法案》《美国清洁能源和安全法案》

2009 年 1 月,奥巴马宣布"美国复兴和再投资计划",投资重点向新能源领域倾斜。投资总额高达 7870 亿美元,重点发展可再生能源(风能和太阳能等)、高效电池、智能电网、碳储存和碳捕获技术,力争到 2015年将新能源发电比例占年度总发电量的 25%。[②]

2009 年 6 月,美国众议院通过《美国清洁能源和安全法案》。该法案不仅设定了美国温室气体减排的时间计划,同时也引入温室气体排放权配额与交易机制。《美国清洁能源和安全法案》的出台,被视为奥巴马"绿色新政"[③] 的开始。该法案主要包括:实施排放总量控制;实施排放配额发放;征收高额排污税。[④]

表 2 - 2   主要发达国家和地区低碳经济扶持政策

国家和地区	主要政策
欧盟	《欧盟能源政策绿皮书》《燃料质量指令》《欧盟战略能源技术计划》
英国	《英国低碳转换计划》《英国可再生能源策略》,建立碳排放管制规划,政府拨款用于住房的节能改造,投资 32 亿英镑
德国	《循环经济与废弃物法》《可再生能源法》,政府从 2009 年 6 月开始把生态工业政策作为经济发展指导方针,增加环保投资,鼓励私人投资
日本	《21 世纪环境立国战略》《建设低碳社会行动计划》《推进低碳社会建设基本法案》,启动支援节能家电的环保制度
美国	《低碳经济法案》《美国复兴与再投资法案》《美国清洁能源和安全法案》

---

① 陈柳钦:《新世纪低碳经济国际动态》(http://www.chinarefo)。
② 王宇:《世界走向低碳经济》,《中国金融》2009 第 12 期;《全美首个"低碳燃料"标准获通过》,《中国科技信息》2009 年第 11 期。
③ 绿色新政是一系列以发展新能源为重要内容的经济刺激计划的总称。
④ 陈柳钦:《低碳经济发展的国际动向》(http://www.pbgchina)。

三　发达国家和地区低碳经济扶持政策的启示与借鉴

从 2000 年欧盟启动欧盟气候变化计划（ECCP，the European Climate Change Program），到 2003 年英国提出发展"低碳经济"，欧盟、英国、德国、法国、意大利、美国、澳大利亚、日本等发达国家和地区纷纷制定了促进低碳经济发展的扶持政策，我们可以获取以下经验和启示。

（一）扶持低碳经济发展的公共政策应立足本国国情

发展中国家，特别是像中国这样的新兴经济体国家，在迈向工业化城镇化征途中，高污染、高耗能、高排放的高碳经济模式仍将持续一段时间，对传统化石能源的依赖短时期内摆脱不了。若政府采取强制性大幅减排的政策措施，必然会骤然降低经济发展速度，危及就业和民生，使公众生活水平下降。发展中国家制定低碳经济扶持政策应以奖励、补贴等引导性政策为主，必要时辅助于强制措施。

发达国家已经完成工业化、城镇化，高碳高排放的压力相对较小，在高科技、新能源领域占有优势，有条件有能力实行节能减排、低碳化发展。发达国家在制定低碳经济扶持政策时，引导与强制并重，强制措施较多，如实施强制性碳税、气候变化税等。[①]

发展低碳经济，既要保持一定的经济增长，使国家在发展中保持竞争优势，又要注重节能减排目标的实现和环境保护。因此，制定促进本国低碳经济发展的扶持政策，应立足本国的资源禀赋、自然环境、发展阶段、经济模式等基本国情条件，实施差异化扶持政策，区别对待。

（二）扶持低碳经济发展的公共政策应作用于市场缺位领域

从发达国家的做法来看，在扶持低碳经济的发展过程中，政府主要是在制订政策框架、支持研发活动、推动技术进步、增加投入等市场缺

---

① 《发展低碳经济的财税政策研究》课题组：《发展低碳经济的财税政策研究》，《财会研究》2011 年第 6 期。

位的领域发挥作用。

发展低碳经济需要一系列基础设施和基本条件，研发节能减排技术、低碳技术，开发新能源，培育低碳技术人才，倡导公众低碳生活理念和消费模式，推广企业低碳生产方式。这些都是基础工作，投入大，短期内难见收益，市场和企业不愿做、也没有能力做。政府扶持低碳经济发展的公共政策，应该在这些市场缺位或薄弱领域发力，为公众、企业和社会，夯实低碳经济发展的基础性工程，弥补市场机制的缺陷。

（三）扶持低碳经济发展的公共政策应能充分调动全社会积极性

发达国家在扶持低碳经济的发展过程中，政府并没有站在发展低碳经济的第一线，也没有直接兴办低碳企业身陷其中，更没有唱独角戏。其主要是通过政府政策引导，发挥市场机制作用，鼓励全社会成员广泛参与，充分调动全社会积极性，形成发展低碳经济的整体政策框架、逐步成熟的市场机制和全员参与的社会氛围。

以欧盟为例，欧盟有整体政策和资金安排，各成员国有各自的能源和环境政策规划，将政府政策、市场机制和社会参与结合起来，形成一个不同层面紧密结合的扶持低碳经济发展的大社会框架体系，充分调动全社会发展低碳经济的积极性。

美国政府也没有直接投资低碳经济领域，而是以财政资助、减免税等手段，引导低碳项目的实施，引导社会对关键性、共性的低碳节能技术进行研发和产业化推广。政府向全社会倡导发展低碳经济、培育低碳意识，向公众和企业推广普及低碳生产和低碳生活模式，① 注重充分调动全社会的积极性。

（四）扶持低碳经济发展的公共政策应给地方政府一定操作空间

研究发达国家的低碳经济扶持政策，可以看到，由于中央政府与地方政府分权等体制因素，政策制定和执行受程序、环节、利益等诸多因素制约。一些低碳经济扶持政策在中央或联邦政府层面推出难度很大，

---

① 《发展低碳经济的财税政策研究》课题组：《发展低碳经济的财税政策研究》，《财会研究》2011 年第 6 期。

即便出台，政策执行也受很多因素牵制。

在西方国家，由州政府或其他地方政府，依据本州本地方差异性情况，出台低碳经济扶持政策，阻力比由联邦政府推出要小一些。从这些政策推出到执行的实际效果来看，部分地达到了低碳经济扶持政策的预期目标和效果。

中国是一个地域版图十分辽阔的国家，各地区、各部门差异性很大，东、中、西部地区经济发展不平衡，东部一些发达省份经济水平已经达到中等发达国家水平，而西部一些地方还未脱贫。地区间经济发展阶段、经济增长模式各不相同。如果低碳经济扶持政策都由中央政府搞一刀切，制定和执行无差别的政策，可能在有些方面不能顾及到地方的实际差异性，政策的执行效果要打折扣。

除了一些宏观的、整体性的、事关全局的低碳经济扶持由中央政府保留外，可以考虑给地方政府一定的自主权和扶持低碳经济发展的政策操作空间，使各地区结合本地区本部门的实际发展阶段和资源禀赋差异等情况，因地、因时制定适合本地区低碳经济发展的扶持政策。如此，既维护了中央政策的统一性全局性权威性，能实现国家发展低碳经济应对气候变化的整体目标，又照顾到各地方各部门的差异性多样性，地方政府还享有了一定的自主权和自由操作空间，充分调动了地方的积极性自主性，实现央地共赢。

（五）扶持低碳经济发展的公共政策应配套使用整合实施

低碳经济涉及国民经济的许多领域和部门，如发改委、商务、财政、税收、物价、土地、环保、社会保障、气象等。在制定和实施扶持低碳经济发展的公共政策过程中，各部门出台的扶持政策要相互协调、相互配合，尽量避免政策冲突和重复，扶持政策要配套使用整合实施，避免造成政府提供的公共物品、公共服务浪费。

英国实施"碳预算"，将温室气体减排目标和财政预算挂钩，根据减排目标，安排财政资金投入、税收等政策措施，实现政府财政政策与气候变化政策的整合和配套，增强了减排的强制力和约束力。

美国实行"低碳产业发展基金"，政府财政出资成立低碳产业基金，符合政府低碳节能减排的产业项目均可申请低碳基金的资助，把政府的产业结构导向性政策安排与财政政策联动，引导企业走低碳发展之路，让企业从发展低碳经济中受益，增强企业走低碳经济的自主性自觉性。

从中我们可以看到，扶持低碳经济发展的公共政策是一个系统工程，政策能否取得实效，在一定程度上取决于政策的整合性和配套性。[①]

（六）扶持低碳经济发展的公共政策应有适当的退出机制

随着科学技术的进步，低碳技术、节能减排技术、新能源技术日新月异，低碳经济领域内的新技术、新能源推陈出新，新陈代谢周期很短、节奏很快、频率更高，旧的低碳技术和产业不断被更新的低碳技术和更节能环保的低碳产业所替代。

在低碳经济扶持政策的支持下，昔日的低碳经济技术、项目、产业等日趋成熟，已经开始回报甚至高回报了，离开政府优惠政策的扶持也可以市场化运作和盈利，这时候就该考虑政府扶持政策的退出了。

而更新更前沿的低碳项目、低碳技术、低碳产业等，尚处于起步期脆弱阶段，更加迫切需要政府的扶持。所以，针对不同低碳技术、低碳项目和低碳产业的扶持政策，政府应适当引入政策退出机制，把有限的政策资源用在刀刃上，做到有进有退，有所为有所不为。[②]

四 我国低碳经济扶持政策的现状与问题

在保护全球气候的呼声日益高涨的情况下，国际社会对中国快速增长的温室气体排放非常关注。中国在扶持低碳经济发展方面，有以下努力和探索，我们从扶持低碳经济发展的法律体系、公共政策体系等加以考察。

（一）我国扶持低碳经济发展的法律体系

法律对于发展低碳经济来说至关重要，不仅可以为低碳经济保驾护

---

① 《发展低碳经济的财税政策研究》课题组：《发展低碳经济的财税政策研究》，《财会研究》2011 年第 6 期。

② 同上。

航，还可以对那些不遵循低碳理念、破坏低碳经济发展的个人或组织给予相应的处罚。这种强制性的效力能够促进低碳经济在我国较快地发展。

我国在追求经济快速发展的同时，越来越重视环境保护问题。从1989年开始立法，至今已经有7部关于节能减排、新能源扶持、低碳技术扶持、环境保护、应对气候变化等方面的法律，这对于发展低碳经济来说奠定了坚实的法律基础。

1. 1989年——《中华人民共和国环境保护法》

1989年12月26日，全国人大常委会通过了《中华人民共和国环境保护法》，此法规定：国务院环境保护行政主管部门制定国家环境质量标准，地方各级政府承担本辖区环境保护主体责任。开发利用自然资源，必须采取措施保护生态环境。对排污超标的单位征收排污费。对造成环境严重污染的企业、事业单位，限期治理。[①]

这部法律是我国第一部关于环境保护方面的法律，它的出台对于发展低碳经济具有指导作用。法律中包括了制定环境标准、污染物排放、企业技术改造等问题，首次把对建设项目进行环境影响评价作为法律制度确立下来。但是该法没有规定具体的技术指标、操作程序、未予执行的法律责任追究等内容。

2. 1995年——《中华人民共和国固体废物污染环境防治法》

1995年10月30日，全国人大常委会通过《中华人民共和国固体废物污染环境防治法》，并于1996年4月1日起施行。该法于2004年12月29日进行修订，修订案于2005年4月1日起施行。该法共六章，修订后由原来的七十六条增加至九十一条。

这部法律是我国预防固体废物污染环境的基本法，对我国固体废物污染防治发挥了重大的作用。修订后，它将进口固体废物按照资源化程度和环境风险高低分别制定目录，实行分类管理，增加了对争议的解决程序，还针对非法进口固体废物增加了追究刑事责任的规定。因此，该法的实施将大大减少中国固体废物进口管理体制中存在的弊端，极大地

---

① 《环保法律法规汇编2012》（http://www.docin.com）；王伟：《〈环境保护法〉修改的法律思考》，《法学杂志》2005年第7期。

降低"洋垃圾"对环境和国人身心健康的污染威胁。①

该法首次提到循环经济，提到使用再生产和可重复利用产品，改进城市燃料结构等，这些都是体现低碳理念的条文规定，对于树立低碳意识具有重要的作用。

3. 2000 年——《中华人民共和国大气污染防治法》

2000 年 4 月 29 日，全国人大常委会修订通过《中华人民共和国大气污染防治法》，共七章六十六条，并于 2000 年 9 月 1 日起施行。

该法鼓励煤炭清洁利用，支持洁净煤技术的开发和推广；鼓励企业采用先进的技术，减少有害物质对大气环境的污染等。这些都是低碳经济发展中所倡导的措施，也是低碳技术的核心。可以看出，虽然当时并没有"低碳"的提法，但是减少碳排放的低碳思想和理念却贯穿于法律条文中。②

4. 2002 年——《中华人民共和国清洁生产促进法》

2002 年《中华人民共和国清洁生产促进法》颁布，该法共六章四十二条，于 2003 年 1 月 1 日起正式实施。

该法规定，国家鼓励和促进清洁生产，推广清洁生产技术。国务院应当制定有利于实施清洁生产的财政税收政策。该法还明确规定国家建立清洁生产表彰奖励制度。③

这是我国第一部以污染预防为主要内容的专门法律。实施清洁生产是预防污染、保护环境的有效途径，是发展低碳经济、实现可持续发展的必然选择，对我国经济的可持续发展和全面建设小康社会具有十分重要的意义。

5. 2002 年——《中华人民共和国环境影响评价法》

2002 年 10 月 28 日，全国人大常委会通过《中华人民共和国环境影响评价法》，共五章三十八条，并于 2003 年 9 月 1 日起施行。该法规定，规划、建设、开发等必须实行前置环境影响评价，并报政府环境保护主

---

① 王伟：《〈环境保护法〉修改的法律思考》，《法学杂志》2005 年第 7 期；《环保法律法规汇编 2012》（http：//www.docin.com）。

② 《环保法律法规汇编 2012》（http：//www.docin.com）。

③ 《中华人民共和国清洁生产促进法》，《电镀与涂饰》2003 年第 2 期；《我国〈清洁生产促进法〉出台》，《材料保护》2003 年第 1 期。

管部门审批。①

　　这部法律是我国环保事业的历史性突破，对于落实环境保护基本国策和实施可持续发展战略，具有重要的意义。这是"预防为主"的污染防治和生态保护方针的具体体现，是避免"先污染、后治理，先破坏、后恢复"的有效武器。

　　6. 2005 年——《中华人民共和国可再生能源法》

　　2005 年，我国公布《中华人民共和国可再生能源法》，于 2006 年 1 月 1 日起施行。此法于 2009 年 12 月 26 日进行修订，修正案自 2010 年 4 月 1 日起施行。该部法律明确了可再生能源的范围，同时规定国家对于利用可再生能源等的相关行业、企业提供资金支持，给予税收优惠。可见国家加大对于这些领域的扶持力度，贯彻低碳理念，用实际行动证明中国发展低碳经济的决心。②

　　国家鼓励和支持可再生能源并网发电，实行可再生能源发电全额保障性收购制度；鼓励清洁、高效的开发利用生物质燃料，鼓励发展能源作物，鼓励生产和利用生物液体燃料；鼓励单位和个人安装和使用太阳能热水系统、太阳能供热采暖和制冷系统、太阳能光伏发电系统等太阳能利用系统。国家财政设立可再生能源发展基金，同时给予税收优惠。对列入国家可再生能源产业发展指导目录的项目给予财政、贷款扶持。③

　　7. 2007 年——《中华人民共和国节约能源法》

　　2007 年 10 月 28 日，全国人大常委会修订通过《中华人民共和国节约能源法》，共七章八十七条。该法首次提到低碳的概念，分别规定节能低碳管理，工业、建筑、交通运输节能低碳，节能低碳技术，重点用能单位节能低碳，公共机构节能低碳等方面。条文中多次提到"低碳"一词，可见这是一部真正意义上促进能源节约、发展低碳经济的法律。该法首次明确规定国务院和县级以上地方各级人民政府应当将发展低碳经

---

① 《环保法律法规汇编 2012》（http：//www. docin. com）。

② 丁玉梅、廖良美：《基于低碳经济的技术创新思考》，《生产力研究》2010 年第 11 期；《中华人民共和国可再生能源法》，《中国环保产业》2005 年第 4 期。

③ 《中华人民共和国可再生能源法》，《中国环保产业》2005 年第 4 期。

济纳入国民经济和社会发展规划、年度计划。[①]

综上所述，中国目前已经制定多部与低碳相关的法律，许多法律仍在酝酿中。让人欣喜的是国内开始更多地关注这个领域，在近几年北京召开的"两会"中也提到低碳经济，[②] 所以在扶持节能减排、低碳技术、低碳经济发展等方面，法律体系也会逐渐完善。

（二）我国扶持低碳经济发展的公共政策体系

我国政府除了出台相关低碳法律之外，还制定了一系列低碳经济扶持政策，以促进低碳经济的有序发展。

1. 2004 年——《节能中长期专项规划》

2004 年，我国发布《节能中长期专项规划》。这项规划指出，要大幅提高能源利用效率，通过调整产业结构、产品结构和能源消费结构，促进产业结构优化和升级，提高产业的整体技术装备水平。政府应通过制定和实施法规标准，加强政策导向和信息引导，推动全社会节能，指出实现节能应重点发展的领域和工程。[③]

该规划提出主要产品单位能耗指标见表 2 - 3。[④]

表 2 - 3　　　　　　　　　主要产品单位能耗指标

	单位	2000 年	2005 年	2010 年	2020 年
火电供电煤耗	千克标准煤/千瓦时	392	377	360	320
吨钢综合能耗	千克标准煤/吨	906	760	730	700
10 种有色金属综合能耗	吨标准煤/吨	4.809	4.665	4.595	4.45
乙烯综合能耗	千克标准煤/吨	848	700	650	600
水泥综合能耗	千克标准煤/吨	181	159	148	129
建筑陶瓷综合能耗	千克标准煤/平方米	10.04	9.9	9.2	7.2
铁路运输综合能耗	吨标准煤/百万吨换算千米	10.41	9.65	9.40	9.00

资料来源：《节能中长期专项规划》，中华人民共和国国家发展和改革委员会，2004 年。

---

① 《环保法律法规汇编 2012》（http://www.docin.com）。

② 全国人大代表黄河提出关于制定《中华人民共和国低碳经济促进法》（草案）的议案。

③ 张锐：《节能产业：中国之架构》，《管理与财富》2005 第 6 期；《国家发改委发布我国第一个〈节能中长期专项规划〉——国家发改委有关负责人答记者问》，《中国建设信息·供热制冷专刊》2005 年第 1 期。

④ 徐志强：《加强能源计量工作加快建设节能型社会》，《中国计量》2005 年第 7 期。

该规划提出主要耗能设备能效指标见表2-4。[①]

表2-4   主要耗能设备能效指标

耗能设备	单位	2000年	2010年
风机（能效）	%	75	80—85
燃煤工业锅炉（能效）	%	65	70—80
汽车（乘用车）平均油耗	升/百千米	9.5	8.2—6.7
电冰箱（能效指数）	%	80	62—50
家用燃气灶（热效率）	%	55	60—65
家用燃气热水器（热效率）	%	80	90—95

资料来源：《节能中长期专项规划》，中华人民共和国国家发展和改革委员会，2004年。

2. 2005年——《关于加快发展循环经济的若干意见》

2005年，中国政府发布《关于加快发展循环经济的若干意见》。该意见提出发展循环经济的基本思想、基本原则和发展目标；指出发展循环经济的重点工作和重点环节；强调在发展循环经济的同时，完善各种制度保障体系。[②]

《关于加快发展循环经济的若干意见》明确了我国发展循环经济、保护环境的目标，这对于发展低碳经济而言，又是一个重量级的政策文件。[③]

3. 2006年——《关于加强节能工作的决定》《气候变化国家评估报告》

为深入贯彻科学发展观，加快建设节约型社会，实现"十一五"规划纲要提出的节能目标，2006年8月6日，国务院下发《关于加强节能工作的决定》。此项决定的主要内容是要积极调整工业结构，优化用能结构；加快先进节能技术、产品研发和推广应用；政府实行节能税收优惠政策、实行节能奖励制度、深化能源价格改革等。

---

① 《国家发改委发布我国第一个〈节能中长期专项规划〉——国家发改委有关负责人答记者问》，《中国建设信息·供热制冷专刊》2005年第1期。

② 《国务院发出〈关于加快发展循环经济的若干意见〉》，《有色金属再生与利用》2005年第8期。

③ 《专家观点》，《中国石油和化工》2005年第7期。

2006 年 12 月，由中国科技部、国家气象局、国家发展和改革委员会、国家环保总局（现环境保护部）联合发布我国第一部《气候变化国家评估报告》。这一报告共分三个部分：气候变化的历史和未来趋势、气候变化的影响与适应、减缓气候变化的社会经济评价。报告提出了中国减缓气候变化的总体思路，在保证中国到 2020 年全面建成小康社会、基本实现工业化以及到 21 世纪中叶基本实现现代化的总目标下，实现低碳增长模式和低碳消费模式。

4. 2007 年——《中国应对气候变化国家方案》《国家环境保护"十一五"规划》

《中国应对气候变化国家方案》于 2007 年 6 月正式颁布实施，科技部等 13 个部门联合发布了《应对气候变化科技专项行动》，以落实国家方案。

2007 年 9 月 8 日，胡锦涛总书记在亚太经合组织第十五次领导人会议上强调发展低碳经济、发展低碳能源技术、促进碳吸收技术发展、增加碳汇。根据《国民经济和社会发展"十一五"规划纲要》和《国务院关于落实科学发展观加强环境保护的决定》，2007 年 11 月 22 日，国务院制定《国家环境保护"十一五"规划》。《国家环境保护"十一五"规划》分析了我国目前环境保护所面临的现状与困难，然后提出在"十一五"期间的主要环保指标以及保障这些目标的具体措施。"十一五"主要环保指标见表 2 - 5。

表 2 - 5　　　　　　　　　"十一五" 主要环保指标

指标	2005 年	2010 年	"十一五"增减情况
化学需氧量排放总量（万吨）	1414	1270	-10%
二氧化碳排放总量（万吨）	2549	2295	-10%
地表水国控断面劣 V 类水质的比例（%）	26.1	<22	-4.1 个百分点
七大水系国控断面好于Ⅲ类的比例（%）	41	>43	+2 个百分点
重点城市空气质量好于Ⅱ级标准的天数超过 292 天的比例（%）	69.4	75	+5.6 个百分点

资料来源：《国家环境保护"十一五"规划》。

5. 2008 年——《中国应对气候变化的政策与行动》白皮书

2008 年 10 月 29 日,《中国应对气候变化的政策与行动》白皮书公开发布,这是中国第一部应对气候变化的综合性政策性文件。白皮书阐明了中国应对气候变化的体制机制建设等重大问题的原则立场和诸多积极措施。[①] 这为《关于积极应对气候变化的决议》的出台奠定了理论的基础,具有重要的意义。

6. 2009 年——《关于积极应对气候变化的决议》

2009 年中国全国人大常委会表决通过《关于积极应对气候变化的决议》,充分说明了中国最高国家权力机关对气候变化、环境保护的高度重视,彰显了中国在发展低碳经济应对全球气候变化方面进行的不懈努力。[②]

(三) 我国扶持低碳经济发展的最新政策支持

1. 国务院"十二五"规划意见

国务院明确表示把发展低碳经济、应对气候变化纳入国民经济、社会发展规划中去,把发展低碳经济纳入"十二五"规划中,落实在地方与行业的发展规划中。"十二五"期间,要大规模推广应用现已成熟的低碳技术、节能技术、新能源等;着手安排部署新一代低碳技术的研发和示范运营。[③]

目前国务院已制定和拟制定中的低碳经济扶持政策包括:《节能环保产业发展规划》《新兴能源产业发展规划》《发展低碳经济指导意见》和《加快推行合同能源管理,促进节能服务业发展的意见》等。

2014 年 3 月,国家发展和改革委员会表示中国将继续采取措施大力发展绿色经济、低碳经济,并在低碳能源上推出多项措施。在推广节能灯、高效节能空调取得良好成果的基础上,对节能汽车、节能电机等进

---

① 参见《低碳经济发展的国际动向》(http://www.cpplg.cn/)。
② 中南财经政法大学环境资源法研究所环境法研究网 (http://www.enlaw.org)。
③ 汪孝宗、胡雪琴:《如何实现减排 40%—45%——中国的减排路径》,《中国经济周刊》2009 年第 49 期。

行财政补贴。[①]

2. 人大、政协两会议案提案

2014 年 3 月，"两会"在北京召开。两会代表委员非常关注低碳经济，提出许多与低碳有关的提案和议案。人大代表提出《中华人民共和国低碳经济促进法》（草案）的议案、将低碳技术创新体系纳入国家和地区科技发展规划的议案、在公民中倡导低碳生活的议案等。

政协委员的提案有《关于推动我国低碳经济发展》的提案（该提案被列为会议一号提案）、《积极应对气候变化，走中国特色低碳发展道路》的提案、《关于合理开发新能源，发展绿色经济的建议》的提案、《关于推进我国低碳产业发展的提案》的提案、建立低碳评估体系的提案，适时开征碳税的提案[②]等。这些提案的提交表明发展低碳经济、转变中国经济增长方式和消费模式已成为全社会的共识。

综上所述，中国出台低碳经济扶持政策、大力发展低碳经济，是为了促进低碳经济的发展，保护环境，实现可持续发展，积极应对气候变化，实现人与自然和谐相处。

（四）我国低碳经济扶持政策存在的问题与不足

一是我国在低碳经济政策法律体系建设方面仍处于薄弱的状态。主要表现在中国的有关低碳经济立法在体系中并不完善，存在缺漏之处，如石油、天然气、原子能等重点关键领域的能源单行政策法律仍然缺位。[③]

二是现有的低碳经济立法规定不够详细，缺乏可操作性。由于中国法制建设中"易粗不易细"的传统，低碳经济立法规定不够详细，操作性不强，这也是导致中国目前环境保护执法（包括能源领域）效果不佳、环保状况不能得到根本性改善的重要原因。[④]

---

① 参见孙毅《发达国家与中国发展低碳经济的政策比较》，硕士学位论文，青岛大学，2011 年。

② 《新世纪低碳经济发展的国际动向》（http：//www. xslx. com/）。

③ 王利：《低碳经济：未来中国可持续发展之基础——兼谈中国相关法律与政策的完善》，《池州学院学报》2009 年第 4 期。

④ 同上。

三是扶持低碳经济发展的立法和政策缺乏体系，缺乏系统性、协调性和配合性。在低碳立法和政策制定上，中国虽然颁布了多项发展低碳经济和应对气候变化的相关法律，但是立法缺乏体系，存在缺漏。同时，出台的政策、法律之间缺乏协调性和配合性，[①] 有的甚至相互冲突，出现法律与法律、政策与政策、法律与政策"打架"的情况。

四是扶持低碳经济发展的奖励力度、惩戒破坏环境的处罚力度不够，柔性不柔、刚性不刚。很多法律条文规定虽然在方向上有利于低碳经济的发展，法律、政策、规划规定的执行措施上虽然也涉及税收优惠、补贴等奖励手段来激励公众与企业自愿实行有利于低碳经济发展的行为，但是没有规定细化的奖励手段、额度与程序，导致在现实中不能产生广泛的积极影响。[②] 促进清洁生产、处罚环境污染的力度、强度和硬度也十分欠缺。

五是地方和行业在低碳经济扶持政策制定中参与度不够。我国扶持低碳经济发展的政策体系，主要由中央政府、中央各部委出台。而处在引领低碳经济发展、置身低碳经济建设第一线的各地方、各行业企业，积极性不高，参与度不够。呈现中央政府唱低碳经济独角戏、地方及行业置身事外的尴尬境况。

六是我国清洁发展机制的发展不完善。清洁发展缺乏相关的宣传，公众对清洁发展了解不足，低碳行业领域和低碳经济碳交易人员都没有动起来，没有得到非政府组织、民间组织的广泛参与。清洁发展机制交易不完善。中国作为清洁发展机制最大的供应方，环境能源交易规模小，清洁发展项目申报程序复杂，成本高。[③]

七是能源消费和能源结构调整政策执行出现问题。中国能源消费总量居高不下，能源需求还将保持较快增长，产业结构不合理，高耗

---

① 梁宵：《低碳经济对中国出口贸易的影响及其对策建议》，硕士学位论文，东北师范大学，2013 年。

② 参见王利《低碳经济：未来中国可持续发展之基础——兼谈中国相关法律与政策的完善》，《池州学院学报》2009 年第 4 期；刘海、李娇娇《大力发展低碳经济不能忽视配套法规建设》，《经济视角》2010 年第 6 期。

③ 参见丁玉梅、刘应元《刍议构建中国特色的碳金融体系》，《经济问题》2010 年第 12 期；《发展低碳金融存在的问题及相关建议》，中国金融网（http：www.zgjrw.com/News/）。

能、高排放行业在工业中的比重偏高，节能减排能力、手段明显不足。能源结构方面，我国煤炭消费和世界石油天然气消费比例相当，而石油天然气消费又与世界煤炭消费相当。虽然通过优化我国的能源结构，煤炭消费的比例有所下降，但是短时间内很难改变我国以煤炭为主的能源消费构成现状。

第 三 章

低碳经济扶持政策的整合理论

一 公共政策整合理论

本章介绍了公共政策整合理论的政策分工理论、政策合作理论及政策系统理论，为低碳经济扶持政策整合理论研究奠定基础；界定了低碳经济扶持政策整合问题研究，分析了整合研究的作用；探讨低碳经济扶持政策整合的基本条件和整合主体；研究低碳经济扶持政策整合的主要内容。低碳经济扶持政策整合理论研究，为后续的部门协调、政策整合、措施联动等问题研究做了理论上的铺垫。

（一）政策分工理论

分工是社会生产力发展的结果，最早的分工即劳动分工，表现为部门间的分工。而部门间的分工必然落实到具体政策，从而构成政策分工。

政策分工是公共部门在社会生产分工的基础上所进行的政策专业化分工，其目的是使公共政策资源配置高效率低成本。[①]

政策分工是公共政策制定、整合、优化、执行的重要动力，其重要意义表现在：一是通过政策分工，有利于实现部门之间的资源和政策的优化配置。政策分工会导致同一种资源或要素在不同利益群体的需求和收益率的差异，在市场选择作用下，各利益群体必然出现趋利避害的流动，这不仅能弥补各部门政策在资源和要素禀赋的不足，而且能使资源配置总效率随之提高。二是通过政策分工，有利于获取政策专业化效益。

---

① 参见赵强《区域经济发展的路径选择》，硕士学位论文，复旦大学，2008 年。

政策分工的核心是专业化部门的发展。专业化部门的发展会给公共政策带来专业化收益，政策专业化能够推动公共管理的进步，提高服务质量和管理水平。三是通过政策分工，有利于促进部门关系发展。公共部门关系是不同部门之间形成的相互依存、相互促进、相互制约的横向关系。政策分工不仅带来部门之间的政策专业化，而且还使各部门在公共产品和公共服务的供给方面形成更深程度的依赖，从而促使部门关系深化。而部门关系的深化反过来又会促进政策分工发展，两者之间相互依赖、相互影响的关系，促使公共政策不断走向分工与合作。四是通过政策分工，有利于产生政策规模和聚集效益。政策分工有利于政府供给的公共物品和公共服务规模的扩大，有利于同种公共物品公共服务在地理上的聚集，从而获得公共政策的规模和聚集效益。

影响政策分工的因素众多而复杂，为了促进公共政策的合理分工，应该遵循以下基本原则：一是比较优势原则。一个公共部门、一个产业部门，无论发展条件和状态如何，与其他部门或行业相比都存在着相对差异，可以利用自己相对有利的条件，选择和发展最能体现自己特点的、相对具有比较优势的公共产品或公共服务，即"两利相权取其重，两弊相较取其轻"，并以这样的相对比较优势参加政策分工。二是经济效益原则。以尽量少的管理成本耗费取得尽量多的管理绩效成果，是公共政策的根本目标，进行政策分工必须注重经济效益的提高。公共政策分工，可以充分利用不同部门的资源和要素，扩大公共产品公共服务规模，取得规模效益。但必须看到，政策分工的效益是有不同层次的，这会给不同的部门、不同的群体带来不同的利益，应该坚持以公共政策整体利益为目标，同时兼顾局部利益。三是一体化原则。面对经济社会发展一体化的形势，首先要确定各部门所具有的特色与优势，再明确各部门的角色分工与目标，做到宏观一体，微观分工。①

（二）政策合作理论

政策合作是各政策主体之间为了政策整体效益的增加，减少相互之间的摩擦、冲突、损耗，以一定方式联合起来，互依、互存、互惠的一种互

---

① 黄利民、刘成武：《论区域分工与角色定位》，《咸宁学院学报》2004 年底 7 期。

动状态。政策合作是在政策分工基础上产生的，是政策分工发展的必然结果。因政策分工要求政策专业化，专业化政策促使公共品和公共服务逐渐走向单一化，从而使公众不可能从专业化政策获得所需要的全部公共产品和公共服务，而需要从其他政策获取所需的公共品和公共服务，于是形成了公共物品和公共服务供需的相互依赖关系，政策合作得以形成。

政策合作的重要意义集中表现在：一是通过政策合作，能够充分发挥各专业化政策或单一政策的优势，把分散于各部门各领域的政策有机地整合起来，把蕴藏于各部门各地方的潜在政策活力激发出来，形成公共政策的合力，产生政策互补或政策叠加的效果。二是通过政策合作，能够推动资源要素在部门间、地方间及行业间自由流动。而长期的政策合作，必然促使政策执行的专业效益和整体效益都得到提高，各地区各部门的经济发展水平和人民享受的公共服务水平也获得相应提高。

我们必须看到，公共政策的矛盾、冲突是客观存在的，因此，政策合作必须遵循以下原则：一是优势互补原则。这是政策合作的首要原则。由于自然条件和经济发展水平的影响，各低碳经济区都存在发展的有利条件和不利因素，单个区域孤立发展难以获得最大利益。只有通过政策合作，充分发挥各区域的优势，形成公共政策的合力，才能取得优势互补和优势叠加的效果。二是利益分享、风险共担原则。这是政策合作的重要原则。从政策合作的愿望看，各方都希望获得合作利益，事实上，政策合作作为一种政策活动，不可避免也会涉及风险。作为一把双刃剑，政策合作可能会给政策执行造成损失或不确定性。应从公平角度出发，当政策合作获得利益时，参与合作的各方依据投入的大小来分享政策合作带来的收益；而当合作遇到风险、利益遭到损失时，参与合作的各方又必须公平分担损失。

政策合作的绩效，取决于博弈各方的讨价还价，达成共识，进行合作的程度。①

（三）政策系统理论

系统是由相互作用和相互依赖的若干组成要素结合而成的有机整体。

---

① 解红晖：《合作研究进探》，《宁波大学学报》（人文科学版）2010 年第 5 期。

公共政策也是一个系统，公共政策系统是由自然系统与人共同作用的复合系统。这个复合系统除了地域空间直接与自然系统有关外，经济空间、社会空间、人文空间都是人作用的结果。

公共政策系统具有三个特征：一是层次性，即由构成政策系统的宏观、中观、微观要素的不同所带来的政策系统垂直方面的差异性。据此我们可以把政策系统分为宏观政策、中观政策及微观政策。二是差异性，即同一地域空间、同一部门、同一行业，由于经济空间、人文社会空间、资源要素的不同所产生的政策的横向差异性。它是政策主体相互合作，实现优势互补的基础。三是整体性，即公共部门的公共政策构成一个政策系统，它具有系统的整体性特征。

公共政策系统是由规模不等、内容各异、形态不同的若干子系统构成的复杂社会系统。从层级看，在公共政策系统中，同时还存在着许多不同层次的子系统，各子系统又可以进一步分成更小的子系统。一个国家或地区的公共政策，有顶层设计，有中观政策，还有操作层面的微观政策。从内容构成看，公共政策系统是由政治、经济、社会和生态环境等方面的子系统共同构成的开放系统。政治、经济、社会和生态环境是存在于政策系统以外的所有外部事物，所有的政策系统都是在一定的外界环境条件下运行的。[①] 我们不仅要注意政治、经济、社会和生态环境政策子系统自身发展及它们之间的相互协调、相互补充、相互促进，更需要重视政策系统与环境的关系，只有系统内部和外部关系相互协调，才能全面发挥政策系统的整体功能，保证政策系统整体向最优方向发展。从经济部门看，公共政策系统是由农业、工业、现代服务业等各产业政策共同构成的复合系统。

公共政策系统构成的基本原则有以下内容：整体性原则。它强调政策系统是由各地区、各部门、各领域政策构成的相互联系、相互制约、不可分割的有机整体。整体性原则要求人们从公共政策系统整体及其整体运动规律的角度去认识政策系统各构成要素和子系统的特征。联系性原则。它强调公共政策系统内部各要素之间、各要素与子系统之间、政策系统与外部环境之间的联系。正是由于这种联系，政策系统内部、政

---

① 吴殿廷：《区域经济学》，科学出版社 2004 年版，第 5 页。

策系统与外部环境之间，才能发生资源、要素、信息等输入输出交换。有序性原则。它强调公共政策系统的有序性是由纵向有序、横向有序、动态有序等多层次有序综合作用构成的。政策系统内部各层次的有序性是高层次政策支配低层次政策、低层次政策系统从属于高层次政策系统。在政策系统整体中，物质、能量、信息的交换按一定渠道有序进行，政策系统的有序性越高，结构和功能也越优化。动态性原则。它揭示了公共政策系统状态与时间序列之间的关系，强调公共政策会随时间变化而变化。动态性原则要求人们必须以动态和发展的眼光去考察、认识和分析公共政策，密切关注政策系统内外的各种变化，以便采取相应政策措施，实现政策整体优化。

二　低碳经济扶持政策的整合

（一）低碳经济扶持政策整合的界定

低碳经济的扶持政策，是指以政府为核心的公共组织为支持低碳经济的发展而制定的公共政策体系、公共政策过程和公共政策措施。①

低碳经济扶持政策的整合就是对它们进行体系建构、过程调适、措施完善的系列活动。

以上关于低碳经济扶持政策及其整合的界定，看似简单，但却全面反映了扶持低碳经济发展的公共政策整合问题研究的内涵。

第一，明确了低碳经济扶持政策是以政府为核心的公共组织为支持低碳经济的发展而制定的公共政策体系、过程和措施，政府等公共组织的低碳经济扶持政策层次高、整体性宏观性更强；暗含了一般的企业组织、非营利组织的低碳经济扶持政策层次低、操作性强，属于局部性微观性政策。政府公共组织的低碳经济政策是一般组织政策体系政策措施的抽象和升华。

第二，清楚地将低碳经济扶持政策分为政策体系、政策过程和政策措施三个层面，从而避免了仅仅将政策措施视为低碳经济扶持政策的片

---

① 李奎：《我国低碳经济发展的现存障碍和解决思路》，《党史文苑》2010 年第 7 期；李奎：《发展低碳经济的思考和对策建议》，《农业考古》2010 年第 6 期。

面性。

第三，全面概括了低碳经济扶持政策整合就是对低碳经济扶持政策进行体系建构、过程调适、措施完善的系列活动，避免了单纯地将低碳经济扶持政策的部门协调、政策整合或措施联动视为低碳经济扶持政策整合问题整体的偏向。

第四，低碳经济扶持整合可以解读为在一定的时空范围内，政府、非政府、企业等各政策主体以市场为资源配置的基础性机制，合理科学有效地配置低碳自然资源、低碳人才、低碳技术等生产要素资源，建构低碳生产体系和低碳消费模式，贯通相互之间的关联，使以政府为核心的公共组织在扶持低碳经济发展过程中，动态调节、相互补充、相互贯通、相互作用、相互协调，从而达到优化配置政策资源，产生整体聚合能动效应的行为。

总之，低碳经济扶持政策及其整合既是高层次、整体性宏观性强的政府公共政策，又是不断完善、发展进化的微观局部政策活动；既是整体的，又是局部的；既是实然的，又是应然的；既是科学规范，又是评价标准；既是为了扶持低碳经济推动绿色发展，又是为了促进政策整合和政策目标的实现，优化政府治理机制，达到善治。

（二）低碳经济扶持政策整合的作用

低碳经济扶持政策整合，可以消除妨碍低碳经济发展的各种体制性障碍，促使资源配置达到最佳状态，提高公共政策供给效率；可以促成低碳经济效益的提高，形成低碳经济发展的规模效应，提高低碳经济的整体竞争力；可以促进低碳经济产业化的深化，克服低碳经济"有经济无产业、有概念无实体"的发展困局，[1] 推动低碳经济产业化实体化；可以实现西部地区发展低碳经济弯道超车，促进地区均衡发展等。

低碳经济扶持政策整合的作用，从总体看，都是为了促进低碳经济更好、更快地发展，都是为了实现发展低碳经济利益最大化。其作用具体表现在以下几方面。

可以消除行政区划壁垒，增强区域之间的经济互补和政策互助。通

---

[1] 鲁开垠：《核心竞争力》，经济日报出版社 2001 年版，第 4 页。

过低碳经济扶持政策的整合，各地方之间的割据和封锁将被弱化或打破，低碳经济生产要素可以自由流动，这不仅可以促进公共政策优化配置，降低扶持政策的冲突和内耗成本，而且可以形成政策合力。

可以深化政策合作内容，优化政策供给。在市场经济条件下发展低碳经济，各地方各部门合作与竞争是并存的。合作与竞争均能够有效推动低碳经济发展，但也容易产生矛盾。比如现在的光伏太阳能产业，各地出台政策争相扶持，全国遍地开花，重复建设、恶性竞争已现，产业环境恶化，行业利润下滑。通过低碳经济扶持政策整合，不仅能优化政策供给和配置，而且能在低碳环境、低碳教育、低碳生活等领域深化政策合作内容，增进相互了解，促进政策合作。

可以增加低碳经济认同感，增强发展共识。通过扶持低碳经济发展的公共政策整合，能够增强对低碳经济认同感，使政府、非政府组织、各经济主体、公众，凝聚共识，形成统一行动，更有利于促进低碳经济的整体发展。

可以缩小地区差距，实现均衡发展。我国东中西部经济发展不均衡是我国区域经济的基本情况。虽然一定程度的地区差距客观上有利于经济整体的快速增长，但地区差距过大会造成畸形的地区经济发展格局，引起地区间冲突和矛盾，影响国民经济整体持续、快速、健康发展。而通过低碳经济扶持政策整合，不仅可以发挥东部的低碳技术、人才、市场优势，以东部带中西部、以强带弱，而且可以发展中西部弱弱联合、形成合力，消除地区差异，实现经济社会协同发展。

三　低碳经济扶持政策整合的基本条件

低碳经济扶持政策整合顺利进行是有条件的，既包括低碳经济发展水平、低碳企业规模大小、低碳经济区发展状况和低碳硬环境等客观条件，也包括规范的低碳经济市场机制、低碳意识与观念、低碳经济软环境等主观条件。

（一）低碳经济扶持政策整合的客观条件

低碳经济扶持政策整合的客观条件，是低碳经济发展水平、低碳企业规模大小和低碳经济区发展状况等客观条件，详述如下。

一定的低碳经济发展实力。低碳经济扶持政策整合要以一定的低碳经济发展水平为条件。低碳经济发展水平越高，各低碳经济主体横向交流与联动的愿望愈加强烈，必然要突破部门政策限制，要求公共部门整合政策供给，提高公共政策服务水平。"珠三角""长三角""京津冀"的低碳经济扶持政策整合程度高，政策供给和服务水平高，也是因为这些地区具有一定的低碳经济发展基础。[①]

一定发展规模的低碳企业。低碳经济扶持政策整合的落脚点、管理和服务对象是各低碳企业，各低碳企业是低碳经济扶持政策整合的最终受益者。低碳企业是低碳经济的细胞，是低碳经济发展的承担者和实施者。低碳企业规模大、数量多、效益好，其社会影响力就会增大，才有能力影响其外部政策资源的配置，推动和促进政府低碳经济扶持政策的整合。反之，若低碳企业规模较小、数量少、社会影响力小，它对外部政策资源的需求就弱，更遑论推动和促进。一定发展规模的低碳企业，有利于低碳经济扶持政策的整合。[②]

实力较强的低碳经济区和低碳经济增长中心。低碳经济区是政府重点扶持的低碳经济产业区，是一类或几类低碳产业的聚集区。低碳经济区具有巨大的积聚效应，汇聚了大量的低碳人才、低碳技术和低碳发展资金，形成低碳经济增长中心。低碳经济区还具有强大的扩散作用，在其辐射和带动下，周边地区低碳经济逐步发展兴旺。实力较强的低碳经济区和低碳经济增长中心，本身就是发展低碳经济成功典范，具有示范和引领作用，拥有很强的发展低碳经济的话语权，既有需求又有条件有能力影响外部政策资源的供给和整合优化。[③] 例如湖北、湖南的环境友好型、资源节约型两型社会试验区、成都及重庆的循环经济产业区，以及上海、南昌、保定等地实行的低碳城市项目，已经初步见效，它们对低碳经济扶持政策整合的需求旺盛、影响力大。

---

① 参见贾斌韬《武陵山经济协作区统筹发展研究》，硕士学位论文，中央民族大学，2012 年。

② 同上。

③ 涂勇：《中心城市引领区域协调发展的战略思考》，《理论前沿》2003 年第 24 期；贾斌韬：《武陵山经济协作区统筹发展研究》，硕士学位论文，中央民族大学，2012 年。

良好的低碳硬环境。低碳经济扶持政策整合对环境的要求是不可缺少的。低碳经济发展环境包括硬环境和软环境。硬环境由低碳经济基础设施、低碳生产设施和低碳生活设施构成，是政府为扶持低碳经济发展而建构的低碳经济硬环境。软环境是政府为以支持低碳经济的发展为目的的核心公共组织而配给的公共政策体系、法律体系等公共产品和公共服务。①

（二）低碳经济扶持政策整合的主观条件

低碳经济扶持政策整合主观条件包括规范的市场机制、低碳意识与观念、低碳经济软环境等，分述如下。

规范的市场运行机制。低碳经济扶持政策整合作为一种政策体系建构、政策过程调适、政策措施联动的活动，政府的着力点是建构规范的市场运行机制。政府不是直接兴办低碳企业站在发展低碳经济第一线，而是制定促进低碳经济发展的产业政策，引导低碳生产和低碳消费。企业和社会作为发展低碳经济的主体，遵循市场经济的规律来运行，政府要消除阻碍低碳经济生产要素流动的体制性障碍，建立健全市场运行机制，② 充分发挥市场调节与配置功能，尽力避免低碳经济政策整合成为政府的"独角戏""拉郎配"，否则整合效应将无法实现。

低碳意识与观念。低碳意识与低碳生活观念影响人们的行为和选择。在生活中，讲排场、摆阔气等面子消费，是一种落后观念，是高碳生活模式，成为低碳经济发展的障碍。而节能、环保低排放的生活观念和生活模式，则是一种先进观念，是低碳碳生活模式，促进低碳经济的发展。它具有辐射性和广泛的参与性，易于接受外部因素的进入，并在此基础上实现创新，有利于低碳经济整合。因此，要促进低碳经济扶持政策整合，必须打破高碳消费与落后观念，树立低能耗、低排放、低污染意识，倡导低碳生产生活模式。

服务型政府等软环境。低碳经济发展的软环境由各种公共服务、相

---

① 李奎：《发展低碳经济的思考和对策建议》，《农业考古》2010 年第 6 期。
② 参见贾斌韬《武陵山经济协作区统筹发展研究》，硕士学位论文，中央民族大学，2012年。

关配套政策措施以及有效的制度安排构成，是低碳经济政策整合所营造的环境。软环境的好坏，直接影响低碳经济的发展，也影响低碳经济政策的整合效果。

四 低碳经济扶持政策整合的主体

低碳经济扶持政策整合的主体，有宏观微观之分，宏观主体即政府和社会中介组织，微观主体即企业和居民。

（一）低碳经济扶持政策整合的宏观主体：政府和社会中介组织

1. 低碳经济扶持政策整合的宏观主体：政府

政府作为低碳经济扶持政策的制定者、整合者和实施者，应遵循"有所为有所不为"的原则，既不能"越位"，也不能"缺位"。政府在低碳经济扶持政策整合中的功能和作用集中表现在以下三个方面。

一是制定低碳经济扶持政策整合规则。

低碳经济扶持政策系统是在低碳经济区域网络内，各政府部门、各资源所有者和生产要素之间互相交融、协同作用的复杂系统。由于市场自身调节能力有限以及各行政主体、经济主体的利益不同，在低碳经济扶持政策系统运行过程中必然存在多种矛盾冲突。为了协调各主体之间的利益冲突，政府必须制定相应的政策、法规和规则，规范各政府部门和各经济主体的行为。低碳经济扶持政策整合如果没有相应的规则，就会出现无序状态，有限的资源就难以合理配置，低碳经济发展环境就不可能完善，低碳经济可持续性发展也只能是一句空话。

二是实施低碳经济扶持政策整合规则。

在市场经济条件下，各经济主体都有"经济人"的本性，都以自身利益最大化为目标，发展低碳经济也不例外。如果生产要素和经济资源的所有者都完全从自身利益出发，很有可能给其他经济主体或者周边区域中的经济主体带来负的外部性，甚至造成资源浪费。政府应地位超然，站在公共利益、社会利益和生态效益的公正、公道、公众立场，实施低碳经济扶持政策整合，通过各种经济的、行政的、法律的等手段和措施，促进低碳经济扶持政策整合。

三是为低碳经济扶持政策整合提供公共服务。

低碳经济扶持政策的有效整合，除需要政府制定和实施各种规则外，还需要政府提供各种公共服务。政府公共服务的内容主要有：发展低碳经济的基础设施投资，如低碳运输系统、公共信息平台等，这些基础设施是低碳经济扶持政策整合的必需条件，具有"公共物品"属性，一般来说只能由政府提供。低碳人力资本与低碳技术投资，是低碳经济扶持政策整合进一步深化的前提，只有通过政府教育、科技的投资，才能提高人口素质和整个区域的科技水平。

在低碳经济扶持政策整合中，政府的作用可细化为中央政府和地方政府的作用。由于两者的出发点和目的不同，其作用也不相同。中央政府的作用集中表现在：将重要的利益相关者聚集起来参与低碳经济扶持政策整合，并发挥领导与协调作用；通过改善基础设施条件，合理运用低碳资源，提高运作能力，促进低碳经济可持续发展。

地方政府的作用集中表现在：提供良好的地方区域性基础设施，培养地方主导低碳产业，促进关键低碳产业增长，繁荣地方低碳经济；改善和营造宽松的低碳经济发展环境，确保地方政府在有限区域领域内充分发挥对市场的积极影响作用。

2. 低碳经济扶持政策整合的宏观主体：社会中介组织

社会中介组织既不同于政府部门，也不同于直接从事经营活动的低碳企业。社会中介组织是在市场经济活动中提供平台服务、沟通、协调、监督、鉴定等有偿服务的中介性服务机构。[①] 作为低碳经济扶持政策整合的一个主体，社会中介组织履行下列角色职责：

一是沟通协调公众、低碳企业和政府三者的关系，促进三者更好地互动。传统计划体制下，政府直接行使对企业管理的权力，造成了"很难管""管不了""管不好"的局面，企业生产与市场需求经常脱节，不是供不应求，就是供过于求。在市场经济体制中，由于与直接消费市场相连，对市场的供需信息了解较清晰，因而社会中介组织能够发挥连接低碳企业与政府之间的桥梁和纽带作用，是低碳经济发展的"润滑剂"，

---

① 参见钞鹏、田家刚《发展中介组织与农村剩余劳动力转移》，《市场论坛》2004 年第 7 期；朱光磊《当代中国政府过程》，天津人民出版社 2002 年版。

是政府完善社会经济职能的有力助手。

二是能为低碳经济合作提供各种服务。在低碳经济扶持政策系统中，由于社会中介组织是非政府的民间组织，其统一性和集合性特征决定了它既可以代替单个企业行为的单一性和分散性，又可以代替政府行为的政治性和强制性。特别是在吸引资金技术人才、处理经济争端等方面均能扮演比政府更有力和更有效的角色。同时，由于社会中介组织在人才、信息、资源、资本和技术的优势，对于跨区域的交流与合作能发挥日益重要的作用。西方发达国家的实践证明，市场经济较成熟的国家或地区，社会中介组织越多，其社会中介服务越高，服务质量越好，越能为低碳经济合作提供各种服务。

三是起着监督和自律的作用。社会中介组织是低碳行业和低碳企业的自律性组织，在促使其成员遵守法律法规和维护市场秩序等诸多方面都能弥补政府调节作用的不足，这有利于降低社会管理成本，营造和谐共荣的低碳经济发展环境。通过社会中介组织的自律行为，可以在一定程度上帮助克服政府失败，成为政府整合的助手和补充。[1] 在现代社会中，涉及低碳行业恶性竞争、内部纠纷、信用危机等问题，只要没上升到违法高度，都可以通过中介组织自律来解决，而不需要政府直接强制性干预。

（二）低碳经济扶持政策整合的微观主体：企业和居民

1. 低碳经济扶持政策整合的微观主体：低碳企业

低碳企业是低碳经济扶持政策整合的践行者、落实者、具体承担的主力军。企业是国民经济的细胞、是商品和服务的主要提供者。[2] 低碳经济扶持政策整合需要有多方面的参与，其第一线主力仍然是企业。在低碳经济扶持政策整合中，低碳经济产业联动与整合是其重要内容，这又离不开其承载主体低碳企业。没有低碳企业发展就不可能有低碳企业间的联动，没有低碳企业的联动，也不会有低碳产业间的整合，没有低碳产业的整合，也不会有政府政策的整合。在我国低碳经济进程中，仅仅

---

[1]　贺立萍：《转型时期我国地方政府职能转变探析》，硕士学位论文，辽宁大学，2008 年。

[2]　齐伟超：《论企业发展循环经济的内在动力》，《企业管理》2006 年第 12 期。

依靠政府的行政推动，没有大量低碳企业的参与，低碳经济扶持政策整合将难见其效。

低碳企业是低碳经济扶持政策整合的生力军。相比其他的整合主体，低碳企业特别是低碳大型企业是拥有独立产权、又能承担相应民事法律责任的低碳经济主体。在市场经济环境中，低碳企业根据内外环境，自由进入低碳经济分工体系。① 可以肯定，随着不同低碳企业之间相互投资，跨区域生产经营活动不断增加，低碳经济扶持政策整合程度也一定会加深。

低碳企业的区位选择和发展战略选择过程就是低碳经济扶持政策整合的过程。在市场经济条件下，低碳企业是独立的或相对独立的经济实体，一般以营利为目的，以实现投资者、客户、员工和社会大众的利益最大化为使命。为实现利益最大化的经营目标，低碳企业必然选择具有相应低碳区位优势的特定经济场所从事生产、营销、研发和管理活动，这可以给低碳企业带来相应的生产与交易成本节约，获取更多利润。而且低碳企业的战略选择和经济活动在某一优势产业链和价值链聚集，促使产业分工进一步扩大和细化，从而使企业获得因生产规模扩大所带来的规模经济效益和获得因产业集聚所带来的经济收益递增。可见，低碳企业进行合理的区位和战略选择过程，就是逐步形成合理产业结构的过程，实质上就是低碳经济扶持政策整合的过程。

2. 低碳经济扶持政策整合的微观主体：居民。

居民作为低碳经济的主体之一，既是低碳商品和服务的最终需求者消费者，又是低碳人才资源的提供者。在市场经济体制下，与企业区位选择相类似，居民也要进行区位选择。居民选择新的地区从事工作和生活，会引起人口从一个地区流向另一个地区，人口流动过程实质上就是生产要素在不同区位之间进行优化配置过程，也就是低碳经济扶持政策整合的过程。②

人口流动有助于实现低碳人才资源的流动与整合。人口流动促进经济社会全面发展，提高劳动力素质和市场竞争力，以适应低碳产业结构

---

① 郭茜琪：《长三角区域产业资源整合的制度环境分析》，《理论学刊》2006 年第 6 期。

② 栾贵勤：《我国城市流动人口管理服务机制研究》，《工业技术经济》2007 年第 2 期。

升级的要求；而且有利于促进低碳经济管理人才和低碳技术人才实现跨区域夸行业的流动和全国统一低碳人才市场的形成，使劳动力市场更加繁荣、劳动力市场体系更加完善、市场运行效率更高。

　　人口流动还可以推动低碳经济产业化进程。按照经济规律和人类发展规律，商品需要流通，人口需要交流。低碳产业作为低碳经济的载体，具有较强的聚集作用，人口作为生产要素聚集在低碳产业上，不仅可以促使低碳产业规模扩大，提高劳动生产率，产生规模经济效益，而且能降低交易成本，产生集聚效益。规模效益和集聚效益反过来又促进低碳经济产业进一步聚集，从而不断推进低碳经济产业化进程。

五　低碳经济扶持政策整合的主要内容

　　21 世纪以来，低碳经济理念和产业模式逐渐由西方发达国家和地区传到中国，我国的低碳经济开始发展。我国政府、非政府组织和企业发展低碳经济的愿望强烈，低碳经济扶持政策整合在更大范围内展开，主要内容有：低碳经济产业、低碳经济市场和低碳城镇体系的联动与整合，还有低碳经济管理技术人才和低碳经济政策体系的整合。

（一）低碳经济产业整合

　　低碳经济产业整合是低碳经济扶持政策整合的基础，反映低碳产业之间的互补、合作与相互作用的关系。低碳经济产业整合有以下几方面。

　　一是低碳产业发展能力的整合。没有低碳产业的发展，就不可能实现低碳产业的整合。一般来说，无低碳技术突破、无新技术出现时，低碳产业发展呈现渐变的特征。[1] 要确保产业不衰退，必须提高产业发展能力。要提高低碳产业发展能力，必须扩大低碳产业规模，形成产业的规模效应。要取得产业规模效应，必须提高低碳产业的创新能力，确保在旧的产品衰退前，有新的产品或替代品出现；必须要有产业的渗透能力，使得低碳产业与其他产业进一步融合；必须提高低碳产业的竞争能力，

---

　　[1]　参见马尚平、张世龙《论产业生命周期》，《江汉论坛》2004 年第 6 期；陈明森《市场进入退出与企业竞争战略》，中国经济出版社 2001 年版，第 200 页。

以保证在产业竞争中保持不败。实现低碳产业发展能力的途径，可以通过产业体系内个别低碳企业的发展壮大，也可以通过产业发展能力的整合。相比之下，低碳产业发展能力的整合能实现低碳产业发展能力的快速壮大，有利于充分利用现有资源，减少低碳产业发展过程中的内耗，促进低碳产业又好又快地发展。

二是低碳产业集群的形成。一个新兴产业的形成，一般应有自己独立的服务领域和市场需求群体，有一定数量的生产同类产品的企业，有统一生产工艺、技术装备和行业规范，有一定的商业规模和有别于其他的商业活动规律，初步形成上下游企业间较完整的产业链，并且具有专门的设计、生产、销售和服务的从业人员和产业体系。低碳产业整合是多个低碳企业进行的，由此形成低碳产业集群。在低碳产业集群中，核心是低碳产业之间、低碳企业之间及低碳企业与其他机构之间具有较强的关联性及互补性。低碳产业集群能够整合低碳产业的价值链，突破政策性障碍，促进低碳经济的发展。①

三是低碳产业分工与合作的形成。在低碳经济发展中，低碳产业的总体竞争力取决于"产业木桶"中最短的那块木板的作用发挥，也就是说取决于产业链中最薄弱的那个环节。通过低碳产业整合，形成产业优势，建立起以优势生产要素为专业化部门的低碳产业结构，通过专门化部门产品的大量对外输出和交换，低碳产业链的经济分工得以实现。低碳产业之间的分工合作，是低碳经济扶持政策整合的基础。②

低碳产业整合有利于实现低碳产业转移和低碳产业互补。低碳经济产业转移是低碳产业在地区间的流动，低碳产业互补是指由于资源禀赋存在差异从而形成不同低碳企业，或是由于低碳产业层次的差别而形成的低碳产品、资源、要素等的流动。低碳产业整合促使低碳经济发展走向集中化专业化。如长江三角洲20世纪90年代以来，江浙沪三地各类型低碳企业跨区域经济活动频繁，在企业经营成本动态变化的背景下，低碳产业加快了转移的步伐。

---

① 陈佳贵、王钦：《中国产业集群可持续发展与公共政策选择》，《中国工业经济》2005年第9期。
② 周叔莲、王伟光：《科技创新与产业结构优化升级》，《管理世界》2001年第10期。

（二）低碳经济市场整合

低碳经济市场整合是建立统一低碳经济市场体系、促进生产要素自由流动，最终实现低碳经济市场一体化的过程。低碳经济市场整合也是低碳经济扶持政策整合的重要基础。[①] 可以说，没有低碳经济市场的联动与整合，低碳经济扶持政策整合很难落实。低碳经济市场整合包括以下内容。

一是完善低碳经济市场体系。低碳经济市场体系是指由相互制约、相互融合的低碳商品市场、低碳生产要素市场和其他市场组成的不可分割的有机整体及其所表现的经济关系，包括低碳市场体系的物质结构与空间结构。低碳经济市场体系的物质结构包括由低碳消费品市场与低碳生产资料市场构成的低碳商品市场，由劳动力市场、产权市场、资金市场、土地市场、企业家市场等构成。低碳经济市场体系的空间结构表现为全国性低碳经济市场、地方区域性低碳经济市场和国际性低碳经济市场。低碳经济市场体系是低碳经济扶持政策整合的载体，必须建立相对完善的市场体系，才有可能促使低碳经济扶持政策整合功能的发挥。

二是低碳经济市场要素流动更加顺畅。低碳市场要素的自由流动是低碳经济扶持政策整合的追求目标。低碳市场整合即指各低碳市场要素能得到合理的流动。一个低碳经济区的经济增长与发展既取决于低碳区域内各因素之间相互作用，也取决于区域要素流动与货物服务流动所产生的外部作用。在一国国民经济体系中，各地方间通常不存在强制性的市场壁垒和经济限制，如没有海关、税率风险等，所以一国生产要素流动与货物服务交换相对较流畅。由于我国各地区发展不平衡，加上行政区划体制的制约，各地方政府为强化本地区经济利益，容易采取政策限制低碳经济市场要素流动。因此，低碳经济市场要素流动更加迫切需要自由畅通。[②] 低碳经济市场要素流动畅通，将为低碳经济扶持政策整合打

---

① 参见贾斌韬《武陵山经济协作区统筹发展研究》，硕士学位论文，中央民族大学，2012年。

② 张广胜、江金启：《我国农村区域收入不均等变动趋势的经济学解释——基于省级面板数据的实证分析》，《社会主义新农村建设研究——中国农业经济学会 2006 年年会暨社会主义新农村建设学术研讨会论文集》，浙江杭州余杭，2006 年 11 月。

下坚实基础。

三是低碳经济市场管理更有效。低碳经济市场管理有效是低碳经济扶持政策整合的基本要求。低碳经济市场整合，不仅要使要素顺畅流动，更需要在要素流动过程中，使政府、社会组织、企业与公众联动起来。这样政府政策整合能力更强，市场活动的成本更低，产生的效益更高，① 逐步建立起健康、有序、多元主体相互监督的低碳市场运行机制。

四是低碳经济市场逐步一体化。低碳市场一体化是低碳经济扶持政策整合的最终目标。低碳市场一体化过程是低碳经济市场空间结构和物质结构整合联动的过程。市场秩序的自由特征、市场机制的自由发展会促使每个进入低碳经济市场的主体尽自己最大的可能，去追求利益的最大化，从而打破体制性障碍和条块分割，实现低碳经济市场一体化，为低碳经济扶持政策整合提供需求和动力。

（三）低碳城镇体系整合

低碳城镇体系整合是指以低碳经济中心城市为龙头，以低碳产业专业化分工的低碳城镇为载体，通过低碳经济产业链整合达到城市互联互通、分工合理、协作互动的过程。它是低碳经济区低碳城镇体系整合的较为高级阶段，低碳城镇体系整合包括以下内容：

一是低碳城镇体系结构合理。低碳城镇体系是独立存在的客观实体，是由具有不同规模及功能的低碳城市、低碳集镇及乡村组成的城镇体系。低碳城镇体系不是随意划分的一组地域上毗邻的城镇，而是由其低碳经济协作的关系决定的。低碳城镇间必须存在低碳经济分工、协作的关联关系，每一低碳城镇都对应低碳经济产业链的某一位置。② 低碳城镇体系整合以低碳经济产业链为纽带，最终形成由低碳经济中心城市、低碳城镇、低碳乡村构成的低碳城镇体系。低碳城镇体系中，低碳中心城市为

---

① 邓正琦：《武陵山民族地区城镇体系结构优化探讨》，《重庆师范大学学报》（哲学社会科学版）2009 年第 6 期。

② 赵大全、何春玲：《关于省以下财政体制改革的若干思考》，《财会研究》2010 年第 2 期。

龙头城市，低碳城镇为发展低碳经济的主要承载城市，低碳乡村为环绕区。①

二是低碳中心城市辐射力强。"火车跑得快，全靠车头带"，在低碳经济区低碳城镇体系整合中，大城市是若干中小城市以及城镇集群的龙头，在低碳城镇体系整合中发挥着集聚、辐射、影响和带动作用。这种辐射与带动能力源于其特殊的服务体系、创新能力、专业化配套和各种人才培养能力。随着这种能力的增强，早先孤立单一的中小城市也会因周边大型低碳城市的崛起而被激活。国外大量实例已充分证明低碳中心城市对周边地区的强大辐射带动作用。我国的武汉城市圈、长株潭城市圈和川渝经济带等低碳经济试点区域，也存在诸如武汉对于"1＋7"经济圈，长沙、株洲、湘潭对长株潭经济圈，"成渝"对"川渝经济带"的强大辐射功能，带动周边中等城市以及卫星城镇的快速发展，形成若干用地少、就业多、要素集聚能力强的城市格局，形成了城镇的分工协作和优势互补，从而增强了整个区域的整体竞争力。

三是专业化低碳城镇较为发达。在现代化低碳城镇体系中，各低碳城镇依据低碳经济产业分工，各自承担一种或几种低碳产业，成为发展低碳经济的主要城市载体。专业化低碳城镇越发达，就越能承接低碳中心城市的产业、信息、技术和政策的辐射，同时承担向周边低碳小城镇低碳乡村转移和汇聚的功能。美国各具特色的低碳小城镇发展，成为了美国经济发展的新动力，欧盟低碳小城镇的发展解决了经济、社会和环境问题。我国近年来，长三角、珠三角、闽南等专业化低碳城镇的发展，形成了辐射农村的低碳经济网络，带动了低碳经济发展。②

四是低碳城镇间网络发达。发达网络是低碳城镇体系间的联动和支撑，在市场条件下经济资源在市场规律下跨地区流动，地区间的资源价格差异直接影响区域各城镇的功能演化和产业分工。但低碳城镇体系的形成依赖于各城市基础设施的网络化衔接，而城镇的公共物品生产和供给对于生产要素的流动和集聚有着重大影响。基础设施建设的完善、公

---

① 木土：《创新观念调整结构建设新的城镇体系》，《中国社会科学院院报》2005 年第12 期。

② 赵大全、何春玲：《关于省以下财政体制改革的若干思考》，《财会研究》2010 年第2 期。

共物品生产和服务水平的供给等区域城镇发展框架，如路网水平和结构、电信设施种类和容量、公共活动场地性质和环境质量、公共教育体系、公共医疗设施网络、公共警备力量等，对于促进低碳城镇体系整合至关重要。只有加快这些网络体系的建设，才能更好地实现低碳城镇体系联动与整合，使地理邻近的或功能关联的城镇地区从中获得利益。

（四）低碳经济管理人才与技术研发人才整合

政府扶持低碳经济发展，人力资源是第一资源，低碳经济扶持政策整合最根本是要促进低碳经济人才的联动与整合。经济全球化和区域经济一体化已成为经济发展的突出趋势，人才流动的区域化、社会化和国家化趋势日益显著，实行封锁必然造成人才资源的浪费，不利于人才发挥潜能，最终也会影响地区人才竞争力甚至经济发展。低碳经济人才包括低碳经济管理人才与低碳技术研发人才。低碳经济人才联动与整合包括以下内容。

一是低碳经济人才市场整合。低碳人才市场是区域内引才的枢纽、聚才的龙头。现阶段各地低碳人才市场在信息互联互通方面有较好合作，取得了一定成效，但力度仍然不够。特别是各地方低碳人才市场合作欠缺，平时交流不够，开展活动较少，资源共享不多。2013 年 4 月，上海、江苏、浙江三省市及所辖 19 个城市人事部门在上海签署《长三角人才开发一体化共同宣言》，拉开了人才共享合作的序幕。长三角互动人才市场的成功建设，证明了人才在地方间的合作和共享是完全可能的。从长远角度看，各地人才市场在加强有形市场建设的同时，还需要建立全国统一的低碳经济人才资源人才信息数据库，实现人才资源的共享共用。只有把有形低碳人才市场与无形低碳人才市场相结合、建立集市型与信息化网络化人才市场，才能促进各地各部门低碳人才资源的合理配置、促进低碳人才的整体开发。

二是低碳人才评价标准统一。统一低碳人才评价标准，低碳人才才能顺利地流动。否则，异地重新评价既增加人才流动的成本，就有可能出现因地方降低人才标准而影响人才的质量。因此，有必要逐步在全国推行统一的低碳人才资格认定办法，在各地认定人才基础上，逐步推动人才资格证书在全国范围内的互相认定。

三是清除低碳人才流动的障碍。目前受多方面因素制约，我国人才资源开发的法规还不够完备，机制不够健全，人才有序流动相对较难，低碳人才资源出现了配置不均衡的问题。相比之下，越是发达地区与中心城市，低碳经济管理人才和低碳技术研发人才聚集越多，人才的"洼地"效应突出，但人才的"过剩"也很突出，而落后地区往往低碳人才短缺。产生这一现象的根本原因是各省市、各地区在人才资源管理上各自为政。各地经济发展不平衡，受户籍制度、人事档案制度制约，社会福利与保障在政策配套、对接上存在困难。因此，打破人才流动的体制障碍和政策壁垒是低碳经济扶持政策整合的关键。

四是共享低碳人才信息。人才信息畅通是低碳人才流动的必要条件，人才资源合理有效配置得益于低碳人才信息网络的支持。低碳人才联动与整合可以通过建立统一的低碳人才信息数据库，将人才供给方与需求方连接起来，实现低碳人才信息共享，降低人才需求方搜索人才所需成本，也降低低碳人才求职成本。无论是需要引才的企业、政府，还是低碳经济研发、管理人才个体，均可以通过比较便捷的方式找到自己所需人才或找到自己合适的岗位，并保持较低的交易成本，从而推动低碳人才的有效配置，促进低碳经济的发展。

（五）低碳经济扶持政策体系联动与整合

低碳经济扶持政策体系联动与整合是在不改变现有管理体制下，通过部门协调、政策整合、措施联动等途径，建立政策协同和联动机制，实现低碳经济扶持政策的整合实施，获取最大政策合力和最优政策效应。

在低碳经济扶持政策体系整合过程中，政府是主导，特别是在我国，政府集中了许多行政资源与经济资源，使市场、社会力量相对较小。政府在处理本区域与其他区域之间的低碳经济纠纷、环境污染、区域合作等问题时，应站在统一、公正的立场上。低碳经济扶持政策联动与整合包括以下内容。

一是低碳经济扶持政策、法律的建设与完善。依法行政是我国行政管理的基础，低碳经济扶持政策体系整合要以法律为依据，法治环境一体化直接影响整个低碳经济发展。英国低碳经济扶持政策的开端就来自

2003 年英国政府能源政策白皮书《我们能源的未来：创建低碳经济》，以后低碳经济政策的发展基本上是通过一系列立法来实现的。我国现阶段各地方、各部门在低碳经济扶持政策法律方面，存在标准不一、地方保护严重、各自为政，甚至相互冲突相互拆台等政策体系间无法联动的现象。低碳经济扶持政策和法律的建设与完善应以法治环境一体化为准则，围绕低碳经济发展总体目标、总体规划，确定低碳经济公共资源开发利用方式，实施低碳经济基础设施建设与环境保护，指导制定低碳技术协作和标准等低碳经济扶持政策，促使扶持低碳经济发展的法律、政策相互协调，以保证低碳经济政策体系间的协调统一。[①]

二是低碳经济公共服务平台的联动与整合。在我国现有行政管理体系下，地方政府相继建设了一些地方的扶持低碳经济发展的公共服务平台，这些平台存在的问题主要有：标准不统一，安全存在隐患，网络重复建设，互联互通不畅，共享程度低等。[②] 因此，要实现低碳经济公共服务平台的联动与整合，必须大力建设全国统一的、共享的跨地区、跨部门的低碳交通运输体系、低碳经济信息服务网络、低碳经济人才服务系统、低碳技术共享平台、低碳经济物流公共信息平台等，以促进低碳经济扶持政策整合。[③]

三是政府公共治理中心的整合。现代管理理论认为，行政管理并非等同于政府行政机构管理，随着经济社会发展，政府行政体系将逐步缩小，而社会化服务会不断扩大，"小政府、大社会"的公共治理模式将取代"大政府、小社会"的公共治理模式，公共治理中心整合将成为发展的必然趋势。公共治理中心整合既可以延伸政府行政管理边界，提升政府形象，又能够提高公用服务效率，满足企业和公众多样化的社会服务需求。整合的公共治理中心与政府一样，既可以进行公共物品生产、公共服务提供和公共事务处理，也可以通过建立公共事务处理的竞争或准

[①] 参见王海飞、林柳琳《区域联动及其相关基本问题研究》，《改革与战略》2014 年第 6 期；朱同丹《创新长三角经济圈政府公共行政管理协调制度》，《江南论坛》2012 年第 11 期；李娟《政府在区域经济合作中的作用》，《科技与管理》2007 年第 7 期。

[②] 李泽才：《大力加强信息网络安全促进我国信息化发展》，《信息安全与通信保密》2003 年第 3 期；杨勇斌：《电子政务建设亟待解决的若干问题》，《信息化建设》2003 年第 4 期。

[③] 姜益民：《基于资源共享的区域性电子政务系统的技术构建》，《情报科学》2003 年第 9 期。

竞争机制，迫使各低碳经济主体在竞争中实施自我约束、降低生产成本、提高质量和增强回应性。公众可以按照自己的意愿，根据各低碳产品生产者的相对优势，在各生产者之间进行选择。

四是通过低碳经济扶持政策部门协调、政策整合、措施联动等途径，建立政策协同和联动机制，实现低碳经济扶持政策的整合实施，获取最大政策合力和最优政策效应。这是本书的研究重点，这里点到为止，本书将在后面的研究中重点阐述此部分内容。

第 四 章

低碳经济扶持政策的公共部门
协调机制

一 低碳经济扶持政策部门协调的必要性

（一）低碳经济扶持政策的多部门性

政府扶持低碳经济发展的公共政策，不是发改委、商务部、工商税务等哪一个公共部门的事情，而是各个政府部门从自己的职权范围、服务内容等出发，制定、出台和实施系列政策，以促进低碳经济的发展。这就是低碳经济扶持政策的多部门性。

针对低碳经济扶持政策的多部门性，为避免公共部门扶持政策的相互冲突、抵消、内耗，克服政策失灵，就需要建构扶持政策的部门协调机制。美国行政学家怀特说："行政各部门之间的相互联系是十分困难的，为了实现各部门之间的协作，应建立专门的机制来进行协调。"[1]

在对域外经验的比较研究中，我们看到，在英国，内阁办公厅已发展成为英国政府的中枢，成为总协调者。[2] 内阁为了某一特定目的有时设立委员会，协调经济与国内事务、国内突发事件处置、海外与

---

[1]　参见罗中华、廖魁星《论未来的行政协调与有效治理》，《成都行政学院学报》（哲学社会科学）2006 年第 2 期；［美］怀特《行政学概论》，刘世传译，商务印书馆 1940 年版，第 79 页。

[2]　金国坤：《政府协调：解决部门权限冲突的另一条思路》，《行政法学研究》2008 年第 8 期；李和中、陈广胜：《西方国家行政机构与人员制度改革》，社会科学文献出版社 2005 年版，第 37—38 页。

国防事务等。① 目前英国政府在内阁设立应对气候变化和促进低碳经济发展的专门委员会，以协调政府部门支持低碳经济的发展。

在美国，总统办事机构白宫办公厅代表总统与政府部门进行联系，协调各行政机构的活动。② 美国总统办事机构也专门成立了低碳经济促进委员会，协调政府职能部门的扶持政策争议，一般不直接承担具体的行政管理事务，主要是为总统提供咨询和服务，并协调各职能部门的工作。

在德国，内阁下设立应对气候变化和促进低碳经济发展的专门委员会，分管内阁的低碳经济扶持政策的部门协调工作，是总理的协调和顾问机构。同时设立部际协调委员会，现已成为协调联邦各部工作、处理涉及几个部门事务的一种常设性机构。③

在中国含有应对气候变化、扶持低碳经济发展职能的部门和机构包括以下几方面。④

1. 国务院办公厅

国务院办公厅是协助国务院总理处理国务院日常工作的机构。根据国办发〔1998〕31 号文件，国务院办公厅协调各部门间的职能冲突是其职责之一；⑤ 2008 年机构改革后确定国务院办公厅承担对部门权限争议的协调任务。在地方，作为协调中枢的地方政府办公厅室，其秘书长、办公室主任等有履行协调的职责。

在我国，经常以政府办公厅名义下发有关低碳经济的扶持政策文件，相应的办公厅也是支持低碳经济发展的部门之一。

2. 政府法制办公室

国务院法制办的职责是协调部门之间在有关法律、法规实施中的矛盾和争议，起草或者组织起草法律草案、行政法规草案、对行政法规进

---

① 金国坤：《政府协调：解决部门权限冲突的另一条思路》，《行政法学研究》2008 年第 8 期。

② 同上。

③ 韩继志主编：《政府机构改革》，中国人民大学出版社 1999 年版，第 123—124 页。

④ 金国坤：《政府协调：解决部门权限冲突的另一条思路》，《行政法学研究》2008 年第 8 期。

⑤ 《关于印发国务院办公厅职能配置内设机构和人员编制规定的通知》，《陕西政报》1998 年第 13 期。

行立法解释以及行政复议。①

政府法制办工作的性质决定了其主要职责是政府法制建设和依法行政，因此有关应对气候变化、扶持低碳经济发展的政策草案的拟定是其应有之职。

3. 国家发展和改革委员会等"大部"

现在的发改委是一个超级大部，它的职能涉及了国民经济和社会发展的方方面面，国家发改委内设司局有 40 多个，涉及经济运行、物价、交通、环境资源、农业、社会发展、能源、就业、体制改革、投资等，几乎所有部门都能在发改委找到和它对应的处和司。我国应对气候变化、促进低碳经济发展的国家宏观政策，实际上都是国家发改委拟定的。

4. 国家环保部

2008 年，国家环保总局升格为环保部，这对于提升国家应对气候变化、重视环保工作有一定的意义。从组织体系来说，环保部门纳入国务院组成部门，可以参加国务院全体会议，对国务院决策具有参与权。②

在我国，政府环境保护、扶持低碳经济的职责分工涉及国家环保部门、发改部门、水利部门、国土资源部门、林业部门、建设部门和农业部门，多部门性非常严重。③ 各部门与环保部之间的意见通常难以统一。事实上，环保总局升格后，其管辖范围并未发生改变，环保的升格并未能解决环保职能互相交叉，环保部没有统一监管机构的权威，④ 这需要从国家层面，真正按"大环保"的思路予以一并解决。

5. 能源管理的多头制

低碳经济实质要求我们改变化石能源结构，使用清洁可持续能源。涉及能源政策管理，我国的政府部门多达 13 个，如国家发改委、国家能源领导小组办公室、电监会、水利部、国土资源部、环保部、国家安全

---

① 金国坤：《行政执法权限争议协调机制研究》，《新视野》2007 年第 5 期。
② 谢良兵：《环保"扩权"的背后》，《中国新闻周刊》2008 年第 10 期。
③ 大量与环保有关的职能分散在环保部门之外的 10 余个部门：外交部负责国际环保条约谈判，发改委负责环保产业、产业结构调整等政策制定、气候变化工作，水资源保护由水利部负责，林业局分管森林养护、生态保护，海洋局分管海洋环境保护，气象局负责气象变化、空气质量监测，农业部负责农村水、土壤环境保护，建设部分管城市饮用水、垃圾，国土资源部管理水土保持、国土整治、土壤保护，卫生部负责城市与农村饮用水卫生安全等。
④ 谢良兵：《环保扩权的背后》，《中国新闻周刊》2008 年第 10 期。

生产监管总局、商务部、国资委、铁道部、交通部、科技部、农业部。每一位部长都置身于行业壁垒之中,为煤炭、电力、石油等各大工业集团利益角逐,代表着一个具体行业的利益争来争去。一方面不得不在横向与铁路、交通、环保、国土等部门斗智斗勇,另一方面又在纵向与上游的发改委、商务部讨价还价,与下游地方政府和农林水部门为权力、价格和投资等利益争得面红耳赤。

在目前部门行政的大背景下,专门成立一个应对气候变化促进低碳经济发展的部委必然会处于尴尬的境地。相对而言,通过组建由国务院总理直接出面负责、由各部部长参加的高层次的协调机构——国家能源委员会,协调各部工作,从一个更高的层面来管理国家的能源,促进低碳经济发展,倒是一个无奈下的明智选择。[1]

(二) 低碳经济扶持政策的部门冲突性

冲突是广泛存在于社会的一种现象。科塞界定"冲突是在价值观、信仰、地位、权力和资源分配上的斗争,一方企图压制、伤害或消除另一方"[2]。马克思主义者认为,生产力发展到一定的阶段,便同生产关系或财产关系发生矛盾,冲突就产生了。[3] 社会学上,不管是结构功能主义学派还是新社会冲突论的坚持者也都认为冲突是普遍存在的,如达伦多夫认为"每个社会在每一方面都时刻处在变迁过程之中,社会变迁是普遍的,社会冲突也是普遍的"。[4]

冲突普遍存在,结合公共行政的实践,我们发现政府部门之间的冲突同样普遍存在。由于公共权力的分割以及分割后的权力在不同政府部门行使,客观上也使公共利益被分化。在缺乏严格规范的情况

---

　　① 参见李艳芳《我国可再生能源管理体制研究》,《法商研究》2008 年第 11 期;曹海东《聚焦大部制:能源部为何"意外出局"——专访中国能源网 CEO 韩晓平》,《南方周末》2008 年 3 月 13 日;吴萍、栗明《低碳经济时代核电发展与铀辐射污染防治的法律应对》,《矿业研究与开发》2010 年第 12 期;秦建芝《应对气候变化的小水电经济激励制度研究》,《生产力研究》2011 年第 10 期。

　　② 参见戴桂斌《科塞社会冲突论的历史地位》,《襄樊学院学报》2005 年第 11 期;科塞《社会冲突的功能》,孙立平等译,华夏出版社 1989 年版。

　　③ 何颖:《马克思的世界历史理论》,《马克思主义研究》2003 年第 4 期。

　　④ 达伦多夫:《工业社会中的阶级与阶级冲突》,转引自谢立忠《西方社会学名著提要》,江西人民出版社 1998 年版,第 208 页。

下，形成了多中心的权益局面，并衍生成部门利益，促使了利益群体的形成。不知不觉中，统一的政府被分离成事实上部门分立、各有不同具体目标的不同组织。在理性考量的驱使下，握有权力的政府部门对稀缺的地位、权利和资源展开争夺，政府间的冲突就由此产生了。而且，只要利益分化的现象一直存在，政府间的冲突就如达伦多夫所说的不可避免。

尽管"通过释放被封闭的敌对情绪，冲突可能起维护关系的作用"，[①]也就是说冲突有助于群体的凝聚和整合。但这些冲突的积极功能对政府而言是次要的，因为政府本身应该成为一个统一的整体，政府中的分权与组织结构划分是由于技术需要，其根本目的不是必须成为许多相对独立的个体。所以政府间的冲突原则上必须得到有效的治理，否则就会对政府以及政府所服务的公民产生破坏性后果。

从低碳经济扶持政策部门冲突情况来看，当前公共部门冲突的特征如下。

部门冲突公开化。低碳经济扶持政策的部门冲突，本质上是政府内部的分工协作问题，但现实中部门冲突被公开化了，直面行政相对人（公共政策服务对象）。在行政相对人面前公开相互推诿踢皮球，公开对抗，冲突似乎是理所当然，完全公开化。[②]

部门冲突普遍化。据不完全统计，国务院部门之间有 80 多项职责存在交叉，仅有关低碳经济的能源、环保领域就有发改委、环保部、国土部门、水利部门、电监会等 10 多个部门存在职责交叉与部门冲突。[③]

部门冲突方式的多样化。部门冲突的方式是通过多种多样的形式表现出来的，有低碳经济扶持政策不同部门法律政策条文的冲突，也有部门行政行为的冲突，更有各自为政，暗中相斗的。"两个管理部门在同一

---

①　参见戴桂斌《科塞社会冲突论的历史地位》，《襄樊学院学报》2005 年第 11 期；［美］科塞《社会冲突的功能》，孙立平等译，华夏出版社 1989 年版，第 23、33 页。

②　参见张经纬《论我国行政权限冲突化解机制的改进与完善》，硕士学位论文，中国社会科学院研究生院，2011 年；郭海英：《传媒行业政府规制体制研究》，博士学位论文，南开大学，2013 年。

③　参见李军鹏《建立和完善社会主义公共行政体制》，国家行政学院出版社 2008 年版，第 156—167 页。

装饰市场抢着执法"等案例，均说明了部门冲突方式多样化。[①]

部门冲突原因的利益化。行政部门之间产生冲突，直接的原因主要是各部门之间的利益之争，有利争利，无利推诿，往往借口是部门职责划分不清或机构设置不合理。例如，愈演愈烈的电信和广电部门争夺手机电视主导权，冲突的背后实质是利益驱使。[②]

（三）低碳经济扶持政策部门冲突的危害性

低碳经济扶持政策的部门冲突不仅影响了扶持效果，危害了政府形象，更严重的是损害了公众的合法权益。综述起来，低碳经济扶持政策部门冲突的危害性，主要体现在以下几个方面。

其一，冲突造成地方保护主义。地方保护主义指地方政府为维护其所辖区域利益而产生的各种行政性保护行为。主要采取行政管制的手段——如数量、价格控制、技术壁垒、无形限制、投入限制、劳动要素流动限制、资本要素流动限制、技术要素流动限制等[③]——限制各种资源在不同辖区的流通。地方本位主义的危害是很严重的，它以行政干预替代市场调节，违背了市场经济发展的客观规律，降低了资源配置的效率和经济的增长速度。这一问题在中国发展低碳经济的今天，依然存在，如各地方都出台了支持低碳经济发展的政策，但都从低碳技术、低碳人才、低碳投资等方面，限制各种资源流出辖区。

其二，冲突造成资源浪费。生产要素发挥其最佳的配置效果要具备一个基本的前提——即能够按照有效的市场信号自由流动。但是，政策的冲突与争夺则有可能使生产要素停留在本不能拥有它的地方。如 Trish Saywell 所言，"地方各自为政，生产要素资源不能得到最优的利用，导致比较优势丧失，难以形成低碳经济规模效应，妨碍统一市场的形成，消费者获得的是质次价高的商品"。[④] 低碳经济生产要素被政府行政配置，

---

① 参见马凯《行政权限冲突解决法制化探究》，硕士学位论文，东北大学，2012 年；张经纬《论我国行政权限冲突化解机制的改进与完善》，硕士学位论文，中国社会科学院研究生院，2011 年。

② 郭海英：《传媒行业政府规制体制研究》，博士学位论文，南开大学，2013 年。

③ 薛小和：《消除地方保护须采取综合措施——访国务院发展研究中心发展战略和区域经济部部长李善同》，《经济日报》2004 年 7 月 28 日。

④ Trish Saywell, "China's City Limits", *Far Eastern Economic Review*, Oct 14, 1999.

结果导致各地区经济结构雷同，重复投资与建设严重，以及区域间发展不平衡。有人统计，中国长三角地区中 16 个城市的低碳产业均是太阳能发电设备制造业和新材料制造业，趋同率达到 70%。① 从理论上讲，这是不符合市场经济规律的，造成资源浪费。

其三，影响公共产品的有效供给。公共产品有效供给需要政府有准确探测公众对公共产品需求的能力和积极组织各种社会资源生产公共产品的能力，以及有足够的财政支持。准确探测和组织社会资源需要政府间能够协调和统一行动才能完成，在政府间部门冲突的情况下，这都是不可企及的。在冲突的情况下，各地方政府有可能采取降低税率以吸引低碳经济生产要素的流入。低税率则意味着低公共收入，这将直接导致用于提供公共产品的财政资金短缺，影响公共产品的有效供给。

其四，影响政府权威和公信力。在公众和社会面前，公共部门冲突普遍化、公开化、暴力化，损害了政府的权威和公信力。② 在湖北省襄樊市"市、区两级检疫部门为争夺市场肉类检疫权大打出手"案例中，围观群众纷纷指责他们的这一行为。《襄樊日报》记者抓拍到了这一打斗场面，在次日《襄樊日报·汉江都市》专刊二版头条位置刊发了题为《岂能为争夺检疫权动棍棒?》的巨幅曝光照片，社会反响强烈。时任湖北省委书记的俞正声看到这张巨幅曝光照片后批示："政府争利，不知羞耻!"在另一场"河南省邓州市工商和卫生执法人员争查一箱问题奶粉当街群殴"③ 案例中，见执法人员发生群殴，过路的群众纷纷围住观看，有人立即拨打了 110。

其五，行政部门各自为政，既增加了行政管理成本、降低了行政效率，又使公共部门难以形成合力，政府的整体目标难以实现。为促进低碳经济发展，2005 年以来，中央政府动员发改委、能源局、商务部、环保部、气象局、财政部、央行、国税总局、国土资源部、法制办等 10 多

---

① 石亚军：《政府改革多视点探微》，中国政法大学出版社 2008 年版，第 105 页。
② 金国坤：《部门间权限冲突的法制化解决之道》，《甘肃行政学院学报》2008 年第 8 期。
③ 2005 年 1 月 31 日上午，为争一箱疑有质量问题的奶粉，河南省邓州市工商局的 8 名执法人员与该市卫生防疫站的数名执法人员在一家副食超市门口厮打起来。工商的人说卫生防疫站无权查处奶粉，而卫生防疫站的人坚持称他们有权查处（参见杨松桥《执法为何打架?》，《人民日报》2005 年 2 月 16 日）。

个中央部委和各省级政府，运用经济手段（税收土地金融价格等）、行政手段、法律手段扶持低碳经济发展。然而，低碳经济发展形势不容乐观。究其原因，部门出台的政策相互掣肘，使扶持效果大打折扣。各部门及各个地方就会根据各自的需要出台对自己行业及地方有利的政策。① 有学者认为，扶持低碳经济发展，政府必须下定决心，出台切实可行的政策，多部门齐心协力。② 在环境保护的水资源监测中，由于涉及卫生、水利、城建、农业、检验检疫等多个部门，各个部门都有一套监测设备及标准，造成了重复建设、资源浪费、管理成本过高、效率低下的现象。③

其六，政出多门，导致公众、企业和社会无所适从。公共部门间因权力之争，互不买账，使行政相对人难以适从。④ 在"移植树木到底应该属谁管"案例中，平顶山卫生学校犯了难，学校依法向有关部门申请了采伐许可证，却被认为违法，试问，如果向城市建设部门批报了，是否会被林业部门认为违法呢？不同部门对同一事务都有管辖权，认定结果却相反，受损害的是行政相对人。所谓"神仙打架，百姓遭殃"。

其七，部门相互推诿，使公众的合法权益得不到有效保护。在"一个鸡蛋难倒五部门"案例中，对于问题鸡蛋，几个公共部门都不管，老百姓的食品安全无法保证。食品安全，涉及农业部门、海洋或者渔业部门、工商部门、食品药品部门、卫生部门等，由于监管部门的相互推诿，大量问题食品进入公众口中。⑤ 在垃圾堆四年无人清理，只因处在"职能交叉地带"⑥ 案例中，仅仅因为具体分工不明确，而

---

① 参见韩晓峰《行政执法冲突与公安部门执法困境的成因分析及对策研究》，硕士学位论文，复旦大学，2013年。

② 李忠峰：《中央动员九部委，部门政策相互打架》，《新快报》2011年7月19日。

③ 李军鹏：《建立和完善社会主义公共行政体制》，国家行政学院出版社2008年版，第157页。

④ 参见金国坤《论服务型政府部门间的协调配合机制》，《中国法学会行政法学研究会2008年年会论文集》（上册），贵州贵阳，2008年9月25日。

⑤ 柯华：《餐桌安全：监管部门共同做主》，《福建日报》2009年5月13日。

⑥ 在胶南市文化东路上有一个长达十余米的大型垃圾堆占了半条路面，已"盘踞"附近菜市场长达四年之久，泛滥的恶臭和乱舞的蝇虫令不少市民和摊贩困扰不已。市民向胶南市市长热线反映情况后，工作人员回复："这块地方比较特殊，处于珠海办事处李家石桥居委会、胶南市市场服务中心、胶南城建三个部门负责范围的交界处，具体分工不是特别明确，所以无法找具体哪个部门来负责。"（参见《垃圾堆四年无人清理，只因处在'职能交叉地带'》，http://news. bandao. cn，2009—6—28）

让居民长期承受着恶臭的煎熬。这些都是部门相互推诿致使公众受害的例子。

二　低碳经济扶持政策部门协调机制建构原则

低碳经济扶持政策部门协调机制建构原则是一种高度抽象的，普遍性的"基础性规范"，是体现部门协调机制构建的基本价值理念，用于指导部门协调机制具体建构。基本原则是如此重要，以至于在政治学中被认为不仅指导和规制立法，而且还指导规制公共政策、具体行政行为的实施和行政争议的处理。[①] 英国韦德爵士指出，公共政策的行使是通过一系列原则得以确立并保障其贯彻实施的，这些基本原则形成了政治学行政学的真正精髓。[②]

解决部门冲突、建立部门协调机制从何着手，如何确保构建起来的冲突解决机制科学严谨有效，必然首先需要确定一些基本原则，为构筑部门冲突协调机制的大厦树立框架。

学者们从不同的角度提出过一些应当遵循的基本原则。有学者从权限冲突的司法途径分析认为，解决行政权限部门冲突，由人民法院遵循宪法、行政法、行政诉讼法裁决，具体遵循以下四项原则：第一，依法确认原则；第二，合法性审查原则；第三，先行受理原则；第四，权力分治原则。[③] 还有学者撰文提出，部门协调应遵循：依法协调原则，目标效能原则和及时有效原则。[④]

各地方现行有关低碳经济扶持政策部门协调的规范性文件规定了处理部门冲突、建立部门协调机制的一些基本原则。如《南通市部门协调办法（试行）》第 3 条规定了行政部门协调应当遵循合法合理，

① 姜明安主编：《行政法与行政诉讼法》，北京大学出版社、高等教育出版社 1999 年版，第 38 页。

② Wade & Forsyth, *Administrative Law*, NewYork：Oxford University Press，2000，p. 6.

③ 韩豫宛：《行政执法主体权限冲突的解决》，《行政法学研究》1997 年第 2 期；孙大敏：《论转型时期行政协调的特点和原则》，《云南行政学院学报》1999 年第 4 期。

④ 金国坤：《行政执法权限争议协调机制研究》，《新视野》2003 年第 3 期；常贵祥：《论行政协调》，《理论学刊》1998 年第 3 期。

及时高效和权责统一的原则，确保政令畅通，有效制止违法，便于长期管理。[①]

上述学者们所讲的部门冲突解决或协调原则以及各地行政协调立法探索，都是针对如何解决部门权限冲突的，这些原则对于提炼公共部门协调机制建构原则有一定的参考价值。根据解决部门冲突的政治学理论基础、宪法行政法依据，结合我国部门冲突的现实情况，笔者提出建立低碳经济扶持政策的公共部门协调机制，应遵循以下基本原则。

（一）低碳经济扶持政策部门协调机制建构原则之一：分工协作原则

分工协作原则是解决部门冲突、建构协调机制的首要原则。产生行政机关间部门冲突的根源是行政管理专业分工与社会经济事务的错综复杂性之间的矛盾。但是我们也不能因噎废食，为了避免部门冲突的发生，将所有行政管理职能综合起来，由一个部门行使。

分工原则是必须坚持的，科层制结构在中国行政管理中仍将长期存在。只是从避免部门冲突的角度出发，分工应当更加合理科学，尽量将同一个事务由同一个部门承担。宪法行政法应当明确界定各级政府及所属职能部门在扶持低碳经济发展事务中的责任、权力，做到分工负责，各司其职，尽可能避免管辖不清，职责不明，竭力杜绝推诿扯皮或你争我夺。

协作是分工的必然要求，有分工就有协作。"公共管理的特征就是不同组织按照不同方式表现出来的互相依赖。毫无疑问，在现代社会出现了无数的公共政策，组织间的互相依赖会不断加深。"[②] 协作原则要求注意各职能部门间的衔接，实行统一领导，互相配合。政府扶持低碳经济发展，涉及多个部门管辖事项，应当建立起一套促使行政部门加强协作的刚性机制，确保在分工基础上的协作。

（二）低碳经济扶持政策部门协调机制建构原则之二：职权法定原则

"政府的管辖范围必须具有法律规制，现代政府是以行使合法管辖权

---

① 金国坤：《行政执法权限争议协调机制研究》，《新视野》2007 年第 5 期。

② ［瑞］Jan‐Erik Lane：《公共部门——概念，模式和方法》，孙晓莉、张秀琴译，国家行政学院出版社 2003 年版，第 153 页。

来执行其功能。"① 职权法定原则要求行政机关的职权划分必须依法进行，而且要求权限争议协调机构或裁决机构解决权限冲突，也必须以法律规定的职责权限为依据。职权法定原则要求行政部门应当遵循职能分工的规定行使管辖权，没有法律规范的授权，任何行政机关不得逾越法定的分工权限。"管辖之划分及变动应以法规为依据，行政机关不得任意为之。"② 这是《奥地利普通行政程序法（1991 年）》第 1 条的规定。

职权法定原则要求公共部门行使支持低碳经济发展的权力时，必须符合法律的规定；当涉及多部门，需要解决部门冲突、协调部门关系时，也必须以法律规定的职责权限为依据。

（三）低碳经济扶持政策部门协调机制建构原则之三：及时有效原则

及时有效原则要求低碳经济扶持政策的公共部门协调必须在最短期限内进行有效的协调，防止久调不决。③

及时有效原则还要求部门协调应当有利于低碳经济扶持政策的顺利实施、有效实施，提高行政效率，实现低碳经济扶持政策目标。在部门协调时，必然要考虑到由什么样的职能部门或哪一级行政组织行使扶持政策更有利于任务的完成或政策目标的实现。

（四）低碳经济扶持政策部门协调机制建构原则之四：预防和处理并重原则

公共部门扶持低碳经济的政策冲突尽管不可避免，但可以预防、减少部门冲突发生的可能性。行政机构的科学设置，对各部门扶持低碳经济的职责权限科学划分和配置，无不为减少部门冲突起到了预防和治本的作用。但"无论如何完备，都不可能一览无余地列举各行政部门的权限，更不可能条文清晰划清彼此之间界限"。④ 建立起公共部门相互间的协商、协作机制，不失为预防部门冲突的一种较为经济有效的方法。

---

① ［德］马克斯·韦伯：《论经济与社会中的法律》，张乃根译，中国大百科全书出版社 1998 年版，第 42 页。
② 吴根：《行政法之理论与实用》，中国人民大学出版社 2005 年版，第 130 页。
③ 金国坤：《行政执法权限争议协调机制研究》，《新视野》2007 年第 5 期。
④ 皮纯协：《行政程序法比较研究》，中国人民公安大学出版社 2000 年版，第 446 页。

低碳经济扶持政策的多部门性，不管如何预防，部门冲突总会发生，我们也不能指望通过建立一系列预防措施，部门冲突就会根除。关键是要通过协商、协作机制，及时有效地处理部门冲突，避免政策打架，坚持预防与处理并重。

（五）低碳经济扶持政策部门协调机制建构原则之五：保护当事人权益原则

解决低碳经济扶持政策的部门冲突、建立协调机制的整体设计，应充分考虑对行政相对人即当事人权益的保护，不能因部门冲突而使当事人受到不必要的损害。这里的当事人一般指低碳经济主体（低碳企业）、公众、社会组织等。

在设定部门权力、出台部门政策时，应当考虑方便当事人，在指定管辖时也应从当事人的利益出发。公共部门对于当事人的申请，即使认为无权处理，也不能拖延，应当及时告知或移送到有管辖权的部门。

三　低碳经济扶持政策部门协调机制建构方法

（一）低碳经济扶持政策部门协调机制建构方法之一：大部制

1. 何为大部制

所谓大部制，就是把一些扶持低碳经济发展的职能相同、相近或相关的部门（低碳经济、发改委、能源、气候、环保等）整合为一个大部，把原来的部门改革为内设的职能司局或部门管理的独立机构，以减少部门政策冲突，实行大部制是很多国家寻求解决公共部门协调问题的治本之策。[①]

应当承认，相对于我国中央人民政府的机构设置，就组成部门而言，有关发达国家的内阁机构数量较少，比较稳定。世界超级大国美国，内阁机构却很精干，一共15个部。曾经为世界政治军事实力第二而且在当今世界上仍然具有巨大影响的俄罗斯，政府内阁机构也只有

---

① 左然：《国外中央政府机构设置研究》，《中国行政管理》2006年第4期。

15 个。日本的内阁机构仅为 12 个。英国、法国、德国、加拿大、澳大
利亚和西班牙等国家政府的内阁机构都是 14—19 个。[①]（见表4-1）

表4-1　　　　　　　　　部分国家的内阁机构数量[②]

国别	美国	英国	加拿大	澳大利亚	新西兰	法国	德国	西班牙	俄罗斯	日本	韩国	新加坡
数量	15	18	19	16	19	18	14	15	15	12	18	15

　　有学者研究，政府的主要部门机构的数量控制在10—30个的范围内，
部门权力和政策冲突最小。[③]

　　实行大部制，通过整合职能相近、相关的部门，把部门之间的关系
变为部门内部的关系，部领导将成为仲裁者，[④] 既解决部门冲突，又克服
政府机构重叠的问题。[⑤]

　　2. 西方国家扶持低碳经济应对气候变化的大部制改革

　　英国是较早实行"大部制"的国家。1970 年英国发表《中央政府
机构改革》白皮书，认为一些部门可以在一个大部的机构内协调解决，
减少了部门间的冲突和扯皮现象。[⑥] 英国大部的设置为国防部，教育和
科学部，外交联邦事务部，卫生与社会保险部，其中环境事务部被称为
超级部（Giant Department），主要负责环境保护、低碳经济发展政策和
管理。[⑦]

　　法国把环境保护与可持续发展部列为众部之首，这充分体现了法国
政府对发展低碳经济的高度重视。法国的大部制设置考量把互相联系的

---

　　① 左然：《国外中央政府机构设置研究》，《中国行政管理》2006 年第 4 期。

　　② 同上。

　　③ ［美］詹姆斯·W. 费斯勒、唐纳德·F. 凯特尔：《行政过程的政治》，陈振明、朱芳芳
译，中国人民大学出版社 2002 年版，第 134 页。

　　④ 金国坤：《政府协调：解决部门权限冲突的另一条思路》，《行政法学研究》2008 年第
8 期。

　　⑤ ［美］罗伯特·B. 登哈特：《公共组织理论》，扶松茂、丁力译，中国人民大学出版社
2004 年版，第 63 页。

　　⑥ 顾平安：《大部门体制改革的发展展望》，《福建行政学院学报》2008 年第 10 期。

　　⑦ 参见张经纬《论我国行政权限冲突化解机制的改进与完善》，硕士学位论文，中国社会
科学院研究生院，2011 年；韩继志主编《政府机构改革》，中国人民大学出版社 1999 年版，第
112—113 页。

公务集合设立大部。①

德国联邦政府近年来根据经济社会发展的需要对一些部门进行了跨度较大的整合，形成了大交通，大农业，大保障和大环保的部门模式，其中经济发展和环境事务部统一负责发展低碳经济与保护环境。

美国联邦内阁包括国务院、财政部、国防部、司法部、国土安全部、商务部、劳工部、农业部、内政部、运输部、教育部、能源部、住房与城市发展部、退伍军人事务部、卫生及公共服务部 15 个大部。美国商务部负责低碳经济管理，公职人员超过 3 万人，其职能包括经济发展战略规划，海洋与大气管理，电信与信息管理，专利与商标，技术管理等。而中国的商务部编制不过 1000 人，美国商务部的职能在我国涉及了发改委、工商局、信息产业部、专利局、科技部等部门。②

日本的大部制改革始于 2001 年，将战后沿袭多年的中央省厅框架进行了彻底改造。③ 现大部设置为国土交通省、经济产业省等，由经济产业省、环境保护省负责发展低碳经济、应对气候变化。

通过对英、法、德、美、日实行大部制的考察，我们从中发现，实行大部制是以职能下卸，实行决策，执行和监督相分离为前提的，如英国的"下一步计划"，美国的独立管理机构，韩国的职能外包，并不是简单的部门合并。美国联邦政府部门虽然只有 15 个部，但有众多的独立管理机构，即专门委员会。④

3. 我国低碳经济扶持政策的大部制探索

我国现行解决低碳经济扶持政策部门冲突的方法，主要是联合执法、联席会议、联合发文等外部联合形式，实质是模糊了各部门之间的冲突。

---

① 参见张经纬《论我国行政权限冲突化解机制的改进与完善》，硕士学位论文，中国社会科学院研究生院，2011 年；李琰：《法国"大部制"面临改革和完善》（http：//world. peo-ple. com. cn/GB/14549/6953218. html2008—3—4）。

② 参见张经纬《论我国行政权限冲突化解机制的改进与完善》，硕士学位论文，中国社会科学院研究生院，2011 年；马宇《"大部制"真能解决问题吗?》，《南方周末》2008 年 3 月 6 日。

③ 石杰琳：《西方国家政府机构大部制改革的实践及启示——以英、美、澳、日为例》，《郑州大学学报》（哲学社会科学版）2010 年第 11 期。

④ 张新峰、聂应德：《大部制——中国政治发展的新起点》，《时代人物》2008 年第 10 期；徐斌林、曾敏、云霞：《政府管理的大部门体制探索——基于西方国家经验》，《中国集体经济》2011 年第 5 期。

大部制改革不是简单的、机械的职能与部门的拼凑与组合，而是有机地整合相近或相关职能，科学优化组织结构，强化协调管理。①

我国中央政府也探索设置了一些大部，如发改委、商务部、环保部、国土资源部、人力资源和社会保障部等。大部制对促进我国低碳经济的发展起到一定作用。

我们建议探索建立新的协调机构，使部门协调与政策统一，如建立新部际委员会、部际或局际合作机构、府际委员会、核心机构、联合小组、高层网络组织、特别工作小组等新的组织机构，以实现跨部门协作。②

我们在探索大部制管理体制改革时，应积极借鉴西方发达国家的成功经验。对于西方国家大部制的借鉴，我们应当警惕：一是不问国情和具体条件，完全照搬照抄；二是把西方国家尚在探索，还不成熟的东西拿来盲目运用。③ 我国扶持低碳经济发展的大部制改革，应结合中国的特殊国情，借鉴西方国家成熟的、切实可行的管理经验和成果，摸着石头过河，审慎推进。

（二）低碳经济扶持政策部门协调机制建构方法之二：行政首长协调机制

1. 行政首长协调的界定和实质

协调是一种管理活动。法国管理学家法约尔这样界定管理："管理是计划、组织、指挥、协调和控制。"④ 行政首长协调是行政首长的一项重要职权，是与计划、组织、指挥、控制相对应的，带有领导意志，凌驾于被协调部门和人员之上的一种领导行为。

---

① 邓少波、李增强：《西方国家大部制对我国政府机构改革的启示研究》，《湘潮（下半月）》（理论）2009 年第 2 期。

② 曾维和：《大部制改革的国际经验及其启示》，《武汉科技大学学报》（社会科学版）2009 年第 1 期。

③ 袁曙宏：《一个统筹兼顾、积极稳妥的好方案》，《人民日报》2008 年 4 月 2 日。

④ 参见［法］亨利·法约尔《工业管理与一般管理》，迟力耕、张璇译，中国社会科学出版社 1982 年版，第 5 页；金国坤《政府协调：解决部门权限冲突的另一条思路》，《行政法学研究》2008 年第 8 期；［美］罗伯特·B. 登哈特《公共组织理论》，扶松茂、丁力译，中国人民大学出版社 2004 年版，第 66 页。

在我国，行政首长协调是各级政府行政首长的一项基本职能，是上级行政机关对下级行政机关领导、监督权的体现。①

我们认为行政首长就是行政协调员，搞好行政协调是行政首长的重要职责，协调是各级政府的一项管理职能，协调各部门间的关系无疑是各级政府领导权的体现。

协调与组织、指挥，都是行政管理的组成要素，不同的是，组织、指挥带有较强的命令色彩，而行政协调带有更多的调解色彩，协调尽管不以被协调者的主观意志为转变，但更多的是尊重被协调者的意志，力争被协调者达成一致意见。

之所以强调行政协调的行政管理性质，主要目的在于认清行政首长协调的本质，即行政首长协调同计划、组织、指挥、控制等行政管理活动一样，都是实现国家行政的手段。缺少了行政首长协调，部门冲突的协调必然处于一种软弱无力的难堪境地，整个国家行政也将处于一盘散沙的局面。②

2. 行政首长协调的地位和作用

行政范围的不断扩张和行政管理专业化，是世界各国的共同特征。为了减少部门间的交叉重叠，克服部门冲突，很多国家实行了行政首长协调。③ "如果没有协调将导致公共部门整体效率的衰退。"④ 因此，古利克认为："政府组织的问题是一个涉及分工部门的协调机制问题，换句话说，是一个实现令人满意的分工，再形成适当的协调和控制机制的问题。"⑤

积极应对气候变化、扶持低碳经济发展的公共政策，是一个系统工程，不是单个行政部门所能独自完成的，扶持政策目标的实现需要各部

① 金国坤：《行政执法权限争议协调机制研究》，《新视野》2007 年第 5 期。
② ［美］詹姆斯・W. 费斯勒、唐纳德・F. 凯特尔：《行政过程的政治——公共行政学新论》，陈振明、朱芳芳译，中国人民大学出版社 2002 年版，第 133—135 页。
③ ［美］特伦斯・丹提斯、阿兰・佩兹：《宪制中的行政机关：结构、自治与内部控制》，刘刚、江菁、轲翀译，高等教育出版社 2006 年版，第 324 页。
④ ［美］盖伊・彼得斯：《政府未来的治理模式》，吴爱明、夏宏图译，中国人民大学出版社 2001 年版，第 92 页。
⑤ ［美］罗伯特・B. 登哈特：《公共组织理论》，扶松茂、丁力译，中国人民大学出版社 2004 年版，第 65 页。

门通力协作，而协作的实现需要行政首长的协调。①

行政首长协调在解决部门冲突、建构协调机制中具有其他途径和方式所不可替代的作用。

其一，行政首长协调可以调和部门利益，使各部门通力合作，共同实现行政任务。② 其二，行政首长协调可以补救立法缺陷。在职责权限授予和划分上，立法缺陷主要体现在部门职权界定的模棱两可。各职能部门各执各法，相互之间必然会造成冲突，依法行政有时变成了"依法打架"。各部门都有执法依据，但给行政相对人带来的结果却是多重处罚，前后不一，缺乏公平性。这就需要行政首长协调弥补法律规定的不足。③ 其三，行政首长协调可以实现行政协作。行政协作是建立在共同意志基础上，是一种行政协议关系。如果有关行政机关请求其他行政机关予以协助，其他行政机关以所谓的正当理由不予协助时，行政任务就无法完成。因此，在行政协作中遇到障碍时，只有共同的上级机关行政首长予以协调，才能保证行政协作的顺利进行。

3. 我国低碳经济扶持政策的行政首长协调机制的建构探索

国务院和地方各级人民政府现存在大量的议事协调机构和临时机构。④ 进行低碳经济扶持政策的协调，客观上一方面表明了在政策实践中存在着大量的部门冲突需要协调，否则公共政策难以进行，另一方面也证明了现行行政协调常设机构作用的有限性，政府办公厅、编制管理部门、法制办公室等都难以承担起协调的职责。"凡是合乎理性的东西都是现实的，凡是现实的东西都是合乎理性的。"⑤ 我们不争议存在的是否就是合理的，但可以说，凡是存在的肯定是有其原因的，进一步说，也是

---

① 吴大英：《我国社会主义法律与国家管理》，《法学研究》1984 年第 10 期；罗百辉：《现代企业管理》，价值中国网（http：//www.chinavalue）。

② 金国坤：《行政执法权限争议协调机制研究》，《新视野》2007 年第 5 期；宋世明：《试论从"部门行政"向"公共行政"的转型》，《上海行政学院学报》2002 年第 4 期。

③ 金国坤：《行政执法权限争议协调机制研究》，《新视野》2007 年第 5 期。

④ 国务院机构设置条例第 6 条规定，国务院行政机构根据职能分为国务院办公厅、国务院组成部门、国务院直属机构、国务院办事机构和国务院议事协调机构。国务院议事协调机构承担重要业务工作的组织协调任务，国务院议事协调机构议定的事项，经国务院同意，由有关的行政机构按照各自的职责负责办理。在特殊或者紧急的情况下，经国务院同意，国务院议事机构可以规定临时性的行政管理措施。

⑤ ［德］黑格尔：《法哲学原理》，范扬、张企泰译，商务印书馆 1982 年版，第 11 页。

符合实际需要的。

设立议事协调机构作为行政协调的途径，还在不断发展。我们还是习惯于为完成一个中心任务，就成立一个领导小组或办公室。[①] 对于现行的议事协调机构的作用，在解决部门冲突的实际协调效果，我们不持乐观态度，不主张试图动辄通过设立协调机构的方式解决问题。[②]

面对低碳经济扶持政策各部门各自为政、职能交叉重叠、政策冲突的局面，我们如何予以解决？必须寻找新的有效的解决途径。

笔者对于行政首长协调作出界定时已经明确指出，行政首长协调作为人民政府的一项职能，是人民政府对各职能部门政策冲突的一种解决方式，超然于各部门之上。因此，我们认为，要解决低碳经济扶持政策的部门冲突，形成政策整体合力，必须突出各级政府的中枢地位，加强各级政府行政首长对职能部门间低碳经济扶持政策冲突、摩擦、争议的协调。协调的主体应当是政府及其行政首长，而不是职能部门自身。

可以考虑由全国人民代表大会制定统一的《行政协调法》，或者国务院制定行政法规，建构行政首长协调机制，对行政首长的协调职责、协调机构的设置、职权等做出明确的规定。

如果将大部制设为第一条道路的话，那么通过立法建立起有效的行政首长协调机制，制定诸如《行政协调法》之类的法律法规，建构行政首长亲自协调，或者授权议事协调机构、领导小组等协调机构代表行政首长协调的机制，是解决低碳经济扶持政策公共部门协调机制的又一途径。

（三）低碳经济扶持政策部门协调机制建构方法之三：行政协助机制

低碳经济扶持政策的多部门性，其实是行政部门间的职责分工，但分工并不意味政府部门在执行职务时不合作。政府扶持低碳经济发展，

---

① 参见金国坤《论服务型政府部门间的协调配合机制》，《中国法学会行政法学研究会2008年年会论文集》（上册），贵州贵阳，2008年9月；郭爱娣《北京成立信息公开办公室，政府发虚假信息可投诉》，《京华时报》2008年2月1日。

② 2007年国务院颁布的《地方各级人民政府机构设置和编制管理条例》第11条明确规定，地方各级人民政府设立议事协调机构，应当严格控制；可以交由现有机构承担职能的或者由现有机构进行协调可以解决问题的，不另设立议事协调机构。

需要建立公共部门间的行政协助机制，需要各部门在分工基础上的通力协作，形成合力，发挥公共部门的整体优势。①

为加强配合协作，正如前述，在行政实践中各地各部门之间采取了多种方式，取得了一定的成效，但这些方式基本上都是通过行政手段，基于一时一事临时性建立起来的，尚没有形成有效的稳定的法律机制。

为克服政府部门各自为政，建立公共部门间的协助合作关系，形成扶持低碳经济发展的公共政策合力，实现政策整体目标，探索建立和完善行政协助机制不失为积极解决我国低碳经济扶持政策部门协调机制建构问题的有效方法。② 行政协助机制当前作为解决现代国家公共部门公共政策协同问题的主要方式，为许多国家和地区成功采用。

1. 行政协助的界定

对于行政协助的界定，学者们有不同的认识。"行政协助是指行政机关之间应当基于行政的整体性、统一性，相互提供协助，共同完成行政管理任务。""行政协助是指行政主体在行使职权实施行政管理的过程中基于执行公务的需要和自身条件的限制，请求其他行政主体配合其实施同一行政行为或共同行政行为的法律制度。"③

上述行政协助的界定尽管莫衷一是，在学术界和立法上用词也不同，④ 但都从某一个方面或整体上概括了行政协助的基本特征。

第一，行政协助的请求机关和被请求机关是相互之间没有隶属关系的两个独立的行政主体，各自行使法定的职权。如果是上下级关系，则通过指挥监督权就可实现，无须提请协助。

第二，行政协助的原因是行政机关在行使职权过程中由于法律上、组织上、技术上或经济上的原因致使无法单独履行行政义务，而不得不求助于其他行政机关，以达到行政目标的实现。

第三，行政协助对被请求机关而言是在自己的职权范围内独立履行

---

① 金国坤：《行政协作机制研究》，《广西政法管理干部学院学报》2007 年第 7 期。

② 王麟：《行政协助论纲——兼评〈中华人民共和国行政程序法（试拟稿）〉的相关规定》，《法商研究》2006 年第 1 期。

③ 同上。

④ 学界还有其他关于行政协助的界定，参见叶必丰《行政法学》，武汉大学出版社 2006 年版，第 152 页；周佑勇《行政法原论》，中国方正出版社 2002 年版，第 132 页；黄学贤、周春华《行政协助概念评析与重塑》，《法治论丛》2007 年第 3 期。

法定职权，不是基于请求机关的委托，也不是与请求机关共同实施某一行政行为，被请求机关对自己行使职权的行为独立承担法律责任。

第四，行政协助的目的是基于公共管理与公共政策的整体性和统一性，形成政策合力，共同完成政策目标。

据此，我们认为，行政协助是公共部门在履行职责过程中，由于遇到自身无法克服的困难，为全面达到和实现公共政策目标，请求与其没有隶属关系的其他公共部门予以配合，被请求部门依法在自身职权范围内协助请求部门执行政策完成任务的行政制度。

2. 行政协助的性质

上述对行政协助的界定，我们强调了两个方面，一是被请求部门在法定职权范围内配合请求部门，是依法履行法定职责；二是行政协助的目的是请求部门和被请求部门共同执行政策完成行政任务，达到政策目标。

实质上行政协助是部门分工基础上的一种合作方式，目的是为解决公共部门间的权力之争和政策冲突问题，在大部制、行政首长协调制设想外，再找到一条既能贯彻部门职能分工原则，又能使各公共部门步调一致，形成政策合力的途径。

但在现实中，由于部门保护主义和地方保护主义的存在，各部门、各地区把本部门、本地区的扶持低碳经济的政策同整个国家公共政策割裂开来，对其他公共部门采取不合作的消极对策。① 所有这一切，根本上是因为没有认识到行政协助是一项法定职责，认为协助不协助是自己单方面说了算，对我有利的就协助，无利的就不协助，甚至设置障碍。

因此，必须明确行政协助是被请求部门法定职责的性质，只有这样，对于被请求部门而言，才能明白履行其他部门请求履行的职责是责无旁贷的事情，即使没有其他部门的请求，也应该在自己的职权范围内主动配合，与其他公共部门共同执行公共政策实现公共管理政策目标。

3. 行政协助机制的作用

建立低碳经济扶持政策的公共部门行政协助机制的作用是为了有效

---

① 李延：《论建立我国行政协助制度的困难和意义》，《太原师范学院学报》（社会科学版）2006 年第 1 期；韩冰：《行政协助研究》，硕士学位论文，苏州大学，2004 年。

地实现国家扶持低碳经济发展政策的总目标，引导公共部门之间和国家公职人员之间既分工又协作，互相协助，这是国家公共管理和公共政策统一性的必然要求。① 建立完善行政协助机制对于我国发展低碳经济、加强环境保护、应对气候变化，解决各部门长期存在的各自为政政策冲突，形成行政合力，共同完成政策目标起到积极的作用。

4. 行政协助机制的设计构想

我国现行体制对行政协助只有原则性描述，没有责任条款、救济途径等可操作性规定。如果不予支持和协助，应该怎样办，要承担什么责任，更没有明确。②

我们通过考察发达国家的行政协助制度，以及一些专家学者们的观点，对行政协助机制的设计提出以下设想和建议，以备国家建立行政协助制度时参考，望能为解决公共部门之间的权力之争和政策冲突尽一份绵薄之力。

其一，以法明确行政协助是公共部门的法定义务。③ 明确了行政协助是一种法定义务，没有法定理由不得拒绝，④ 对不履行法定义务的必须承担相应的法律责任。

其二，统一规定提请协助的情形。综合学者们的观点，公共部门提请协助的具体情形有：（1）因人员设备等事实上的原因，不能独自完成行政任务的；（2）无法自行调查执行公务所需要的事实资料的；（3）执行公务所必需的文书、资料、信息为被请求行政机关掌握的；

---

① 李延、练琪：《论建立我国行政协助制度的困难和意义》，载《太原师范学院学报》（社会科学版）2006 年第 1 期。

② 韩冰：《行政协助研究》，硕士学位论文，苏州大学，2004 年；朱晓波：《税收行政协助相关问题的几点认识》，《财经问题研究》2003 年第 2 期。

③ 国外许多国家明确规定行政协助是法定义务。例如，《西班牙行政程序法（1958 年）》第 4 条第 4 项规定："国家最高行政机关、自治区行政机关及组成地方行政的部门在各自职能范围以外行为时必须相互合作和帮助。"《联邦德国行政程序法（1976 年）》第 4 条第 1 项规定："所有官署于被请求时，须相互协助。"参见武从斌《减少部门条块分割，形成协助制度——试论我国环境管理体制的改善》，《行政与法》2003 年第 4 期。

④ 《韩国行政程序法（1996 年）》第 8 条第 2 项规定了可以拒绝的情形：（1）有明显理由认为受请求机关以外之行政机关能为较有效率且经济之协助时；（2）有明显理由认为行政协助将显然阻碍受请求之行政机关执行固有职务时。《联邦德国行政程序法（1976 年）》在规定可以拒绝请求的情形外，特别强调，被请求机关不得以第 3 款所列以外的理由，尤其不得以认为职务协助所欲帮助实施的措施不合目的而拒绝提供协助。

（4）由被请求机关协助执行，较为经济的；（5）其他必须请求行政协助的情形。①

其三，明确行政协助经费承担。在行政协助费用的承担上，马怀德教授主张由请求部门负担，这种设计主要借鉴了韩国和我国台湾地区的做法。笔者认为，既然行政协助是公共部门的法定责任和义务，被请求部门尽管是在其他部门请求的情况下实施的，也是其正常履行法定职责，理论上公共部门履行法定职责的费用已经由财政预算划拨到其账户上，所以协助费用当然应当由被请求部门承担。②

（四）低碳经济扶持政策部门协调机制建构方法之四：冲突裁决机制

1. 低碳经济扶持政策冲突裁决的必要性

公共部门扶持低碳经济发展的部门冲突主要是指公共部门相互之间制定、执行扶持低碳经济发展政策过程中引起的政策冲突、权限争议，包括部门履职争议和政策冲突。

客观上，机构设置、职权配置不合理和立法上的不完善，低碳经济扶持政策的部门冲突现象普遍存在；主观上，不同的公共部门拟定政策、行使职权、履行行政职责过程中自然可能与其他部门发生职责权限争议和政策冲突。

低碳经济扶持政策的冲突、争议必须解决。久拖不决，使社会关系处于一种不确定状态，造成人们的无所适从，损害公众的合法利益，也破坏了政府公信力。

2. 我国现行低碳经济扶持政策部门冲突解决路径

过去我们片面地认为，公共部门之间的政策冲突和争议不涉及行政相对人的权利和义务，无需外人插手，因而对政策冲突及权限争议的解决途径也没有纳入政治学的研究视野。言外之意，对于行政相对人而言，

---

① 参见李延《我国行政协助法制化研究》，硕士学位论文，广西师范大学，2006年；王麟《行政协助论纲——兼评〈中华人民共和国行政程序法（试拟稿）〉的相关规定》，《法商研究》2006年第1期；周春华《行政协助基本问题研略》，《法治研究》2007年第7期。

② 王麟：《行政协助论纲——兼评〈中华人民共和国行政程序法（试拟稿）〉的相关规定》，《法商研究》2006年第1期；黄学贤：《行政程序中的协力行为——基于两岸理论与实践的比较研究》，《行政管理体制改革的法律问题——中国法学会行政法学研究会2006年年会论文集》，青海西宁，2006年7月27日。

只要政府扶持低碳经济的公共政策和具体行政行为的内容程序是合法正确，由哪个行政机关做出都是一样。①

我国现行的低碳经济扶持政策冲突是在行政系统内部解决，其路径是：政策冲突——部门协商——上级协调。现行的解决路径其实是行政系统内部"和稀泥"。

我们认为，低碳经济扶持政策部门冲突、争议的解决不是行政系统内部"和稀泥"，而是一个对冲突作出判断的、带有司法性的裁决行为。根据职权法定原则，公共部门必须在法定的职权范围内拟定政策、行使扶持低碳经济发展的权力，不得越位错位失职。低碳经济扶持政策公共部门冲突裁决的焦点是冲突争议部门到底有无法定职权制定和执行该项政策。②

我们建议解决低碳经济扶持政策部门冲突的对策是：在各公共部门之间发生相互争权、推诿、政策冲突的情况时，尝试建构争议冲突之外的第三方裁决纠纷的准司法机制，这个第三方裁决机构必须站在公正的立场上裁决纠纷，以避免行政系统内部的"和稀泥"式调解。

3. 我国低碳经济扶持政策的部门冲突裁决机制建构

解决低碳经济扶持政策的部门冲突是一种带有司法性质的裁决活动，究竟由什么机构来承担？

我们认为，应视具体情况、分类解决。

对于涉及中央和地方，行政权与其他权力关系的，诸如中央行政部门规章与地方人大制定的地方法规形成政策冲突的，理应也只能通过宪法监督机制由全国人大及其常委会裁决。我们称之为人大途径。宪法学者秦前红也认为，可以设置专门性违宪审查机构对国家公权力机关之间的争议进行处理。③

对于公共部门具体行政行为冲突，可通过行政诉讼由人民法院行政庭裁决。我们称之为法院途径。

对于行政系统内部即中央与地方之间、中央各部门间、地方政府间

---

① 章剑生：《行政管辖制度探索》，《法学》2002 年第 7 期。
② 金国坤：《行政权限争议的法制化解决途径探究》，《北京行政学院学报》2008 年第 4 期。
③ 秦前红：《宪法变迁论》，武汉大学出版社 2002 年版，第 246 页。

发生的权力争议和政策冲突，当由国务院裁决；对于省级以下行政部门"权力打架""政策打架"，可由上级政府进行裁决。① 我们称之为政府途径。

以上三种途径：人大途径、法院途径、政府途径，我们郑重推荐人大、法院途径。由人大、法院作为第三方裁决机构，更容易站在客观公正立场，更有利于问题的解决。

当然对于政府途径，我们也不排斥，由谁来代表政府裁决低碳经济扶持政策的公共部门冲突呢？我们建议由政府法制工作机构（法制办）代表本级政府具体承担比较合适。政府法制办熟悉法律法规，比较专业；法制办不涉及部门利益之争，其地位比较超然，更易公正裁决。②

综上所述，我们建议低碳经济扶持政策的部门协调机制建构方法之四，建立冲突裁决机制，可以视情况由三类机构裁决，人大途径、法院（行政庭）途径、政府（法制办）途径。

---

① 易谨、刘志英：《行政权力冲突：一个不容忽视的现象》，《文史博览》2006 年第 20 期
② 国内有学者也表达了同样的看法，认为我们应尽快以法律的形式，明确确立各级政府法制办协调解决政府下属各行政机关之间权力争议和政策冲突的法律地位，并对法制办受理、审理、裁决的程序、时限、方式、效力和责任等做出明确具体的规定，增强可操作性（参见黄先雄《法治视野下的我国行政机关权力之争》，《河北法学》2007 年第 7 期；金国坤《行政权限争议的法制化解决途径探究》，《北京行政学院学报》2008 年第 4 期）。

第 五 章

低碳经济扶持政策的公共
政策整合机制

一 低碳经济扶持政策的冲突性

（一）公共政策的再认识

公共政策或政策①作为人类社会的一种政治现象，是伴随着国家的产生而出现的。尽管"政策"一词由来已久，但在政策科学产生以前，人们更多的是从单纯的语义角度对它进行解释。

中国古代典籍《左传》提到，"政以正民""政者，正也下所取正也"，以及《礼记》中的所谓"策，谋也"等，将"政策"解释为政治策略政治谋略。②

当然，上述解释在一定程度上也还是表达了这一语词的基本语义的，但是从学科意义上将"政策"作为一个专门的学术用语加以界定则是政策科学产生以后的事情。③ 综观各家关于"政策"的定义如下。

一是"政策"规范说。将"政策"视为一种"行为规范"或"行动

---

① 本研究将"公共政策"简述为"政策"，是按照政府为核心的公共组织拟定的。企业等其他组织的政策不属于本研究语境。

② 参见赵洁《公共政策中的公民网络参与研究》，云南民族大学硕士论文，2010 年；王雅菊《我国大学生村官政策执行偏差研究》，西北大学硕士论文，2010 年；徐书平《西藏公共政策制定过程中的公众参与问题研究》，西藏大学硕士论文，2008 年；金亮《我国地方政府执行中央政策的阻滞机制分析》，湖北大学硕士论文，2013 年；［美］詹姆斯·安德森《公共决策》，刘力译，华夏出版社1990 年版，第 2 页。

③ 梁莉丹：《公共政策选择性执行的原因及防治对策研究》，硕士学位论文，西北大学，2004 年。

指南"。① 例如，美国威尔逊（Woodrow Wilson）、拉斯威尔（Harold D. Lasswell）；② 在我们国内的政策科学界，持这种政策观的学者有张金马、③ 陈庆云、④ 孙光、⑤ 林德金⑥等。

二是"政策"分配说。将"政策"视为一种"分配行为"。美国学者伊斯顿（David Easton），政策是对全社会的价值作有权威的分配，⑦ 戴伊（Thomas R. Dye）也持此观点；⑧ 台湾学者林水波、张世贤也认为政策是一种分配行为。⑨

三是"政策"的过程说。即将"政策"视为一种"活动过程"。美国的詹姆斯·安德森、卡尔·弗里德里奇（Carl Friedrich）等学者则将政策界定为有计划的活动过程。⑩

四是"政策"关系说。即将"政策"视为主体与环境之间的一种关系，如美国学者罗伯特·艾斯顿（Robert Eyestone）、⑪ 芬兰学者古斯塔夫森（Gustuvsson）⑫ 等。

上述学者对政策的界定有一定合理性，都涉及"政策"内涵的某个

---

① 王雅菊：《我国大学生村官政策执行偏差研究》，硕士学位论文，西北大学，2010 年。

② 参见伍启元《公共政策》，香港商务印书馆 1989 年版，第 4 页；周树志《论公共政策范畴》，《西北大学学报》（哲学社会科学版）1999 年第 11 期。

③ 参见张金马《政策科学导论》，中国人民大学出版社 1992 年版，第 20 页；周树志《论公共政策范畴》，《西北大学学报》（哲学社会科学版）1999 年第 11 期。

④ 陈庆云：《公共政策分析》，中国经济出版社 1996 年版，第 9 页；周树志：《论公共政策范畴》，《西北大学学报》（哲学社会科学版）1999 年第 11 期。

⑤ 孙光：《政策科学》，浙江教育出版社 1988 年版，第 14 页；朱水成：《公共政策与制度的关系》，《理论探讨》2003 第 5 期。

⑥ 林德金等：《政策研究方法论》，延边大学出版社 1989 年版，第 3 页；周树志：《论公共政策范畴》，《西北大学学报》（哲学社会科学版）1999 年第 11 期。

⑦ D. Easton, *The Political System*, New York: Kropf, 1953, pp. 79 – 81.

⑧ Thomas R. Dye, *Understanding Public Policy*, Englewood Cliffs, N. J.: Prentice Hall Inc., 1987, pp. 101 – 105.

⑨ 林水波、张世贤：《公共政策》，台湾五南图书出版公司 1982 年版，第 9 页；周树志：《论公共政策范畴》，《西北大学学报》（哲学社会科学版）1999 年第 11 期。

⑩ 周树志：《论公共政策范畴》，《西北大学学报》（哲学社会科学版）1999 年第 11 期。

⑪ Robert Eyestone, *The Threads of Public Policy: A Study in Policy Leadership*, Indianapolis: Bobbs-Merril, 1971；周树志：《论公共政策范畴》，《西北大学学报》（哲学社会科学版）1999 年第 11 期。

⑫ Gustuvsson, "Types of Policy and Types of Politics", *Scandinavian Political Studies*, Vol. 3, New Series, 1980, p. 136.

侧面，但是细究起来，他们对"政策"概念的解释还有值得商榷之处。

政策的过程说就混淆了政策与其产生和作用过程的区别；政策的分配行为说也错误地把分配行为与政策方案简单等同起来；政策规范说把行为与用以规范行为的准则等同起来。[①] 即便是政策科学的发源地美国学者对政策概念所下的定义中也还是有一些界定存在着某种程度的不完备性，例如，威尔逊将"政策"界定为"法律和法规"，其范围过于狭窄；拉斯韦尔和卡普兰将"政策"解释为一种"大型计划"，而政策可以表现为"计划"，也可以表现为其他形式的行动方案。

我们在吸收上述"政策"定义之合理要素的基础之上，借鉴公共管理与公共政策学者丁煌的研究成果，尝试对政策做出如下界定。

公共政策是以政府为核心的社会公共权威为实现一定历史时期战略目标而制定的行动方案和行动计划，其表现形式为法律法规、政府规划计划等，其本质是对社会资源和价值的权威性分配。[②]

我们从以下几个要点准确地把握"政策"的科学内涵。

一是政策是一种行动方案，而不是行为或过程。否则，我们就不能讨论政策的制定和政策整合问题。

二是政策是以政府为核心的社会公共权威经特定程序制定的行动方案或行为计划，它具有正式性、权威性。公共政策的制定主体只能是政府为核心的社会公共权威，企业等其他组织制定的政策不是我们所述的公共政策。政策的制定过程必须符合法定程序，即便是政府首脑口头发表的声明报告或行政命令也要遵循法定程序。（当然，在一个制度化水平较低的人治社会中不乏违反程序的"拍脑袋"决策或领导人随意发布命令的情形，但这正是现代法治社会的决策制度所反对的。）

三是政策具有明显的利益属性。政策这种特殊性的行动方案其本质内容是要规定如何对社会利益进行合理的分配。[③] 最早明确地将政策与利

---

① 参见梁莉丹《公共政策选择性执行的原因及防治对策研究》，硕士学位论文，西北大学，2004 年。

② 参见丁煌《政策制定的科学性与政策执行的有效性》，《南京社会科学》2002 年第 2 期及《发展中的中国政策科学——我国公共政策学科发展的回眸与展望》，《管理世界》2003 年第 3 期。

③ 参见梁莉丹《公共政策选择性执行的原因及防治对策研究》，硕士学位论文，西北大学，2004 年；季健霞、吴佩芬：《转型期利益关系的协调与整合——论政府在构建社会主义和谐社会中的作用》，《长江论坛》2005 年第 6 期。

益分配问题联系起来讨论的是我们在前面曾经提到过的美籍政治学家戴维·伊斯顿（D. Easton），他在《政治系统》一书中明确提出公共政策是对全社会的利益作有权威的分配。[①] 我们不能淡化政策与利益之密切相关性的观点，政策的本质是对社会利益、价值、资源等进行分配。

（二）低碳经济扶持政策的冲突性

公共政策本质上是对社会价值、资源、利益进行权威性分配。政府扶持低碳经济的发展，必然涉及资源、利益、价值等配置。由于政府扶持低碳经济发展的多部门性、中央与地方认知的差异性，由各部门、各地方制定的低碳经济扶持政策，会存在冲突与争议，我们称之为低碳经济扶持政策的冲突性。

低碳经济扶持政策的冲突表现出以下四种形式。

其一，政策目标的偏离。亦即多部门、各地方制定的扶持低碳经济发展的公共政策，同政策主体本来预定的目标发生偏离或偏差。[②]

其二，政策内容的重复。亦即多部门、各地方制定执行的扶持低碳经济发展的公共政策，内容重复重叠，资源重复配置，大家都扶持，重叠的结果是，大家都不扶持，都为变都不为，政策资源浪费。当政策内容重复性的情形发生时，政策在内容上或是貌合神离，或是残缺不全，或是缩水替换，或是根本就没有被政策执行主体所真正认知。[③]

其三，政策行为的冲突。亦即由多部门、各地方制定执行的扶持低碳经济发展的公共政策，在实际运行过程中发生政策冲突、政策打架现象，有时直接公开，或间接隐蔽。

其四，政策过程的两面性。各部门、各地方制定执行的扶持低碳经济发展的公共政策，在政策过程中具有两面性：一方面借口结合本地方本部门实情，对中央政策随意进行取舍；另一方面自称坚决贯彻中央和

---

① D. Eston, *The Political System*, New York：Kropf, 1953.

② 参见王国红《政策执行中的政策规避研究》，博士学位论文，中共中央党校，2004年；丁煌《我国现阶段政策执行阻滞及其防治对策的制度分析》，《政治学研究》2002年第3期。

③ 丁煌：《我国现阶段政策执行阻滞及其防治对策的制度分析》，《政治学研究》2002年第3期。

上级政策精神，实际是打着上级旗号作保护伞，以免使其自身利益遭受损失。[1]

二 低碳经济扶持政策整合的必要性

由多部门、各地方制定的扶持低碳经济发展的公共政策，有冲突性，就会导致危害性，因此有必要整合。

（一）低碳经济扶持政策冲突的危害性

低碳经济扶持政策冲突的危害性主要有以下表现。

其一，政策被虚化。政策被虚化是指各部门各地方的低碳经济扶持政策，因政策冲突的存在，在制定和执行过程中，被当作口号大肆宣传，而未被转化为具体的切实可行的操作性措施，结果是政策被虚化、政策未落地生根。政策被虚化容易造成"象征性合作"，指各地方、各部门搞假合作，口头支持而实际未落地政策。[2]

其二，政策被断章取义。是指下级在执行上级的低碳经济扶持政策时，面对冲突的政策，往往断章取义，对己不利的政策不执行，按需索取，为我所用，搞选择性执行政策。[3]

其三，政策被异化。政策被异化是指当低碳经济扶持政策冲突时，政策执行者为了部门的利益或局部的利益，为了规避上级政策对自己的不利，在执行政策过程中貌合神离、偷梁换柱，使上级政策名存实亡，完全异化。这种"替换性政策"即是人们常说的"你有政策、我有对策"。[4]

其四，政策被搁置。政策被搁置是指低碳经济扶持政策发生冲突时被搁置，在政策执行过程中出现了"梗阻""硬抗""顶风上""虎头蛇尾有始无终""雷声大雨点小"等现象。目前在许多地方都不难见到的低碳经济产业园示范区等"半拉子工程"大多都属于政策被搁置。

---

① 丁煌：《我国现阶段政策执行阻滞及其防治对策的制度分析》，《政治学研究》2002年第3期。

② 同上。

③ 王国红：《政策执行中的政策规避研究》，博士学位论文，中共中央党校，2004年。

④ 同上。

（二）低碳经济扶持政策整合的必要性

低碳经济扶持政策整合的必要性，不仅受政策的冲突性和危害性的影响，而且也受制于政策本身的质量状况。美国政策学者安德森，[①] 中国学者张曙光先生都注意到此现象。[②] 我们从政策本身质量因素视角（政策缺乏合理性、明晰性、协调性、稳定性），来讨论低碳经济扶持政策整合的必要性。

1. 政策缺乏合理性，有整合的必要。

低碳经济扶持政策不具有现实的可能性，过于超前或滞后，不具备实施的条件与可能，则有必要进行政策整合。[③]

2. 政策缺乏明晰性，有必要整合。

政策缺乏明晰性是指政策不明确、不清晰，模棱两可、含糊不清。马克思主义经典作家列宁、[④] 美国学者霍尔珀林（M. N. Halperin）[⑤] 等提出过此问题，政策不明晰性就会给人留下操作空间。[⑥]

扶持低碳经济发展的公共政策，若缺乏明晰性，模棱两可、含糊不清，甚至有政策漏洞，就使人有机会钻空子和回避政策等。正因此才有政策整合的必要性。

3. 政策缺乏协调性，有必要整合。

政策缺乏协调性，是指低碳经济扶持政策自身不协调，没有整体性系统性，相互冲突相互抵触，甚至相互矛盾。[⑦]

在我国，扶持低碳经济发展的政策制定主体比较多，有中央的、地方的，还有各部门各地方的，等等。各部门各地方代表自己行业或地区来制定扶持政策，站在各自立场，照顾自身利益，缺乏政策的系统性协

---

① ［美］詹姆斯·安德森：《公共决策》，刘力译，华夏出版社 1990 年版。

② 张曙光：《制度·主体·行为——传统社会主义经济学反思》，中国财政经济出版社 1999 年版。

③ 丁煌：《政策制定的科学性与政策执行的有效性》，《南京社会科学》2002 年第 2 期。

④ ［苏联］列宁：《列宁全集》第 12 卷，人民出版社 1992 年版，第 9 页。

⑤ M. N. Halperin, "Implementing Presidential Foreign Policy Decision: Limitations and Resistance", *Cases in Public Policy-making*, N. Y.: Praeger Publishers, 1976, pp. 212–222.

⑥ 丁煌：《政策制定的科学性与政策执行的有效性》，《南京社会科学》2002 年第 2 期。

⑦ 杨晓伟：《政策的操作性、协调性和科学性》，《党政论坛》1999 年第 12 期；丁煌：《政策制定的科学性与政策执行的有效性》，《南京社会科学》2002 年第 2 期。

调性。支持低碳经济发展的公共政策，若缺乏协调性，不系统、不协调、不配套，相互冲突、相互抵触、相互矛盾，就有必要进行政策整合。

4. 政策缺乏稳定性，有必要整合。

所谓政策缺乏稳定性，是指政策经常处于变动之中，朝令夕改，缺乏连续性和继承性。

政策不稳定不连续，直接影响到人们对政策的认同和接受程度，关系到政策的权威性，关系到对人们政策的持久坚强的忠诚和认同。政策本身就是政府对社会资源和利益进行权威性分配的一种方案。如果政策没有稳定性，其恶果是：人们投机盛行，普遍短视短期行为，导致社会信赖关系的破裂，从而漠视政策，导致令不行，禁不止，政府公信力和政策的权威严重流失。[①]

支持低碳经济发展的公共政策，若缺乏稳定性，若政策的变化速度和频率超乎人们的预期程度，必然造成上述恶果，我国经济学家张曙光也论证了此问题。[②]

三　低碳经济扶持政策的公共政策整合机制

低碳经济扶持政策的公共政策整合机制，是整合低碳经济扶持政策、法律法规的原则与机制，包括低碳经济扶持政策在整合前的事前诉求听证制度，整合过程中的事中利益平衡机制，整合后进入执行阶段的政策得以顺利实施，而需要建立的事后政策协调机制。

（一）低碳经济扶持政策的公共政策整合机制建构：事前诉求听证制度

事前诉求听证制度是指在低碳经济扶持政策整合过程中设置事前听证程序，通过举行听证会，使公众、企业、社会等对拟整合的政策充分发表意见，以消除和化解对政策的不满，凝聚政策共识，增强对政策的

---

① 丁煌：《政策制定的科学性与政策执行的有效性》，《南京社会科学》2002 年第 2 期。

② 张曙光：《制度·主体·行为——传统社会主义经济学反思》，中国财政经济出版社 1999 年版，第 136—137 页。

认同感，提高政策整合成功概率的一种制度设计。①

听证一词，原为"司法听证"，源于英、美、法系的自然正义观念的听取两方面意见的法理，是指法院要以公开举行的方式听取控辩双方、证人和当事人的意见，以保证司法公正。② 听证最初仅用于司法权的行使，作为司法审判活动的必经程序，后来逐渐移植到政府公共政策制定方面，形成了"决策听证制度"。③

决策听证是指政府和其他公共组织在制定政策过程中，运用民主和科学的方法，事前听取专家学者、社会团体、与该政策有利害关系的政策实施对象的意见，把政策决策变成集思广益、有科学根据、有制度保证的过程，保证决策的科学化和民主化。④

公共政策的事前诉求听证属于公共政策制定和整合程序的一个重要组成部分，它对于增强政策的正确性，提高政策的可行性，防止政策的相互抵触、相互冲突、相互矛盾具有重要作用。

作为政策决策科学与民主的制度设计，公共政策的事前诉求听证制度在国外已有几十年的历史了。西方发达国家为了充分表达民意，协调各方面的利益，提高政府公共政策的科学化民主化水平，均已经在政府的政策制定和整合过程中广泛施行了公共政策的事前诉求听证制度。美、英、法、德等西方国家规定，政府制定和整合公共政策时，都必须施行事前诉求听证制度，召开适当规模的公民听证会，听取公众意见。⑤ 美国《联邦行政程序法》的第556、557条就明确规定政府决策适用听证。日本明确规定，行政机关制定某些政策需要经过听证会，听取有关人员及一般公众的意见。⑥ 西方国家的实践证明，实施公共政策的事前诉求听证

---

① 参见陆小成《政策执行冲突的制度分析》，硕士学位论文，湘潭大学，2005 年；丁煌《听证制度：决策科学化和民主化的重要保证》，《政治学研究》1999 年第 3 期。

② 魏月霞：《完善我国立法听证制度的思考》，《辽宁行政学院学报》2011 年第 4 期。

③ 丁煌：《听证制度：决策科学化和民主化的重要保证》，《政治学研究》1999 年第 3 期；罗依平、贺译葶、朱杰：《制度建设：我国地方政府决策创新的有效途径——以〈湖南省行政程序规定〉为例》，《理论探讨》2011 年第 1 期。

④ 罗依平、贺译葶、朱杰：《制度建设：我国地方政府决策创新的有效途径——以〈湖南省行政程序规定〉为例》，《理论探讨》2011 年第 1 期。

⑤ 曾繁正等编译：《西方主要国家行政法行政诉讼法》，红旗出版社 1998 年版，第 20—21 页。

⑥ ［日］南博方：《日本行政法》，张希圣译，中国政法大学出版社 1988 年版，第 53 页。

制度，确实能够充分表达民意诉求，畅通公众利益表达渠道，能够汇聚民意回应诉求，优化公共政策制定和整合，是公共政策整合机制的前置性制度安排。①

在我国现阶段，尽管政府在某些政策领域尝试施行了决策听证制度，但其范围还十分有限，尚不能满足公共政策的有效整合和协调执行。改革开放以来，社会结构分化，利益分化利益多元化日益突出，人们的利益冲突在所难免。这就需要我们建立健全利益表达机制、公众直接参与决策机制、专家咨询制度等，对公共政策"能有切身之了解，且能基于本身之利害，或专门之学识发表意见"，② 使公共政策能够最大限度地体现民意，增强政策的可行性有效性，我们迫切需要建立健全推广公共政策决策的事前诉求听证制度。③

要建构低碳经济扶持政策的公共政策整合机制，就需要建立健全大力推广公共政策整合的事前诉求听证制度。整合政府扶持低碳经济发展的公共政策，并不是政府一厢情愿就能够做到的，而是受到诸多因素影响。公众、企业和社会若通过事前诉求听证制度参与了政策整合过程，其利益诉求得到充分表达和尊重，他们对低碳经济扶持政策整合的了解、认同和接受程度就会大幅提高，政策整合就能顺利、有效地执行。

综上，我们认为，为了建构低碳经济扶持政策的公共政策整合机制，提高我国政策决策民主化和科学化水平，我们应该积极稳妥地建立健全并推广公共政策整合的事前诉求听证制度。

（二）低碳经济扶持政策的公共政策整合机制建构：事中利益平衡机制

事中利益平衡机制是为解决低碳经济扶持政策整合中所产生的错综复杂的利益关系，政府必须综合地平衡各种利益关系，建立事中利益平衡机制，利益平衡机制建立于各方利益选择的基础之上，既体现政府的

---

① 丁煌：《听证制度：决策科学化和民主化的重要保证》，《政治学研究》1999 年第 3 期。
② 罗传贤：《行政程序法基础理论》，台湾五南图书出版公司 1993 年版，第 185—189 页。
③ 丁煌：《听证制度：决策科学化和民主化的重要保证》，《政治学研究》1999 年第 3 期。

政治行为与政策准则，还体现原则性与灵活性相结合。①

扶持低碳经济发展的公共政策，涉及的利益是多元化的。政策的作用，是要调动一切积极因素，排除那些消极因素，把各种因为政策冲突而来的利益矛盾尽量控制在较小的范围之中，以促进低碳经济的发展。②

低碳经济扶持政策整合的事中利益平衡机制的第一个利益主体是掌握决策权的政治精英和公共事务专业管理者。在扶持低碳经济的公共政策整合过程中，少数政治精英政治家和专业化的公共事务管理者，实际行使公共政策方案的制定权、决定权。他们大多接受过良好的专门教育和培训，具有较高的政策决策能力和丰富的实务管理经验。他们一方面享有对政策方案的制定权和决定权；另一方面，要承担制定政策方案的法律、政治、社会和道义上的责任，因此，他们是真正意义上的公共政策的制定和整合主体。③

低碳经济扶持政策整合的事中利益平衡机制的第二个利益主体是利益团体。随着我国改革开放的深入，市场经济的发展完善，我国社会结构分化加剧，社会涌现越来越多的社团。我们要看到，公众、社会各阶层用利益集团来代表、表达、满足社会各阶层的利益和诉求，正成为现代政治生活的新常态；我们应清楚地认识到我国利益团体的存在并不断发展壮大的客观现实；我们也要正确地看待利益团体在低碳经济扶持政策整合过程中的利益平衡作用，它们既代表表达了对公共政策的利益诉求，提供可供选择的政策备选方案，又满足了社会各阶层的利益和诉求。④

低碳经济扶持政策整合的事中利益平衡机制的第三个利益主体是普通民众。普通民众是最广泛的非官方公共政策主体。在政治参与大众化的时代，公民通过直接投票或代议制等方式，甚至通过威胁性方式（如请愿、示威、游行等）影响公共政策。但是，普通公民只是享有关于政

---

① 陈庆云：《公共政策的理论界定》，《中国行政管理》1995 年第 11 期；陈洪连：《公共政策的伦理维度》，博士学位论文，华东师范大学，2007 年。

② 曹然然：《论公共政策的公共利益取向》，《云南社会科学》2003 年第 11 期；陈庆云：《公共政策的理论界定》，《中国行政管理》1995 年第 11 期。

③ 张国庆：《现代公共政策导论》，北京大学出版社 1997 年版，第 155 页。

④ 詹国彬：《利益群体在公共政策中的作用及其发展导向》，《社会》2003 年第 12 期。

策方案的建议权和批评权，并不承担因此而产生的种种后果，他们属于公共政策的影响主体。① 他们同拥有选择权的公共政策制定主体共同构成了公共政策的主体，在公共政策制定和整合过程中，相互博弈、相互配合。

低碳经济扶持政策整合的事中利益平衡机制的第四个利益主体是思想库智库。公共政策整合还离不开"智库""思想库""智囊团"等政策辅助机构和政策咨询机构的支持。现代社会知识更新速度的加快和全球政治、经济一体化的纵深发展，使得社会公共事务数量增多，难度变大，极容易超越了政府主体的能力范围。在这种情况下，公共政策主体就必须寻求政策辅助机构的支持。现代社会的政策辅助机构拥有各方面的高级专家和专业技术人才，拥有先进的研究方法和健全的情报信息系统，保持着不同于政府机关的独立性和超脱性，因此，他们能够为公共政策提供强有力的支持。在一定意义上，社会团体、智囊机构分享了政治家们转移出来的部分决策权力。

建构低碳经济扶持政策公共政策整合机制的事中利益平衡机制，要求上述四大政策主体，在政策整合过程中充分表达诉求，发扬民主，集思广益，最大限度地让政治精英和公共事务专业管理者、利益团体、专家学者智库思想库、普通社会公众，真正参与政策决策，使他们能够通过有效的制度性安排机制，充分表达对政策整合方案的意见，形成专家辅助决策、公民参与决策、社会利益团体监督决策、公共部门和领导者科学民主决策的多元政策机制。②

（三）低碳经济扶持政策的公共政策整合机制建构：事后政策协调机制

低碳经济扶持政策整合的事后政策协调机制，是指低碳经济扶持政策在经过整合前的事前诉求听证，整合过程中的利益平衡，整合后进入执行阶段的政策得以顺利实施，而需要建立的事后政策协调机制。③

---

① 张国庆：《现代公共政策导论》，北京大学出版社1997年版，第155页。
② 《公共政策》，参见 http：//wenku. baidu. c 2012 - 9 - 28，2012年9月28日。
③ 参见王勇《公共政策执行再生性梗阻与症解研究》，硕士学位论文，广东海洋大学，2011年。

　　低碳经济扶持政策整合成功，既取决于事前诉求听证、事中利益平衡，还取决于政策整合执行阶段的协调机制。美国政策学家安德森说："为了使某一项政策有效，不仅需要政策权威和预算拨款，还需要执行的协调和控制。"① 我国学者也论证了事后政策协调机制问题。②

　　因此，要提高低碳经济扶持政策执行的有效性，防治政策相互抵触、相互冲突、相互矛盾，我们不仅要促进公众和社会对政府所推行政策的认知并增强他们对政策的认同（事前诉求听证、事中利益平衡），而且还应当从以下几个方面改进政策执行方式，建立低碳经济扶持政策整合机制的事后政策协调机制。

　　一是周密计划、做好准备。"凡事预则立，不预则废。"低碳经济扶持政策整合的事后政策协调机制，特别强调政策执行阶段的计划准备。政策执行极为复杂，它涉及众多的变量，充满不确定性。政策执行的准备，需要把政策内容本身的原则性规定，通过计划把它变成具体的实施细则。③

　　二是耐心说服、正确引导。④ 说服是政府向公众解释宣讲低碳经济扶持政策。⑤ 耐心说服、正确引导是政策执行阶段的有效协调方法，它能够促进和提高公众对公共政策的认知和认同，防止政策执行冲突。扶持低碳经济发展的公共政策总是表现为对特定利益的分配或调整，可能会触及群体利益、地方利益、部门利益等。为了保证政策的有效整合和顺利实施，政府首先要做好深入细致的说服引导，切忌简单粗暴、武断专行。⑥

　　三是切合实际、因地制宜。坚持实事求是、一切从实际出发，是公共政策制定和整合的方法论基础。就低碳经济扶持政策整合的事后政策协调来说，既需要坚持和维护中央和上级政策的原则性权威性、严肃性，

① ［美］詹姆斯·安德森：《公共政策》，刘力译，华夏出版社1990年版，第166页。
② 参见王国红《政策执行中的政策规避研究》，博士学位论文，中共中央党校，2004年；王勇《公共政策执行再生性梗阻与症解研究》，硕士学位论文，广东海洋大学，2011年。
③ 参见马小娟《我国现阶段公共政策执行偏差评析》，硕士学位论文，山西大学，2004年。
④ 王勇：《公共政策执行再生性梗阻与症解研究》，硕士学位论文，广东海洋大学，2011年。
⑤ ［美］詹姆斯·安德森：《公共政策》，刘力译，华夏出版社1990年版，第101—102页。
⑥ 李树林：《我国公共政策执行中存在问题的成因及对策分析》，《理论研究》2004年第3期。

又要正视我国各地区各部门的差异。这就要求各地方、各部门甚至各个单位，在贯彻执行上级政策的过程中既要避免机械教条、照搬照传，"上下一般粗"的错误做法；又应该充分兼顾到地区、部门、单位的特点和差异，求神似、去形似，抓住政策的精神实质，结合具体实际，在忠于政策基本精神的前提下，制定符合当地实际情况的操作性强的具体措施，把上级政策真正落到实处。① 刘少奇也曾论述过因地制宜切合实际执行政策的问题。②

四是加强沟通、搞好协调。沟通可以使公众达到政策认知，实现政策认同，有利于政策协调机制建构。在低碳经济扶持政策整合的事后协调机制中，因沟通协调不当而导致政策冲突的情形时有发生。要防治低碳经济扶持政策冲突矛盾，形成政策合力，加强各部门、各地方之间的协调，搞好它们之间的沟通无疑是十分必要的。沟通协调问题历来都为行政管理学家所关注，法国著名行政管理学家法约尔（Henri Fayol）就将协调视为管理五要素之一，③ 美国行政管理学家古利克（Luther H. Gulick）也把协调界定为行政机关所具有的七项职能之一，④ 西方行政学的奠基人美国行政学家伦纳德·D. 怀特（Leonard D. White）则在其《行政学到导论》一书中更为系统地对沟通协调问题作了探讨并提出了诸如精简机构、减少协调工作的数量和难度，设置专门的行政协调机构等行政协调的方法。⑤

综上，我们认为，低碳经济扶持政策的公共政策整合机制的建构，需要经过三个阶段，建立三个机制，即整合前的事前诉求听证，整合过程中的事中利益平衡，整合后进入执行阶段的事后政策协调。

---

① 参见曹虹《试论创造性地执行政策》，《黑河学刊》1992 年第 12 期。
② 刘少奇：《刘少奇选集》下卷，人民出版社 1981 年版，第 338、456 页；王勇：《公共政策执行再生性梗阻与症解研究》，硕士学位论文，广东海洋大学，2011 年。
③ ［法］H. 法约尔：《工业管理与一般管理》，迟力耕译，中国社会科学出版社 1982 年版，第 119 页。
④ 参见丁煌《西方行政学说史》，武汉大学出版社 1999 年版，第 126—127 页。
⑤ 参见［美］L. 怀特《行政学导论》，刘世传译，商务印书馆 1947 年版，第 76—82 页；丁煌《西方行政学说史》，武汉大学出版社 1999 年版，第 99—100 页。

第 六 章

低碳经济扶持政策的激励
措施联动机制

一 低碳经济扶持政策激励措施联动
机制的建构障碍

在社会主义市场经济条件下，影响低碳经济扶持政策的激励措施联动机制建构的负面因素较多，我们把这些负面影响因素称之为建构障碍：有行政区划壁垒、经济利益驱使，还有财税体制、金融体制的约束，以及传统思维定式的桎梏。要推动低碳经济扶持政策的激励措施联动机制建构，需要突破上述障碍。正视这些障碍，深入剖析其形成原因，是突破障碍的首要条件，也是低碳经济扶持政策的激励措施联动机制建构的关键。

(一) 行政区划的壁垒

1. 我国行政区划的形成及其特点

我国行政区划历史由来已久，行政区划的雏形起源于夏朝，行政区划制度萌芽于春秋战国、推行于秦朝。秦朝后全国统一并开始实行分块而治、分级而治的行政区划体系，以后历经了多次调整，但本质上都具有维护统治阶级政权、便于中央集权管理的特点。新中国的行政区划制度是在沿袭原有行政区划基础上，依据特殊国情和特殊社会制度，逐渐趋于相对完善的。[①] 我国现行行政区划呈现出以下特点。

---

① 邓正琦：《渝鄂湘黔交界民族地区经济联动的体制障碍及破解》，《探索》2009 年第 6 期；黄堃：《省（市）边缘区经济发展模式研究》，硕士学位论文，重庆工商大学，2012 年。

其一，具有历史继承性和相对稳定性。我国现行省级行政区划主要是对元朝行省制度的继承和发展。元朝统治者基于政治统治和军事控制的目的，把全国划分为诸多个行省，这人为地破坏了经济区与自然地理区的完整和统一。我国现行的县制始于春秋战国时期，已历经2000多年，一直沿用至今，有的甚至连县名、管辖范围也没有多大变化，仅湖南省就有7个县有2000年以上历史的县名。

其二，政治性和政策性较强。行政区划直接关系到国家对地方的统治和地方的有效治理，政治性和政策性很强。[①] 因此，新中国成立以来，我国按照有利于国家发展的原则来进行行政管理和领导，按照有利于社会主义经济建设、有利于民族团结等原则来指导行政区划。我国行政区划的目的是为了巩固人民民主专政，保证国家领土、主权完整，防止外来侵略，促进社会经济繁荣昌盛，促进各民族经济共同繁荣。

其三，出现"行政区经济"。"行政区经济"是指按照行政区划配置经济资源布局经济格局的经济现象，行政区经济造成经济不是按市场而是按地方行政区划的人为分割的异化现象。[②] 在我国，各行政区既是政治统治划分区，又是区域经济主体。经济依行政区布局，现在看来存在不少问题，如"行政区经济"强化了政府对经济的干预，固化了区域经济结构，构筑了贸易壁垒，实行市场封锁，阻碍了经济要素资源的自由市场流动。[③]

其四，"行政边缘区"发展往往被忽视。"边缘区"是相对于一个省的行政中心而言的。"行政边缘区"是指由两个以上的省级边缘地区构成的，在跨省交界地区出现的地理位置偏远、自然条件恶劣、经济基础薄弱、经济发展滞后的特殊地区。我国跨省交界地区都是每个省的边缘区，距离各省的经济政治中心距离过远，无论是政策还是资金都很难到达，

①　陈雄、李植斌：《城市化中我国行政体制改革与行政区划调整的性质及其原则》，《江西行政学院学报》2003第12期。

②　周中林、郭荣鑫：《武陵山片区经济发展实践及策略选择——基于西部大开发新时期战略机遇》，《特区经济》2011年第4期。

③　参见张娜《解析皖江城市带融入南京都市圈的经济区与行政区矛盾》，《城市》2008年第7期；《城市群与城市规模的极大拓展》，《领导决策信息》2003年第5期。王德忠《企业扩展——理论研究及其对中国行政区经济问题的应用分析》，华东师范大学出版社2002年版，第121页。

难以接受中心城市的辐射和带动，自给自足的生产方式难以根本改变，经济发展相对落后。再加上行政区划的人为分割，阻断了跨省交界地区的经济联系和社会联系，为其发展制造了许多障碍，地方经济分工与合作难以顺利进行，生产要素难以实现空间优化组合，经济发展滞后，人民生活难以改善，使跨省交界地区成为各自行政区经济发展圈以外的"真空地带"。

2. 行政区划壁垒对低碳经济扶持政策的激励措施联动机制建构的负面影响

跨省跨地区的交界地区，由于地域相连、经济相融、文化相近、人缘相亲，易于进行经济联动与整合，易于建构低碳经济扶持政策的激励措施联动机制，实现跨地区经济要素自由流动、资源共享、优势互补和分工协作，从而最大程度地谋求共同发展。而行政区划壁垒却严重影响着各地方经济联动与整合，影响低碳经济扶持政策的激励措施联动机制建构，具体如下。

其一，行政区划壁垒限制了自由竞争和自由流动。行政区划壁垒严重阻碍了行政区之间引入市场竞争机制，市场主体不能自由竞争，不能形成生产力的合理布局。行政区划壁垒也导致各行政区对本地区资源的保护，经济要素无法自由流动，从而使经济资源无法自由追逐经济利益，不能建立起统一的劳动力市场、资金市场和土地市场，区域竞争力将难以提高。①

其二，行政区划壁垒影响规模经济和规模效益。规模经济是指随着生产能力扩大而出现的、产品的单位成本下降和收益上升的经济发展现象，它反映生产规模和经济效果之间的关系。追求规模经济是企业获得高额利润的条件，也是实现全社会经济可持续发展的前提。而行政区划壁垒严重阻碍着企业规模经济的形成：一方面，行政区划壁垒限制生产要素在行政区之间的自由流动，无法有效地扩大企业规模，因此就不能进一步降低企业生产的平均成本，从而使规模经济难以形成。另一方面，行政区划壁垒，导致资本流动不畅，行政区内部资本大量流向规模效益

---

① 邓正琦：《渝鄂湘黔交界民族地区经济联动的体制障碍及破解》，《探索》2009 年第 6 期。

显著的部门行业，造成某些企业资产聚集程度过高，并且在地方利益的驱动下，行政区政府又倾向于积极发展收益大、见效快或国家给予重点扶持的行业。这必然导致企业规模无节制扩大，超过企业的最佳生产规模，增加企业的长期平均成本，经济收益下降，不但无法形成规模经济，反而出现规模不经济。①

其三，行政区划壁垒影响低碳经济中心城市的辐射半径。② 低碳经济中心城市通过辐射作用可以带动周边发展，行政区划壁垒隔断了其辐射半径。我国跨省交界地区一般处于各自行政区的经济边缘区，地理位置偏远，中心城市很少而且经济实力较弱，难以发挥经济辐射带动作用。再加上行政区划分割又使这些地区处于行政边缘区，他们既不能获得本行政区经济中心的带动，也无法享受相邻行政区经济中心的辐射力，以至于更加贫穷落后。③

其四，行政区划壁垒影响跨行政区的低碳经济基础设施布局和建设。基础设施是低碳经济发展最基本的物质条件，尤其是道路交通设施状况直接决定经济发展的状况。低碳经济基础设施布局和建设要求"跨"行政区，而行政区的行政管理则要求"独立"，"跨"和"独立"两者的矛盾使跨行政区大型低碳经济基础设施布局和协同建设难以实施。④

（二）地方利益的局限

1. 地方政府追求利益的原因

其一，地方政府也是"经济人"。⑤ "经济人"是指在市场经济活动中从利己主义本性出发，为追求自己最大经济利益具有理性的经济当事人。根据以布坎南为代表的公共选择学派的观点，政府机构与经济活动

① 参见张娜《解析皖江城市带融入南京都市圈的经济区与行政区矛盾》，《城市》2008 年第 7 期；邓正琦《渝鄂湘黔交界民族地区经济联动的体制障碍及破解》，《探索》2009 年第 6 期。
② 孙希有：《流量经济》，中国经济出版社 2003 年版，第 146—151 页。
③ 邓正琦：《武陵山民族地区城镇体系结构优化探讨》，《重庆师范大学学报》（哲学社会科学版）2009 年第 6 期。
④ 参见江振娜《东西部合作发展中存在的问题分析》，《福建行政学院福建经济管理干部学院学报》2005 年第 12 期；邓正琦《渝鄂湘黔交界民族地区经济联动机制探讨》，《重庆师范大学学报》（哲学社会科学版）2012 年第 10 期。
⑤ 吴鹏：《从地方政府角度对中国区域产业结构趋同的制度博弈分析》，硕士学位论文，同济大学，2007 年。

的私人企业一样，也是以追求经济利益最大化为"个人"目的的"经济人"，政府决策与私人企业决策在本质上是一致的，都是趋利避害、趋大利而避小利，无论该决策是否符合社会公众利益，都会制定和采用。政府行为动机和私人企业行为动机本质上也是一样的，不同的是在实现目标时私人企业受政府束缚多一点，而政府受到的束缚松弛得多。因此，地方政府在决策时也会存在不顾整体利益和长远利益，而追求地方利益和短期利益的情况。①

其二，地方政府有追求经济利益最大化的压力。地方政府在地方发展中处于主体地位，地方政府发展经济的压力是客观存在的，其主要表现在：一是财政的压力。在我国现行体制下，地方政府的财政收支直接与地方经济挂钩，只有扩大税源，才能获得稳定的财政收入，才能促进本地经济发展和提高当地干部群众收入水平。我国一些地区财政压力巨大，特别是那些跨省交界经济落后地区的财政压力更大。这些经济落后地区自然条件恶劣，生态环境脆弱，交通运输条件较差，以粗放型经济增长方式为主，经济基础薄弱，地方财源税源匮乏。地方政府对辖区外企业及其经营活动进行限制甚至采取歧视政策，限制区域分工与合作，保护本地企业，维持地方财源税源。二是政绩考核的压力。在现行体制下，各地区都是相对独立的经济单元，都有自己独立的经济利益，中央政府对地方政府的政绩考评，着重是考核经济增长速度和经济总量，以GDP论英雄。群众对地方政府的评价，主要是看地方经济是否发展，群众生活是否改善。地方政府官员为了取得较好的政绩，得到上级领导的赏识，赢得群众的口碑，获得提拔重用，千方百计追求任期内直接的、看得见的短期经济效益，尽力保护本地企业和个人的利益，这必然在一定程度上忽视整体的经济利益及其长期协调发展。而经济快速增长和保护地方眼前利益，必然导致短期行为、重复建设、产业结构趋同。三是国企改革和培养新企业的压力。我国国企改革还未完成，政企仍未完全分开，地方政府在不同程度上仍然具有支持本地国企发展的责任，而国企主观上也希望政府给予必要的保护。培养和支持新兴企业发展，可以增加地方财税，缓解就业压力，带动地方经济发展，但新兴企业市场竞

---

① 段进东、卢迪：《区域经济关系中的政府行为分析》，《中国行政管理》2004年第12期。

争力一般都比较弱，政府有保护和支持其发展的责任。为促使本地国企改革和新兴企业发展，地方政府必然采取和实施地方保护主义政策，阻碍区域分工与合作正常开展。①

其三，地方政府有促使地方利益最大化的能力。地方政府不仅有追求本地区经济利益最大化的压力，而且有实现经济利益最大化的能力，这种能力来源于我国行政权力和经济权力的模糊。改革开放后，我国由计划经济向市场经济转型，中央政府缩减了计划控制的范围，同时扩大市场调节的范围。地方政府作为地方经济利益的主体地位已经确立，地方政府管理经济的权力相应扩大，干预经济活动的能力也随之增强，其主要表现在：地方政府为了保证自身局部利益，为了保护本地区的市场和产品，往往以政府行为介入市场竞争，或采用技术型壁垒，或私设道路交通关卡，对跨行政区的企业或外地产品征收高额税款，使资源配置向有利于本地区发展的方向倾斜，人为地阻碍了资源和生产要素在区际之间自由流动。地方政府为了实现地方经济利益最大化目标，往往按照利润最大化的原则选择性投资，每当出现一种有增长潜力的行业时，各地区都争先优先发展这种行业，纷纷投资生产，重复建设、产业结构趋同不可避免。

2. 地方利益对低碳经济扶持政策激励措施联动机制建构的负面影响

其一，地方利益使地方政府趋向保守和地方保护。地方政府采用经济手段、行政手段等，对辖区内外企业和人员采取不同的标准，如地方政府明确规定，某些区外商品不得在本地区销售等，② 这些举措都会破坏市场竞争，阻碍商品和生产要素自由流动与整合，影响低碳经济统一大市场的形成，低碳经济扶持政策激励措施联动机制也就难以真正建立。③

---

① 参见邓正琦《渝鄂湘黔交界民族地区经济联动的体制障碍及破解》，《探索》2009 年第 6 期；邓正琦《渝鄂湘黔交界民族地区经济联动机制探讨》，《重庆师范大学学报》（哲学社会科学版）2012 年第 10 期。

② 李赋群：《对中国地方保护主义的思索》，《商场现代化》2006 年第 10 期。

③ 段进东、卢迪：《区域经济关系中的政府行为分析》，《中国行政管理》2004 年第 12 期；邓正琦：《渝鄂湘黔交界民族地区经济联动机制探讨》，《重庆师范大学学报》（哲学社会科学版）2012 年第 10 期；王育春、李定佳：《我国区域政府经济合作障碍探析》，《贵阳市委党校学报》2006 年第 12 期。

其二，地方利益驱使导致产业结构趋同。① 地方政府为了地方利益，往往选择短平快、回报高的产业进行选择性投资，导致各地形成"大而全""小而全"的产业结构，各地区的支柱产业结构相似，趋同化现象严重，而产业集中程度很低。例如，有些低碳经济试验区都去争相发展绿色经济、生态经济、新能源经济等。产业结构趋同造成重复建设现象严重，极大地浪费了资源优势，人为地造成地区间的市场分割，低碳经济扶持政策激励措施联动机制难以真正建立。②

其三，地方利益驱使影响区域整体利益和长远利益。科学发展观要求经济发展注重整体利益，局部要服从全局，要注重长远利益，不以眼前的经济增长为最终目的。而地方利益驱使，一方面会导致行政区内部经济自成体系、封闭发展，区内经济主体为追求局部利益和短期利益，必然忽视经济在结构上、地域上的协调发展和区域经济的可持续发展，从而影响区域整体利益的实现；另一方面会导致行政区彼此之间的利益分配出现矛盾，各行政区为追求自身利益最大化，彼此间经常互不退让，其结果是跨区域合作难以顺利进行，影响跨地区合作整体利益和长远利益的实现，最终阻碍低碳经济扶持政策的激励措施联动机制建构。③

（三）现行财税体制的约束

1. 我国现行财税体制的特点

其一，地方政府拥有分税权利但权利很有限。1994 年我国打破了统收统支、高度集中的财政体制，实行了分税制财政体制。④ 分税制下，国税局征收中央税和共享税，地税局征收地方税。地方政府的分税权利表现在其对地方税可以因地制宜、因时制宜地决定开征、停征、减税、免税，确定某些课税对象的征收范围。这样，地方政府不仅拥有一

① 宋一森、陈海华：《我国区域产业结构趋同问题研究》，《市场论坛》2005 年第 2 期。
② 邓正琦：《渝鄂湘黔交界民族地区经济联动机制探讨》，《重庆师范大学学报》（哲学社会科学版）2012 年第 10 期；邓正琦：《渝鄂湘黔交界民族地区经济联动的体制障碍及破解》，《探索》2009 年第 6 期；李荣国、陈君：《区域产业结构趋同及发展对策》，《财经问题研究》2000 年第 8 期。
③ 参见李仲广《中国市场地区化与统一市场进程的思考》，硕士学位论文，东北财经大学，2002 年。
④ 杨云和、张振旭：《构建合理规范的税收管理体制》，《经济论坛》1997 年第 2 期。

定的分税权利，有固定收入来源、收入项目和收入规模，而且拥有在收入范围内统筹安排支出的权利。地方政府虽然拥有了分税权利，但并没有获得足够的税收自治权。地方政府不能自行决定税基和规定税率，只能在国家给定的税率基础上结合实际情况进行一定的调整；地方政府不能灵活独立地决定该级地方政府的预算，地方各级政府对本级政府的税收收入大小没有发言权和决定权，只能根据给定的收入规模安排本地公共服务支出。可见，地方政府在现行分税制下所拥有的权利并不充分，分税制仅注重了税收收入的划分，而没有完全考虑地方政府税收自治权的建立。①

其二，地方税涉及面广但收入较少。在我国现行分税制下大税种一般都是划为中央所有，地方税税种小而多，税收涉及面广，不仅要对公司或企业法人征收，而且更多的是对个人征收，税收收入来源于千千万万个纳税人。地方政府虽然拥有广泛的税源，但这些零星的税源税基不厚，地方政府可以获得的财政收入远远小于中央的财政收入。

其三，转移支付体系不完善。1995 年，我国制定了《过渡期转移支付办法》，缓解了经济欠发达地区尤其是少数民族地区在分税制运行过程中的突出矛盾，促进了转移支付的均等化，增强了转移支付的规范化和透明度，但仍然还不够完善。一是我国转移支付大部分是无条件的，理论上看，这是可以在国家财力集中的前提下，缩小地区差异，实现均衡分配，但在实践中，转移支付不规范反而造成地区间财力差距加大。二是我国目前采用的过渡性转移支付是中央政府对省级地方政府的转移支付，对省级政府以下的各级地方政府没有直接的转移支付，而是由省级政府再向下级政府逐级分配。各级地方政府的事权和财权是不一致的，往往较低级的政府拥有的事权高于上级政府，而享有的财权很低，转移支付大量集中在上级政府，这往往造成基层政府尤其是县乡级政府财政入不敷出。

2. 现行财税体制对低碳经济扶持政策激励措施联动机制建构的负面影响

跨地区、跨部门低碳经济扶持政策激励措施联动机制建构的障碍，

---

① 樊勇：《财政分权度的衡量方法研究》，《当代财经》2006 年第 10 期。

表面看是由行政区划的分割造成的，实质上是引导市场经济行为的财税体制所造成的障碍，主要表现为以下四个方面。

其一，地方税权有限导致重复建设并影响生产要素流动。实行分税制后地方政府想方设法扩大财源税源，在辖区搞重复建设，出现"大而全""小而全"产业趋同局面，造成资源配置浪费，阻碍经济要素自由流动与整合。[①] 在税权高度集中情况下，地方政府收支矛盾的日益突出迫使地方政府通过行政事业性收费来弥补收入缺口，出现"费"比"税"多的怪现象，极大限制了投资的积极性。[②] 地方政府阻碍在本地建立跨行政区的大型低碳企业，或者阻碍本地企业的跨行政区并购，来保证地方政府的税收收入。分税制的特点决定了企业跨行政区投资，就意味着地方政府税源流失，税收收入减少。地方政府为了保证自己的税收收入，会阻止本地企业资产外流，这必然严重阻碍跨行政区的资产重组和结构调整，影响跨区域低碳经济联动与整合。

其二，地方税收规模小，影响跨行政区低碳经济基础设施建设。低碳经济基础设施是人们顺利进行低碳生产和低碳生活的基本条件。要实现低碳经济扶持政策激励措施联动，必须突破行政区界限，首先必须保证行政区之间的交通运输流畅。在现行体制下，这些基础设施和公共服务都是由地方政府财政提供的，或者由地方政府引进资金、合作投资等一系列政府行为来实现的。如果地方政府没有足够的财力做保障，必然导致跨地区低碳经济基础设施不完善，跨地区分工合作所需要的基础性条件将无法具备。地方政府虽然拥有了税收权利和独立税收收入，但是地方政府税收规模小，财权小而事权重，直接影响跨地区低碳经济基础设施建设，使低碳经济扶持政策激励措施联动难以进行。

其三，转移支付制度不完善，影响各地方各部门主体的利益分配。转移支付有三种模式：一是纵向转移，其主要形式是上级政府对下级政府的税收返还；二是横向转移，是同级政府之间的财政资金转

---

① 邓正琦：《渝鄂湘黔交界民族地区经济联动机制探讨》，《重庆师范大学学报》（哲学社会科学版）2012 年第 10 期。

② 邓正琦：《渝鄂湘黔交界民族地区经济联动的体制障碍及破解》，《探索》2009 年第 6 期。

移；三是纵向和横向转移的混合，即上级政府进行纵向转移支付的同时，又负责组织下级政府之间的横向转移支付。当前我国转移支付制度不够完善，集中表现在两个方面：一是地方政府辖区内企业越多、规模越大，地方政府上缴税收越多，转移支付返还数额越大，从而导致跨行政区合作主体间利益分配不均；二是只有纵向转移支付而缺少横向转移支付。纵向转移支付侧重于实现国家宏观调控的目标，横向转移支付主要解决省级行政区之间财力分配不均衡问题。而目前我国只有单一的纵向转移支付而缺少横向的转移支付，导致参与合作的各地方利益分配不公平，[①] 使跨地区低碳经济扶持政策激励措施联动与整合难以顺利进行。

其四，滥用税收优惠导致地方政府间的恶性竞争。税收优惠是国家在税收方面给予纳税人和征税对象的各种优惠待遇的总称，其主要手段是政府通过减除或减轻纳税人或征税对象的税收负担，来达到特定目标。如为了促进低碳经济发展，国家对低碳经济区给予一定的税收优惠，可以减轻这些地区低碳企业、低碳消费个人的税收负担，吸引更多投资，可以调节产业结构、产品结构和地区结构，促进这些地区低碳经济发展。现实中，地方政府为了促进本地区经济发展，滥用国家的税收优惠政策，在鼓励投资、招商引资过程中，越权减免或暗箱操作，私自加大优惠程度。这必然造成地方政府在吸引投资过程中的恶性竞争，其结果是各地方重复投资、产业结构趋同，低碳经济企业规模难以提高，地方经济利益受损，严重影响跨地区跨部门的低碳经济扶持政策激励措施联动与整合。

（四）现行金融体制的约束

1. 我国现行金融体制的特点

其一，国有商业银行组织带有很强的行政色彩。国有商业银行是我国银行系统的主要组成部分，以工商银行、农业银行、建设银行、中国银行为代表，其特点是以政府导向为主、国家全额投资、计划行政式管

---

① 邓正琦：《渝鄂湘黔交界民族地区经济联动的体制障碍及破解》，《探索》2009 年第6 期。

理、金融市场高度垄断。2002 年，国务院对国有银行进行改革，改革方向是按现代金融企业的模式进行股份制改造，但改革后银行管理仍带有浓厚的行政色彩。① 2003 年，国家加大对国有商业银行市场化改造力度，虽取得很好成效，但其行政性特点仍有所保留。国有商业银行有总行、跨省中心分行、省分行、地区中心分支行、县支行，均设立在各级行政区中心，由于行政区划的行政特性明显，也导致银行系统具有很强的行政色彩。

其二，国有商业银行只有纵向管理机制而无横向协调机制。在股份制改革后，国有商业银行形成了以银行公司治理为手段的经营方式和管理方式，实行统一法人授权的商业银行经营管理体制。但其法人授权管理只有纵向管理机制，即在国有商业银行总行一级法人统一管理下，在法定经营范围内对有关业务职能部门、分支机构及关键业务岗位授予具体业务权限，对各服务区域及客户规定最高信用控制额度，达到规范经营，增强防范和控制风险，提高集约经营水平和经济效益的目的。而省分行及其以下各级支行都不具有法人资格，只能在总行一级法人的管理下运行，各分行之间的关系仅仅局限于总行授权的各种资金来往和统一运作，而没有横向协调机制来满足分行及其以下机构间的业务往来和金融服务合作。②

其三，股份制商业银行和外资银行地域性较强且数量较少。股份制商业银行于 1986 年在我国诞生后，随着金融体制改革不断发展，现已经在我国金融体系中发挥着举足轻重的作用。1994 年后随着外资企业在中国的迅速成长以及中资企业国际业务的发展，外资银行快速发展。无论是股份制商业银行还是外资银行，都属于特殊企业，在市场经济条件下为了追求利润，降低金融风险，一般都会将分行设置在经济发达的地区。我国各大股份制商业银行和外资银行分别集中分布在我国东部沿海地区，而中西部地区则相对较少。与国有商业银行相比，我国股份制商业银行和外资银行数量较少（见下表），外资多以入股形式参与股份制银行。

① 黄克勇：《浅议国有商业银行改革》，《金融经济》2006 年第 1 期。
② 韩建东：《论工商银行法人授权管理与机构改革》，《城市金融论坛》1998 年第 10 期。

外资银行在华分行城市分布情况

序号	城市分布	数量	序号	城市分布	数量	序号	城市分布	数量	序号	城市分布	数量
1	上海	55	7	大连	8	13	武汉	2	19	西安	1
2	北京	25	8	青岛	5	14	成都	5	20	沈阳	2
3	深圳	22	9	珠海	4	15	苏州	3	21	杭州	2
4	广州	18	10	汕头	4	16	重庆	4			
5	天津	14	11	南京	3	17	海口	1	合计		192
6	厦门	9	12	福州	4	18	昆明	1			

资料来源：《中国金融年鉴 2006》，中国金融年鉴社 2006 年版。

2. 现行金融体制对低碳经济扶持政策激励措施联动机制建构的负面影响

其一，地方政府行政干预影响商业银行跨地区投资。在我国现行行政区划体制下，地方政府表面上不直接干预国有商业银行贷款，但行政区之间经济指标的攀比，促使地方政府时常进行行政干预。地方政府具有行政干预的条件，因税收、工商信息等掌握在政府手中，重大低碳经济基础设施项目有地方政府财政作保障，而国有商业银行由于历史原因长期以来大多受制地方政府的利益驱使。地方政府出于对本地企业的保护，会利用政府的行政影响力获得贷款，支持本地企业发展，而会极力阻止外来企业获得银行贷款，从而使国有商业银行跨行政区投资难以正常开展。

其二，银行垂直管理体制限制跨行政区信贷。国有商业银行实行垂直管理体制，当地吸收的资金只能在当地放贷，资金优化配置难以实现。银行实行的行政区域化监管不是以区域经济的联系程度为出发点，一定程度上又成为阻碍跨行政区信贷发展的障碍。[1]

其三，国有商业银行大、其他形式银行弱小，不利于银行业自由竞争的开展，也不利于金融资源跨区域自由流动和优化配置。[2] 国有商业银

---

[1] 邓正琦：《渝鄂湘黔交界民族地区经济联动的体制障碍及破解》，《探索》2009 年第 6 期；肖士恩：《德国商业银行治理结构及其借鉴意义》，《经济论坛》2004 年第 11 期。

[2] 邓正琦：《渝鄂湘黔交界民族地区经济联动的体制障碍及破解》，《探索》2009 年第 6 期。

行分支机构多且遍布全国、实力雄厚、金融资源占市场份额 70%—80%。股份制银行、外资银行普遍弱小，难以发挥其有效配置金融资产的优势，不利于金融资源、信贷资本跨区域自由流动和整合。

（五）传统僵化思维模式的桎梏

1. 传统僵化思维定势的特点

思维定势决定行为，眼界决定境界。低碳经济扶持政策激励措施联动与整合，除受行政区划、地方利益和财税金融体制的影响外，还受传统僵化思维定势的影响。思维定势是人的心理活动的一种准备状态，是人们在长期社会活动中客观形成的特殊思想倾向。由国情决定，我国传统思维定势具有以下特点。

其一，具有封闭性。存在决定思维，有什么样的社会存在就有什么样的思维方式，封闭型思维方式以小生产为存在基础。在小生产社会里，生产规模较小，生产力水平低，经济落后，人们活动范围很有限，从而导致思维方式的狭隘和封闭。封闭思维方式把人的思维限制在一点一面的狭窄的小圈子里，使人的思维与行为难以适应经济社会发展的需要。[①]封闭性思维方式与封建意识相结合，至今仍然是阻碍我国经济社会发展的严重障碍。

其二，具有强大的惯性。思维惯性即习惯性思维，指在看事情、看待人或处理问题，固守成规。[②] 一种思维惯性一旦形成，就会以其特有的惯性向前演进，便会习惯地支配人的思维过程、心理状态和实践行为，表现出很强的稳固性，甚至成为一种愚顽的"难治之症"。个人如此，群体更是如此，因为群体的思维惯性乃是个体思维惯性的无数倍放大。

其三，具有明显的差异性。思维定势由人们所处的社会制度、文化背景和所面临的社会现实决定。同一个国家、民族，由于所处社会制度、文化背景和所面临的社会现实相同，在观察世界、评判事物、解决问题时，容易形成共同或相近的思维定势。不同国家、民族，由于所处国度

---

① 章岳云：《论改革思想政治工作的思维方式》，《探求》1988 年第 6 期。

② 明静：《惯性思维的反用》，《思维与智慧》2003 年第 12 期；李润华：《论联想思维在职务犯罪侦查中的运用》，《中国检察官》2011 年第 9 期；陶一桃：《经济文化论》，冶金工业出版社 2001 年版，第 126 页。

不同，其思维定势不同。一个国家内的不同地区，由于经济文化习俗传统等不同，也会形成不同的思维定势。

其四，具有双重性。传统思维定势既有积极作用，又有消极作用。其积极作用在于：在处理一般情况、惯例性事务时，能够将新旧问题的特征进行比较，抓住其共同特征，利用处理过类似旧问题的知识和经验迅速解决问题，驾轻就熟，得心应手。其消极作用在于：当面临新情况、新问题需要开拓创新时，建立在以往经验和基础知识基础之上的思维定势，往往会束缚人的思维，使思想按照固有的路径展开，成为束缚创造性思维的枷锁。

2. 传统僵化思维定势对低碳经济扶持政策激励措施联动机制建构的负面影响

传统僵化思维定势是在长期社会实践活动中客观形成的，一旦形成便会对经济社会生活产生较大影响。在各地区各部门低碳经济扶持政策激励措施联动机制建构中，传统僵化思维定势的负面影响集中表现在三个方面：

其一，"自我封闭、排除异己"的传统思维导致地方保护盛行。我国经历了漫长的两千多年封建社会，封建社会流传下来的"自我封闭、排斥异己"的传统思维定势仍然在跨省跨地区跨部门低碳经济扶持政策激励措施联动与整合中存在。"鸡犬之声相闻，老死不相往来""肥水不流外人田"是其真实写照。各地方、各部门受这种思维定势的影响，往往对本地区、本部门低碳经济企业采取各种地方保护措施，各低碳企业在地方和部门的保护下不愿意参与跨行政区跨部门的分工与合作。而是各自为政、单打独斗、封闭发展。其结果是各地区各部门不仅不能发挥各自的比较优势，实现物质资源的优势互补、人力资源的共同享用，还会出现恶性竞争，低碳企业难以做大做强，规模经济难以形成，生态环境遭到严重破坏。

其二，"目光短浅、只顾眼前"的传统思维导致短期行为。"一叶障目、不见泰山""鼠目寸光""目光短浅、只顾眼前"是传统思维的真实写照。各地方各部门只考虑本地区本部门局部利益，从本地资本、技术和人才等资源要素的特点出发去布局产业结构和产品结构，而忽视整体利益和资源要素优化配置。"不谋全局难以谋一域"，这种只顾本地区本部门局部利益而忽视整体利益的行为，从短期来看，各地方各部门可能会获得一定的经济效益，但从长期来看，各经济主体都追求自身利益最大化，必然造成恶性竞争，必然导致物资资源浪费、人力资源闲置和生态环境破坏，可持续性发展难以进行，各地方各部门的局部利益也难以实现。

其三，"盲从、随大流"的传统僵化思维导致各地低碳经济产业结构趋同。各地方低碳经济产业结构趋同是我国低碳经济发展中出现的一种非良性的分工态势，不仅会损害区域分工效益和规模经济效益，还会激化区域间结构性矛盾，促使生产集中度下降和产品竞争能力下降。其形成原因很多，"盲从、随大流"的传统僵化思维是重要原因之一。在低碳经济扶持政策激励措施联动机制建构中，由于受这种传统僵化思维影响，各地各部门面对众多的低碳经济投资创业信息，不懂得如何正确筛选，不能正确认识本地区的优势和劣势，不明确自己在大区域的地位和作用，不了解低碳行业和市场变迁，往往把邻近地区的做法作为自己的行动指南，盲目"跟风""一哄而上"，必然导致各地区低碳经济产业结构雷同，低水平重复建设严重。这不仅影响低碳经济产业发展壮大和低碳经济竞争力提升，还会带来资源浪费和环境污染。如渝东南地区的青蒿素热、江西的太阳能光伏发电产品热等，造成的恶性竞争和环境污染的教训值得深思。

二　低碳经济扶持政策激励措施联动 机制的建构探索

不少国家地区和国内一些地区在推进低碳经济扶持政策激励措施联动机制建构过程中形成不同模式，其中有许多成功经验，也有不少教训，值得我们认真借鉴和总结。

（一）欧盟模式的经验

欧盟（EU）是低碳经济扶持政策激励措施联动机制建构的典范。欧盟前身是 1958 年 1 月 1 日建立的"欧洲经济共同体"，1993 年 11 月 1 日更名为"欧洲经济联盟"简称欧盟，2007 年其成员国达到 27 个，人口超过 4.8 亿人，总面积 432.2 万平方公里，是一体化程度最高的区域合作组织。[①] 欧盟形成的客观基础是欧洲各国相连，经济发展水平、经济体制、文化传统、宗教信仰和意识形态相近。[②] 欧盟在扶持低碳经济发展方面有许多成功经验，特别是其一体化模式对我国建构低碳经济扶持政策激励措施联动机制有重要启示和借鉴作用。

1. 具备完善的法制基础

欧盟是一个准国家实体，其正常运行的最主要经验是签订或颁布各种条约或法律。从 1951 年签订《欧洲煤钢共同体条约》开始，欧洲共同体便开始了漫长的法制化建设。经过半个多世纪的努力，欧共体或欧盟分别于 1957 年签订《欧洲经济共同体条约》、1992 年签订《尼斯条约》。这些条约构成了欧盟经济秩序的法制基础，为欧盟各成员国的区域经济联动与整合指明了方向。[③]

2. 制定明确的地区经济协调政策

欧盟的区域经济协调发展政策主要包括货币一体化政策和财政支付转移政策。货币一体化政策是：对内稳定各成员国之间的汇率，消除汇率对商品和生产要素尤其是资本市场一体化的障碍；对外增强欧盟平衡国际货币市场动荡和抗衡美元冲击能力。[④] 欧盟没有专门财政部门，财政支付转移主要是通过建立各种基金对某一领域进行专门资金支持。如欧洲低碳经济发展基金，用于资助低碳经济基础设施建设、生产性投资以创造就业，促进地区发展和中小低碳企业发展；欧洲低碳农业基金，主要是扶持落后地区，农民和农村发展低碳节能节水农业；欧洲低碳交通基金，支持 GDP 低于欧美平均水平 90% 的成员国的低碳交通项目。[⑤]

---

① 王玉山：《试论欧洲联盟及其法律体系特征——与东南亚国家联盟比较》，《南宁师范高等专科学校学报》2007 年第 9 期。

② 刘建生：《欧盟新世纪发展趋势——兼论欧盟尼斯首脑会议及其影响》，《国际问题研究》2001 年第 9 期。

③ 李宗植：《欧盟区域政策的启示》，《西北师大学报》（社会科学版）2002 年第 7 期。

④ 魏芳：《欧盟财政与货币政策协调与改革的必要性研究——基于蒙代尔—弗莱明模型的分析》，《福建行政学院福建经济管理干部学院学报》2007 年第 8 期。

⑤ 李玉霞、张煜：《欧盟结构基金运作机制及其对中国区域发展基金构想的启示》，《特区经济》2006 年第 10 期；李宗植：《欧盟区域政策的启示》，《西北师大学报》（社会科学版）2002 年第 7 期。

3. 建立专门的政策协调机构

欧盟在组织机构上建构了跨区域的职责明确的经济政治司法等政策协调机构。[1]

欧盟理事会是欧盟的立法和决策机构，由各国部长组成，依法享有制定关系经济、政治等相关领域法律的权力，承担协调各国在经济和社会等领域的共同政策及公共事务的义务。欧盟委员会是欧盟的执行机构，由 23 个总署组成，分管不同领域的事务。欧洲议会作为准立法机构，拥有立法上的协商权，在某些具体事务方面拥有最终否决权；具有预算的参与批准权和对欧盟委员会等机构的监督权、弹劾权等。欧洲法院作为积极推进欧洲一体化和欧盟法律发展的一个重要机构，拥有对欧盟法的司法解释权。[2]

（二）东盟模式的经验

东盟即东南亚国家联盟，是发展中国家区域经济联动与整合的典范。1967 年成立时有 5 个成员国，1999 年东南亚各国均已成为东盟正式成员，2006 年总人口 5 亿人，总面积 450 万平方公里，国民生产总值达 3.8 万亿美元。东盟形成的客观基础是山水相连、互为邻邦，经济发展水平基本相近，在国际上的经济、政治影响力都较小。东盟形成的主观基础是为了协调各国之间的矛盾和分歧，同时对内逐步提高经济一体化程度和提高贸易、投资自由化和便利化程度，对外增强经济实力以抗衡外部威胁的能力和东盟整体经济竞争力。东盟在扶持低碳经济发展方面有许多成功经验，特别是其一体化模式对我国建构低碳经济扶持政策激励措施联动机制有重要启示和借鉴作用。

1. 具备务实的制度基础

东盟奉行的是"平等参与、共同协商"的原则，没有向最高机构"让渡主权"，所以东盟地区协调发展的制度是求同存异的协商制，即定期举行东盟首脑会议，商讨地区发展大计，通过签订没有法律约束力的条约，建立地区合作机制，把东盟各国纳入地区合作框架之中，进而实

[1] 田金城、陈喜生：《欧盟区域政策及其协调机制》，《求是》2006 年第 8 期。
[2] 李宗植：《欧盟区域政策的启示》，《西北师大学报》（社会科学版）2002 年第 7 期。

现国家关系的改善与地区的稳定发展。

1967 年 2 月签署的《东南亚友好合作条约》和东盟协调一致《巴厘宣言》，采取切实可行的经济发展战略，推动了东盟各国政治、经济和军事领域的合作，促进了经济迅速增长，逐步使东盟成为有一定影响的地区性国际组织。1967 年 8 月东盟签署的《曼谷宣言》是推进东南亚地区经济、政治、安全一体化合作的基础。2003 年 10 月签署的《东盟协调一致第二宣言》宣称东盟将于 2020 年建成东盟共同体。2007 年《东盟宪章》明确了东盟今后的发展方向，还制定了实现东盟战略目标的重要举措[1]，在东盟一体化进程中具有里程碑意义。

2. 制定明确的地区经济政策

东盟采取地区经济政策的目的就是建立东盟自由贸易区。推进东盟自由贸易区主要采取四大激励措施。

一是推进服务业自由化进程采取的政策，包括消除东盟内部存在的服务业贸易障碍，如限制外资股权比例；规定东盟非 WTO 会员国与 WTO 成员国一样享有在 WTO 服务业贸易总协议（GATS）规范下相同的待遇。[2]

二是实施东盟工业合作计划（AICO）采取的政策，包括享受优惠关税，参与 AICO 计划的国家所制造出的产品视为国内产品。这有利于加强东盟地区内的贸易自由化，提高区内工业生产力，提升市场占有率，增进东盟制造工业的竞争力。

三是实施共同有效普惠关税采取的措施，包括约定各会员国选定共同产品类别，确定减税的程序及时间表，逐步将关税全面降低 0%—5%，以达成设立自由贸易区的目标。[3]

3. 建立系统的组织机构

东盟的组织机构比较庞大，主要有首脑会议、外长会议、常务委员

---

① 马金案：《东南亚大事记》，《东南亚纵横》2007 年第 12 期；黄俊英：《新闻扫描》，《观察与思考》2007 年第 12 期。

② 鲁学武：《中国—东盟自由贸易区建立与发展的价值观评析》，《全国商情》（经济理论研究）2009 年第 11 期。

③ 何霄：《东盟自由贸易区的合理扩展和延伸——对"中国—东盟自由贸易区"的建构分析》，《国际观察》2003 年第 12 期；吴航：《经济全球化中的东亚经济一体化研究》，博士学位论文，西北大学，2004 年。

会、经济部长会议、其他部长会议、秘书处、专门委员会以及民间和半官方机构。[①]

4. 建立灵活的运行机制

东盟各国经济发展水平和社会制度不同，文化宗教和意识形态也各异，在东盟一体化进程中，充分尊重成员国的主权、利益和习惯，因此运行机制比较灵活，主要表现在决策原则和运行方式两个方面。他们奉行的是"全体一致"决策原则，[②] 平等、无核心、高效率的运作模式。[③]

(三) 长三角联动模式的经验与教训

长三角指以上海为核心，以苏、宁、杭为次级中心城市，包括江浙15 个地级以上城市在内的呈圆锥形分布的一个区域。长三角经济区形成的客观基础是各地地域相连、文化相近，自然条件优越，区位优势明显、经济基础良好，科技和文化教育事业发达。长三角经济区形成的主观条件是为了协调区域内各城市之间的经济发展，优化整合地区资源，应对经济全球化所带来的挑战，提高该地区的开放度，增强商品和服务的国际竞争力。[④] 长三角经济一体化模式对低碳经济扶持政策激励措施联动机制的建构，既有经验，也有教训。

1. 长三角合作模式的经验

其一，建立"跨省市"的权威联动机构。经济一体化要想取得实质性进展，必须建立一个权威机构，并赋予其一定的行政权限。只有这样，各地区才能在其统一指挥下，逐步统一、协调各项政策。长三角经济区1992 年 15 城市成立的协作办（委）主任联席会和 1997 年成立的长三角城市经济协调会，就属于这种权威性机构，为跨省经济联动与整合提供

① 参见杨刚勇《试论东盟一体化的"有机道路"》，《特区实践与理论》2010 年第 1 期；程信和、呼书秀《东盟自由贸易区的发展模式及其启示》，《南方经济》2004 年第 7 期。

② 程信和、呼书秀：《东盟自由贸易区的发展模式及其启示》，《南方经济》2004 年第 7 期。

③ 参见呼书秀《东盟自贸区模式对构建中国—东盟自贸区的启示》，《国际商报》2005 年第 4 期；程信和、呼书秀《东盟自由贸易区的发展模式及其启示》，《南方经济》2004 年第 7 期。

④ 参见徐子青《区域经济联动发展研究》，博士学位论文，福建师范大学，2010 年。

了可资借鉴的经验。[①] 协作办（委）主任联席会是各成员市的联络、办事部门，具体负责协调各成员市的相互关系；经济协调会每年举行一次正式会议。[②] 在协作办（委）主任联席会和经济协调会基础上，2002 年，长三角区域发展国际研讨会又形成了长三角城市市长论坛制度。2003 年以来，长三角诸城市之间的融合交流力度加大，招商推介会、信息发布会、人才交流会等不断推出，大大促进了长三角经济区的联动与整合。

其二，构建区域经济政策协调机制。建构低碳经济扶持政策激励措施联动机制主要目的是营造统一的市场环境，制定保证市场公正公平的、统一协调的、有效的竞争规则，并提供如交通、通信、医疗、教育等基础性、服务性的配套平台，而这些都需要以建立灵活的政策协调机制作为保证。这些机制包括：实行统一的地方税税种与税率，实行对低碳经济高新技术产业统一标准的财政补贴政策，实行统一的引资政策。长三角地区为了消除在引进外资上形成的不正当竞争，积极采取有效措施，防止扭曲市场价格信号、破坏公平竞争市场环境、恶化市场经济秩序的情况发生。[③]

2. 长三角合作模式的教训

其一，产业结构趋同严重。长三角各城市自然条件较为相似，矿产资源和原材料都相对缺乏，并且长期受条块分割影响和地方保护主义的驱使，生产布局重复，产业结构同化现象较为突出。各地方不能发挥比较优势，投资生产分散，降低了地区整体经济效益和市场竞争能力。[④]

其二，长三角生产要素的自由流动仍存在限制。由于受行政区划和其他原因的影响，长三角各地、各部门之间的生产要素的自由流动依然存在很大的限制。[⑤]

---

① 参见贾斌韬《武陵山经济协作区统筹发展研究》，硕士学位论文，中央民族大学，2012 年。

② 陶希东：《转型期跨省都市圈政府间关系重建策略研究——组织体制与政策保障》，《城市规划》2007 年第 9 期。

③ 陈建军：《长三角区域经济合作模式的选择》，《南通大学学报》（社会科学版）2005 年第 6 期。

④ 程家安：《长江三角洲"超区域创新体系"的发展模式研究》，《杭州科技》2003 年第 12 期。

⑤ 宋巨盛：《长江三角洲区域经济一体化研究》，《当代财经》2003 年第 2 期。

其三，过分强调政府调控作用而缺乏市场协调分工。长三角在推动地区经济一体化过程中过分强调政府的调控，由政府出面通过区域规划和成立管理机构来达到资源优势互补、错位发展，导致长三角地区合作实际上成为政府合作，市场机制的作用没有显现出来。同时由于受客观存在的行政区划产生的排他性影响，长三角各地在很大程度上忽视了地区内城市之间的分工和协调发展。

（四）淮海经济区模式的经验与教训

淮海经济区北接环渤海、南接长三角，由苏、鲁、豫、皖四省接壤地区的 20 个地市组成，以徐州为中心城市，占全国总面积的 1.86%，人口 1.22 亿人。[①] 淮海经济区形成的客观基础是区域内各地市地域相连、文化相通、经济基础相近，资源丰富，区位优势独特。淮海经济区形成的主观基础是区域内各地市都有拓展经济发展的愿望，都希望通过分工与合作，实现优势互补和协调发展，提高整个经济区的整体实力和国际竞争力。[②] 淮海经济区模式对建构低碳经济扶持政策激励措施联动机制，既有经验，也有教训。

1. 淮海经济区模式的经验

淮海经济区模式的主要经验是建立了跨地方经济协调发展常设机构。在 20 多年的发展历程中，"淮海经济区市长（专员）联席会议"为区域经济协调发展和联动整合起了至关重要的作用。[③]

2. 淮海经济区模式的教训

淮海经济区由四省 20 个地市政府联合推动，行政主导，没有市场依存和市场动力。淮海经济区模式对低碳经济扶持政策激励措施联动机制建构有四点值得总结的教训。

其一，国家宏观政策支持力度不到位。跨地方的地区经济发展与国家的区域政策密切相关。改革开放以来，我国经济是按照沿海、沿江来推动地区经济梯度发展的。淮海经济区的 20 个地市隶属苏鲁豫

---

① 张道刚：《尴尬的淮海》，《决策》2006 年第 3 期。
② 贾斌韬：《武陵山经济协作区统筹发展研究》，硕士学位论文，中央民族大学，2012 年。
③ 张道刚：《尴尬的淮海》，《决策》2006 年第 3 期。

皖四省交界地区，跨省跨地区。要打破这些行政壁垒，必须有国家政策的扶持。因此，建立淮海经济区必须有国家宏观政策的大力扶持和相关省级政府的积极支持和援助。如果做不到这一点，淮海经济区将难以协同发展。[①]

其二，区内合作层次较低。淮海经济区虽已成立 20 多年，但由于该地区既没有享受到国家宏观战略的惠顾，又是跨省交界的政策边缘区，双重"冷落"的"叠加"使其内部的合作仍然停留在初级层次上，区内各地市之间在很大程度上还存在着各自为政、互不相让、缺少分工协作问题。由于区内各地市都注重自身利益，而忽视相互间的协调发展和提升地区整体竞争力，至今也没有制定出统一的地区经济发展总体规划，也没有明确各成员地市未来发展的共同目标，从而导致地区内没有形成良好的分工合作体系，以此来消除地方保护主义、重复建设和产业趋同问题。[②]

其三，中心城市的辐射带动作用缺失。作为横跨四省 20 个地市的经济区，应该有综合经济实力和凝聚力强的中心城市发挥辐射带动作用，而淮海经济区由于缺少龙头城市，使其变得较为松散。从地区地位和综合实力看，徐州应该是该地区的中心城市，但是徐州至今未在淮海经济区内发挥龙头城市的作用。[③]

其四，观念滞后，对淮海经济区的认同感不强。淮海经济区深受孔孟文化影响，具有明显的耕读传统：品行耿直、为人朴实、小富即安，开拓创新和艰苦创业的意识不强。这种相对滞后的思想观念在激烈的市场竞争中，势必处于劣势地位，以致与经济发达地区的差距越拉越大。另外，淮海经济区在历史上很早就通过行政分割方式分离成隶属不同省份的经济社会区域，各地人民几乎对"淮海"没有任何认同感，从不认为自己是"淮海人"，经常因为不同地区的经济利益而产生矛盾，久而久之，人们之间产生很深的芥蒂，这不利于形成统一的地区协作发展观。

---

① 张道刚：《尴尬的淮海》，《决策》2006 年第 3 期。
② 徐敏：《淮海经济区低谷隆起的三大因素分析》，《前沿》2007 年第 7 期。
③ 张道刚：《尴尬的淮海》，《决策》2006 年第 3 期；王运宝：《淮海板块经济演义》，《大陆桥》2006 年第 6 期。

三 低碳经济扶持政策激励措施联动机制的建构原则

低碳经济扶持政策激励措施联动机制的建构原则，是指建构低碳经济扶持政策激励措施联动机制的指导思想和基本准则。低碳经济扶持政策激励措施联动机制的建构，涉及问题较多，成因很复杂，因此必须在坚持一定原则基础上，积极借鉴国内外的成功经验，汲取其失败教训，采取强有力的措施推动各地区各部门低碳经济扶持政策联动与整合。

（一）政府调控原则

以政府引领和助推低碳经济是我国发展低碳经济的战略选择。政府调控原则指在低碳经济扶持政策激励措施联动机制的建构中，政府发挥宏观调控作用，引导产业分工合作的发展方向，给低碳经济联动与整合提供指导，促进低碳经济健康持续发展。各低碳企业作为追求利益最大化的经济主体，面对市场信息的不对称和市场分割，会出现生产决策缺乏理性、企业间恶性竞争的现象，这必然造成地方发展不协调和内耗严重，低碳经济产业结构严重雷同，重复建设不断加剧。如果完全依靠市场机制作用来推动低碳经济联动与整合，很可能有一个较长时间的摸索过程并付出极大成本。因此，政府必须在低碳经济扶持政策激励措施联动机制的建构中发挥宏观调控作用，给低碳经济联动与整合提供指导，从而促进低碳经济健康持续发展。

（二）市场主导原则

市场主导原则指在低碳经济扶持政策激励措施联动机制的建构中要充分发挥市场机制对资源配置的基础性调节作用，企业依法自主决策投资经营。市场作为基础性调节机制，能够通过提供低碳经济商品和劳务的供需信息，引导地区之间的低碳产业分工合作。企业作为低碳经济主体，可以从市场提供的供需信息中获得从事投资经营所需的商品和劳务。市场价格机制能通过引导要素流动的方向和规模，改善地区低碳经济分工合作的要素供给条件，增强地方分工合作的持续性。而市场竞争机制则通过实现同类低碳经济企业的优胜劣汰，淘汰落后产能和技术，促进低碳经济行业规模做大做强。

（三）互利共赢原则

互利共赢原则指参与低碳经济扶持政策激励措施联动机制建构的各方相互承认和尊重对方利益，通过互利合作，促进共同发展。跨地区、跨部门进行低碳经济扶持政策联动与整合，必然比各地区、各部门单打独斗获得更多的经济收益。为调动参与各方的积极性，必须重视各方的利益，而只有坚持互利共赢原则，才能协调好各方的利益分配关系。如果只是一些地区、部门从中获利，而另一些主体的利益受到损害，低碳经济扶持政策激励措施联动机制就会因为利益的纷争而解体。互利共赢原则是低碳经济扶持政策激励措施联动机制建构的基本原则。坚持这一原则，可以改善合作环境、深化合作内容、落实联动措施、提高联动效益和水平，全面提升低碳经济产业的整体竞争力和影响力。

（四）优势互补原则

优势互补原则指充分发挥低碳经济扶持政策激励措施联动机制建构各方的主动性、积极性和创造性，加强低碳经济资源的优势互补和集成。各地方各部门地理、资源、人文环境不尽相同，经济发展水平也有差距，要促进低碳经济扶持政策激励措施联动机制的建构，必须从各地各部门资源禀赋和经济发展特点出发，充分发挥比较优势，加强各行政区政府之间的合作，改善交通、运输等基础设施环境，实现低碳经济资源、低碳产业建设、低碳科技研发、低碳人才培养交流等方面的优势集成与互补。

优势互补原则是低碳经济扶持政策激励措施联动机制建构的重要原则。坚持这一原则，可以打破行政区划的壁垒，发挥各地各部门的比较优势，促进生产要素在区域间自由流动，引导低碳产业转移，使低碳经济产业雷同状况得到改善，实现资源最优配置和经济效益的最大化。

（五）自愿参与原则

自愿参与原则指参与建构低碳经济扶持政策激励措施联动机制的各

方根据本地本部门资源特点和低碳产业发展的需要，按照自身意愿开展合作。各地方各部门既有自己独立的经济和行政权力，也有各自独立的经济利益，他们参加低碳经济扶持政策激励措施联动机制建构的目的是为了更好地维护和追求各自的利益。因此，各参与方无论大小、资源赋予状况好坏、经济实力强弱，都必须是自主、自愿参与低碳经济联动与整合，并在联动机制框架中享有平等的发展地位和具有平等的获取经济利益的权力。

自愿参与原则是低碳经济扶持政策激励措施联动机制建构的最基本原则。坚持这一原则，可以调动参与各方的主动性、积极性，加强沟通交流，打破地区封锁，构建统一开放的低碳经济市场体系，提高低碳经济整体竞争力，促进共同发展。

四　低碳经济扶持政策激励措施联动机制的建构对策

遵循低碳经济扶持政策激励措施联动机制建构的基本原则，借鉴国内外低碳经济联动与整合的成功经验，汲取其失败教训，从各地方各部门实际情况出发，构建机构健全、机制灵活、政策明确、调控有力、观念到位的低碳经济扶持政策激励措施联动机制。为此，特建议采取以下具体建构对策。

（一）设置宏观、中观和微观相结合的综合性权威机构

国内外经验表明，建构低碳经济扶持政策的激励措施联动机制，需要有代表各地区或各部门经济利益的综合性权威机构，以实现多方面、多层次、深度性的战略合作。[①] 根据我国国情和各地方各部门实际，我们建议：从宏观、中观和微观三个层面上，设置中央政府宏观决策、省（市）级地方政府中观管理、条块结合地区各县市区政府微观操作相结合的综合性权威机构，解决低碳经济扶持政策激励措施联动机制建构中尤

---

① 张泰城、厉敏萍：《论我国区域经济合作中政府间关系的协调》，《现代经济探讨》2008年第4期。

为突出的多头管理、效率低下问题。

1. 设置宏观、中观和微观三级政府调控机构的必要性

完善的市场运作方式在当下我国经济体制转轨时期还未形成，地方政府不仅干预企业经营活动，而且成为低碳经济扶持政策激励措施联动机制的重要主体。任期限制和政绩要求促使各级地方政府成为以追求自身利益为目标的"经济人"，在低碳经济扶持政策激励措施联动机制建构中，考量地方利益而采取不合作，其结果是恶性竞争、两败俱伤，损害低碳经济行业整体利益。

因此，建议在我国中央与地方政府之间、经济分权与行政集权的特殊体制下，从宏观、中观和微观三个层面上，设置中央政府宏观决策、省（市）级政府中观管理、条块结合地区各县市区政府微观操作相结合的综合性权威机构，解决各地各部门低碳经济扶持政策激励措施联动中出现的多头管理、效率低下问题，进而推动该地区多方面、多层次、深度性的低碳经济联动与整合。

2. 中央政府宏观决策

我国幅员辽阔，各地区、各部门所涉及的问题复杂多变，应由中央政府出面，通过构建综合性权威机构，形成高效运作的组织机制，分步骤、有重点地推进低碳经济扶持政策激励措施联动机制的建构。[①]

建议在中央政府设立跨部委跨省区的中央低碳经济协调发展委员会，成员以国家发改委、工信部、商务部、环保部、国家能源局等少数几个部委为核心，再加上省级政府。中央低碳经济协调发展委员会将分散于国务院各部委、直属机构、办事机构、省级政府的低碳经济规划、管理、研究和协调等功能集中行使，重点解决部门林立、条块分割、矛盾集中以及低碳经济规划、管理、研究和协调等低碳经济扶持政策激励措施联动机制建构顶层设计问题。

中央低碳经济协调发展委员会作为中央政府低碳经济综合性权威机构，负责拟定跨省区跨部门低碳经济发展规划，具体执行经立法程序通

---

① 邓正琦：《渝鄂湘黔交界民族地区经济联动的体制障碍及破解》，《探索》2009年第6期。

过的跨区域跨部门政策与规划；统一管理专门的低碳经济发展基金，约束各部门各地方的资金和资源的使用方向；组织实施跨行政区跨部委的重大低碳经济项目和重大低碳经济基础设施建设，研究解决重大的低碳经济条块矛盾和协同发展问题等。

3. 省（市）级地方政府中观管理

借鉴长三角成立权威性城市经济协调会的成功经验，总结淮海经济区地区合作层次较低的失败教训，建议成立由跨省区省市常务副省（市）长任组长、相关省市职能部门正职为成员的"跨省市"的省际低碳经济协调发展委员会，实施中观管理，负责跨省区低碳经济发展整体联动规划，其构成见下图。①

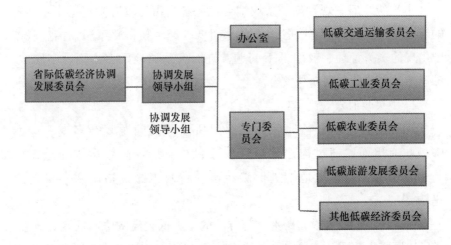

省际低碳经济协调发展领导小组以各省市签订的合作协议为依据，通过合作决策层的互动沟通，为该地区低碳经济扶持政策激励措施联动提供强有力的组织保障。其主要职责是：确定跨省区低碳经济协调发展战略，协调解决省际重大问题，构建省际间区际间低碳产业分工与协调合作相结合的发展模式，接受中央政府领导，营造良好的低碳经济发展环境，从根本上消除由行政区划分割而形成的地方保护主义，实现互联

① 邓正琦：《渝鄂湘黔交界民族地区经济联动的体制障碍及破解》，《探索》2009 年第 6 期。

互通，形成新的低碳经济增长极。

低碳经济协调发展办公室作为省际低碳经济协调发展委员会的办事机构，以省际低碳经济协调发展领导小组制定的《跨省跨部门低碳经济协同发展工作条例》为依据，主要负责省际低碳经济协调发展委员会的日常工作、具体工作、咨询工作等。[1]

各低碳经济专门委员会由跨省市的发改委、经贸委、农委、交委、企管局、旅游局、环保局等重要职能部门指派代表构成。其主要职责是：协商低碳经济产业发展规划，制定省际贸易政策，解决低碳经济产业分工合作中出现的专门问题；共建低碳交通运输、水资源开发利用、商品流通、金融服务、生态环境保护、边贸合作等低碳经济开发联动与整合体系；代表省际低碳经济协调发展委员会，协调省际具体问题和中央部委驻地方央企的具体矛盾，实现优势互补和共同发展。

4. 条块结合地区各县市区政府微观操作

条块结合地区各县市区政府主要形成并具体实施低碳经济扶持政策激励措施联动方案，[2] 落实省际低碳经济发展整体联动规划。

条块结合地区县市区政府应加强联系，对低碳经济发展中遇到的问题共同探讨、交流沟通，寻找联动解决的最佳途径。如加强条块结合地区低碳经济基础设施建设合作，共同解决基础设施建设瓶颈问题；加强条块结合地区旅游资源整合开发，共同打造低碳旅游品牌；加强条块结合地区生态环境保护合作，整合各区县市环保力量，形成环保的综合治理合力；加强条块结合地区社会治安合作，优化毗邻地区的社会治安环境等。[3]

应建立跨县市区行政区的低碳经济行业协会、低碳企业联谊会、低碳经济民间协调组织，如跨县市区低碳经济技术协作会、低碳旅游开发协作会、低碳经济统计协会等。根据优势互补原则，通过平等协商、利

---

① 冷志明：《湘鄂渝黔边区域经济协同发展的政策研究》，《重庆工商大学学报·西部论坛》2005 年第 10 期。

② 邓正琦：《渝鄂湘黔交界民族地区经济联动的体制障碍及破解》，《探索》2009 年第 6 期。

③ 冷志明：《湘鄂渝黔边区域经济协同发展的政策研究》，《重庆工商大学学报·西部论坛》2005 年第 10 期；邓正琦：《渝鄂湘黔交界民族地区经济联动的体制障碍及破解》，《探索》2009 年第 6 期。

益均沾，促进条块结合地区低碳经济联动与整合。

（二）建立跨行政区的地方政府间低碳经济专门联动机制

在推进低碳经济扶持政策激励措施联动机制建构的进程中，各地区低碳经济主体的联动和产业分工，交通、通信、能源等经济客体的整合，对跨行政区空间开发和综合规划提出更高的要求，要求建立跨行政区的地方政府间低碳经济专门联动机制，作为前文宏观中观微观结合的综合性权威管理机构的补充。从各地区各部门实际出发，地方政府间低碳经济专门联动机制应包括以下几个方面。

1. 科学规范的政府协调机构

跨行政区的地区要突破各自省市县原来的行政层次，使不同等级的城市、不同级别的行政主体以及不同功能的地区都融合为一个低碳经济复合体。在各省市县达成共识的基础上建立科学规范的跨行政区低碳经济联合行业协会、主管县市长联席会议等协调机构，实现相关部门的干部互派、相关部门的联合检查监督，充分发挥政府协调机构在低碳经济激励联动与整合中的引导、协调、干预、监督、仲裁、惩戒作用，促进公平而高效的地区竞争秩序的形成。跨行政区地区应在政府协调机构的统一协调下，促进跨行政区低碳经济协作的自由贸易市场和低碳经济贸易交流区，促进区际之间的物资交流，形成立体化、多元化、连锁化的多种经营格局，避免低碳经济行业间和低碳经济企业间的恶性竞争，以获得更高的经济回报。[①]

2. 培育和发展各种非政府协调组织

由各种非政府组织来协调低碳企业之间的生产和经营活动，补充和完善政府间协调组织的协调功能，如组建跨区跨部门的低碳经济中小企业联合会、低碳旅游企业联合会、低碳经济劳动力市场中介协调会等。[②] 政府则主要负责协调跨行政区低碳经济基础设施共建共享，为各地方各部门的低碳经济联动与协作提供一个良好的公共物品和规

---

① 吴焕新：《构建湘鄂渝黔边区经济协作区的战略与对策》，《湖南文理学院学报》（社会科学版）2006 年第 9 期。

② 郑洪：《武陵山区域协作机制与模式研究》，《现代经济信息》2011 年第 9 期。

制环境。

3. 建立强有力的监督约束机制

为了保证跨地方跨部门低碳经济扶持政策激励措施联动机制的制度化、有序化、持续化，既要反对地方保护主义，又要反对无序竞争；既要争取中央政府的放权让利，又要突破地方行政区划和部门分割对资源与要素流动的阻隔，应该在跨行政区低碳经济立法的基础上，建立强有力的监督约束机制。可以考虑出台健全地区经济一体化的相关法规，可以考虑尽快出台《区域规划法》《跨地区跨部门低碳经济协同发展条例》等法规，最大限度地打破行政壁垒和部门分割。①

（三）整合和实施扶持低碳经济发展的优惠部门政策

在低碳经济扶持政策激励措施联动机制建构过程中，财政、税收、金融等部门不可或缺，建议整合各部门资源、实施扶持低碳经济发展的优惠财政税收政策、金融政策、设立发展基金，促进低碳经济又好又快发展。

1. 整合和实施扶持低碳经济发展的优惠财政税收政策

应对气候变化，发展低碳经济，既是中国转型发展的需要，也是国际社会对中国作为负责任大国的要求。低碳技术研发、低碳人才培养、低碳生产和低碳消费模式培育等，都需要大量的资金。建议中央政府在统一税法的前提下，尽可能多给低碳经济区、低碳产业等一些税收优惠政策。② 低碳经济的研发人才和管理人才奇缺，建议国家实行对这些专门人才免征个人所得税等税收优惠政策。③

为使政府扶持低碳经济发展的激励措施联动机制落地，构建中央对地方纵向转移，各部门、各地方横向转移、纵横交错的财政转移支付体系④，加大对低碳经济试验区、低碳企业、低碳产业、公众低碳消费模式

---

① 邓正琦：《渝鄂湘黔交界民族地区经济联动的体制障碍及破解》，《探索》2009 年第 6 期。

② 贾斌韬：《武陵山经济协作区统筹发展研究》，硕士学位论文，中央民族大学，2012 年。

③ 张泽荣：《我国区域经济发展现状与财政政策对策》，《经济与管理研究》2004 年第 8 期；孙志：《我国区域财政政策的选择》，《经济研究参考》2005 年第 3 期。

④ 王恩奉：《建立横向财政转移支付制度》，《改革》2003 年第 1 期；刘剑、张筱峰：《完善我国政府间财政转移支付制度的政策建议》，《中国软科学》2002 年第 9 期。

培育的财政转移支付数额。[①]

2. 整合和实施扶持低碳经济发展的优惠金融政策

整合和实施扶持低碳经济发展的优惠金融政策，打破金融部门的横向壁垒，解决低碳行业融资难融资贵问题，支持低碳经济又好又快发展。具体举措如下。

整合金融资源，建立国家扶持低碳经济发展的专业银行。国家低碳经济发展专业银行，资金来源主要由中央和省级财政共同承担，[②] 专业银行定向低碳生产、低碳生活提供金融服务。

实行扶持低碳经济发展的信贷倾斜政策。国家和金融部门信贷政策，重点支持低碳技术研发和低碳人才培养。[③] 在信贷资金的投量上，既要注重规模较大的低碳联合企业的信贷投资，更要注重规模较小的低碳小微企业的小额信贷投资。[④]

3. 整合资源成立国家扶持低碳经济的产业发展专项基金

要改变我国低碳经济的发展现状，首先应该解决低碳经济基础设施建设和基础产业发展严重滞后问题。而低碳经济基础设施建设和基础产业发展既具有一定的公共产品性质，又具有一定的市场性质，需要在较长时间内，连续不断投入大量的资金。虽然政府财政拨款和银行贷款可以解决部分资金困难，但难以满足低碳经济发展所需要的全部资金。建议整合资源成立国家扶持低碳经济产业发展专项基金，精准扶持低碳经济基础设施建设和基础产业发展，提供准公共产品和公共服务。[⑤]

（四）转变地方和部门观念，树立条块协同意识

社会主义市场经济条件下，低碳经济发展日益突破地区间部门间条

---

① 张泽荣：《我国区域经济发展现状与财政政策对策》，《经济与管理研究》2004 年第8 期。

② 参见贾斌韬《武陵山经济协作区统筹发展研究》，硕士学位论文，中央民族大学，2012年；韩凤芹《加大区域发展中的财金政策力度》，《经济参考报》2004 年12 月8 日。

③ 龚志祥、李光龙：《现行金融体制对民族地区金融发展的影响》，《中南民族大学学报》2003 年第3 期；贾斌韬：《武陵山经济协作区统筹发展研究》，硕士学位论文，中央民族大学，2012 年。

④ 韩凤芹：《加大区域发展中的财金政策力度》，《经济参考报》2004 年12 月8 日。

⑤ 邓正琦：《渝鄂湘黔交界民族地区经济联动的体制障碍及破解》，《探索》2009 年第6 期。

条块块的局限，走向条块协同合作。在推进低碳经济扶持政策激励措施联动机制建构进程中，应树立跨地区跨部门协同意识，不搞地方、部门、地方与部门分割，而以市场协作，从而实现发展低碳经济人、财、物资源的优化配置。

在具体思路上，应树立与市场经济相适应的新观念，通过充分发挥市场配置资源的基础性作用，实现低碳经济产业结构进一步优化；通过部门协同、政策整合，实现各地区各部门的衔接和通畅，降低低碳经济发展成本；通过低碳经济信息资源共享，低碳经济基础设施共建，生态环境共同治理等，促使低碳经济扶持政策激励措施联动机制进入实质性阶段。①

---

① 张晓红：《对西北地区经济合作的思考》，《发展》2003 年第 7 期。

第 七 章

低碳经济扶持政策整合的评估机制

一 低碳经济扶持政策整合的评估

（一）低碳经济扶持政策整合评估的界定

低碳经济扶持政策整合评估就是对低碳经济扶持政策整合的实施效果和影响所进行的评价。政策整合实施影响把公共政策整合同各种环境变化联系起来，认为公共政策整合评估就是对某项公共政策整合实施后引起的周围环境的变化，以及人们在行为和态度方面的实际变化，告诉人们政府公共政策整合实际产生了什么影响。

可见，低碳经济扶持政策整合评估，评价政策整合产出（或输出，Policy Output），评估政策目标群体和公众所获得的公共品及影响。

简言之，低碳经济扶持政策整合评估，既是对低碳经济扶持政策整合行为的一种检测，又是对低碳经济扶持政策整合行为相关的各种环境变化的影响评价，包括政策整合产出与政策整合影响两方面要素。[1]

（二）低碳经济扶持政策整合评估的意义

实施低碳经济扶持政策整合评估，可以检测到整合方案不切合实际，以及执行困难等问题。假如政策整合评估的结果显示政策整合目标的设定不符合实际，则必须进行调整，重新形成政策问题，再次拟定政策整合目标。假如政策整合目标的设定不存在问题，而是政策整合实施执行

---

[1] 参见高庆蓬《教育政策评估研究》，博士学位论文，东北师范大学，2008年。

出现缺失，就必须检视实施执行的工作流程、资源分配、执行者的意愿和态度、执行所运用的方法，并及时加以修正。[①]

低碳经济扶持政策整合评估结论可以作为提出低碳经济扶持政策整合建议或退出扶持政策整合的依据。低碳经济扶持政策整合评估得到的相关信息是决定某扶持政策是否应该延续、调整或退出的依据，同时也是分配稀缺性扶持政策资源的依据。只有通过政策整合评估，才能明确哪些政策配置是合理的、有效的，哪些政策配置是不合理的、无效的。[②]

二　低碳经济扶持政策整合的评估主体

（一）低碳经济扶持政策整合的评估主体

我们需要讨论的是在现实生活中，低碳经济扶持政策整合的评估主体是谁、他们有什么样的区别分类等问题。

我们根据低碳经济扶持政策整合评估实践，将其划分为政策整合评估机构、政策整合评估个体、内部评估者与外部评估者。[③]

政策整合评估机构是评估活动的依托和载体，也是整合各种政策评估资源的平台，有官方与民间评估机构之分。[④]

政策整合评估者个体是非组织个体或自然人参与评估活动，这实际上就是政策评估中的公民参与。[⑤] 某些以个体身份出现的政治精英、社会名流做的政策评估常常能产生相当大的影响。比如，邓小平1992年的南方谈话就是以纯粹的个人身份参与中国重大政策的评估。

---

① 参见陈红《河北省农民专业合作社支持政策实施效果评价》，硕士学位论文，河北农业大学，2011年；《公共政策评估与监控》，见 http://wenku. baidu. c 2012 - 8 - 19，2012 年 8 月 19 日。

② 参见高庆蓬《教育政策评估研究》，博士学位论文，东北师范大学，2008 年。

③ ［美］彼得·罗西等：《项目评估：方法与技术》第 6 版，邱泽奇译，华夏出版社 2002 年版，第 309 页；高庆蓬：《教育政策评估研究》，博士学位论文，东北师范大学，2008 年。

④ 王爱学：《公共产品政府供给绩效评估理论与实证分析》，中国科学技术大学博士论文，2008 年。

⑤ 参见王洋《我国公共政策评估主体的不足及对策》，《河南工业大学学报》（社会科学版）2009 年第 6 期；高庆蓬《教育政策评估研究》，博士学位论文，东北师范大学，2008 年。

表 7 - 1　　　　　　　美国评估协会会员的多样性①　　　　　（%）

按职业划分		按组织划分		按学科划分	
评估	20	大专或大学	40	教育	22
研究	19	私营商业	12	心理	18
行政	18	非盈得组织	11	评估	14
教学	13	联邦政府机构	10	统计方法	10
咨询	8	州或地方政府机构	10	社会学	6
学生	5	学校系统	4	经济学和政治科学	6
其他	9	其他	13	组织发展	3
				其他	21

由于评估者个体身份的多样性以及评估者个体之间常常缺乏交流和沟通的平台，从而使政策整合评估核心知识的分享受到相当程度的限制。同时由于评估者个体知识的局限和评估视野的狭窄，他们在政策整合评估标准、评估方法的选择上也可能出错，因此频繁使用"评估顾问"、征求同行的意见就成为必要。

政策整合内部评估者是由政府系统内部的人员或机构组成，一般称为局内人评估。内部评估者由于受部门利益、官僚制思维方式行动方式、专业知识的局限，对公共政策整合效果做出客观公正的评价的确很难。哈佛大学教授詹姆斯·威尔逊曾经指出此问题。[2]

政策整合外部评估者是由行政机构以外的组织或个人组成，一般称为局外人评估。[3] 外部评估者地位中立超然，超脱于部门利益，比较客观公正。外部评估的缺点是获取评估信息和资料往往非常困难，其所提的政策建议也不太容易引起决策者的重视。[4]

---

① ［美］彼得·罗西等：《项目评估：方法与技术》第 6 版，邱泽奇译，华夏出版社 2002 年版，第24 页。

② 参见 ［美］托马斯·戴伊《理解公共政策》第 10 版，谢明译，华夏出版社 2004 年版，第 291 页；周建国《政策评估中独立第三方的逻辑、困境与出路》，《江海学刊》2009 年第 11 期；高庆蓬《教育政策评估研究》，博士学位论文，东北师范大学，2008 年。

③ 参见高庆蓬《教育政策评估研究》，博士学位论文，东北师范大学，2008 年。

④ ［美］托马斯·戴伊：《理解公共政策》第 10 版，谢明译，华夏出版社 2004 年版，第 291 页；高庆蓬：《教育政策评估研究》，博士学位论文，东北师范大学，2008 年；周建国：《政策评估中独立第三方的逻辑、困境与出路》，《江海学刊》2009 年第 11 期。

以上是从理论层面上对内部评估者与外部评估者所做的分析。从公共评估实践，特别是发达国家的评估实践来看，尽管"现在的证据还不能弄清内部评估或外部评估哪一个具有更高的技术质量……但是，内部评估者的研究成果获得采纳的概率要远远高于即使是出色的外部评估者所做的评估研究"①。

因此，需要建构一个责任化、制度化的评估环境，设计合理的评估制度安排，使机构评估与个体评估、内部评估者与外部评估者结合起来，实现低碳经济扶持政策整合评估的科学、客观和公正。

（二）低碳经济扶持政策整合的评估类型

低碳经济扶持政策整合的评估可以按所处的阶段来分为事前评估、事中评估和事后评估。②

事前评估，是低碳经济扶持政策整合实施之前进行的一种带有预测性质的评价，事前评估是低碳经济扶持政策整合的前置性工作，是对低碳经济扶持政策整合的可行性、可能出现的情况等的预判，具有未雨绸缪的性质。③

事中评估，是对执行过程中的低碳经济扶持政策整合实施情况的即时评价。低碳经济扶持政策整合执行过程中实际遇到的许多问题，是难以预料的。事中评估考察低碳经济扶持政策整合是否按原定整合方案执行，政策环境是否发生了重要变化等。④ 事中评估的目的在于发现问题，对低碳经济扶持政策整合进行矫正和纠错。⑤

事后评估是对低碳经济扶持政策整合的最终评估，作为低碳经济扶持政策整合过程的总结，事后评估可以决定某项低碳经济扶持政策整合

---

① ［美］彼得·罗西等：《项目评估：方法与技术》第 6 版，邱泽奇译，华夏出版社 2002 年版，第 314 页。

② 参见蒋晓丽《河北省沽源县退耕还林工程经济影响评价研究》，硕士学位论文，北京林业大学，2006 年。

③ 刘伟、张士运：《安全政策评估分析与研究》，《中国安全科学学报》2008 年第 5 期。

④ 参见白常凯《公共政策评估程式的研究》，博士学位论文，复旦大学，2004 年；刘伟、张士运《安全政策评估分析与研究》，《中国安全科学学报》2008 年第 5 期。

⑤ 参见白常凯《公共政策评估程式的研究》，博士学位论文，复旦大学，2004 年；高庆蓬《教育政策评估研究》，博士学位论文，东北师范大学，2008 年。

方案的延续、调整或退出。①

三　低碳经济扶持政策整合的评估方法

（一）低碳经济扶持政策整合的评估标准

低碳经济扶持政策的整合评估，必须建立一套评估的标准，即进行价值判断和定量分析的尺度，我们称之为低碳经济扶持政策整合的评估标准。

评估标准的选择，取决于评估者、评估目标和评估方法。评估标准并不是评价者可以随意设定的，它具有客观性，必须客观地反映社会和公众对公共政策整合的需求。

在现实的低碳经济扶持政策整合过程中，由于扶持政策涉及面广，利益相关者众多，变量因素复杂，很难用精确的、数量化的、客观的定量标准描述，找到一个能为绝大多人认可的评估标准是十分困难的。②

我们建议，运用系统论的理论与方法，从整体、多维、综合的角度来考虑低碳经济扶持政策整合评估的标准设定。

美国学者威廉·邓恩把公共政策整合的评估标准分为下表所示的几类，详见表7-2。

表7-2　　　　　　　　　公共政策整合的评估标准③

评估价值标准	评估定性分析	评估定量分析指标体系
效益	结果是否有价值	服务的单位数
效率	为得到这个有价值的结果付出了多大代价	单位成本；净利益；成本收益比
公平性	成本和收益在不同集团之间是否等量分配	帕累托准则；卡尔多希克斯准则；罗尔斯准则

① 参见高庆蓬《教育政策评估研究》，博士学位论文，东北师范大学，2008年；白常凯《公共政策评估程式的研究》，博士学位论文，复旦大学，2004年。
② 何颖：《论政策评估标准的设定》，《中国行政管理》1996年第5期。
③ ［美］威廉·邓恩：《公共政策分析导论》（第2版），谢明译，中国人民大学出版社2002年版，第437页；另见刘亮《我国建立碳标签制度的公共政策路径研究》，硕士学位论文，华南理工大学，2014年。

从美国学者的研究成果中，我们可以看到，低碳经济扶持政策整合评估是定性分析与定量分析综合运用，是价值与事实的有机结合，以选取客观、公正、全面的评价标准。

受中外学者相关研究的启发，综合我们的研究，我们建议低碳经济扶持政策整合的评估标准为：（1）成本，在低碳经济扶持扶持政策整合过程中所投入的各项资源；（2）产出，低碳经济扶持政策的整合对改善政策环境、促进低碳经济发展的积极效果；（3）效率，低碳经济扶持政策整合投入的资源与实际产出绩效之间的一种比例关系；（4）总评估，对低碳经济扶持政策整合进行结论性评价，既反映过去的状况，又描述当下的情况，还预测未来，以描述性指标为主。①

低碳经济扶持政策整合的评估标准不是数量化、具体化、客观化的数据或事实，也不是思辨的、抽象的、主观的价值判断或符号；而是坚持事实与价值的有机结合，事实判断与价值判断的综合运用，整体性、多维性、综合性的定量描述性指标与定性规范性指标有机结合的统一体。

（二）低碳经济扶持政策整合的评估内容和工作流程

低碳经济扶持政策整合的评估内容主要有：一是确定低碳经济扶持政策整合评估的标准，评估标准的设定前文我们已经探讨，应尽力做到客观、公正、科学、有效，切实可行；二是收集有关低碳经济扶持政策整合评估的各种信息，信息量越大，评估的可信度越高；三是运用定性、定量分析方法，对收集到的各种信息进行事实或价值判断，对低碳经济扶持政策整合的绩效和影响做出结论；四是对低碳经济扶持政策整合提出建议，以决定现有的低碳经济扶持政策整合是否延续、调整或退出，未来是否要采用新的政策整合方案。②

① 参见崔向雨《北京市山区生态公益林补偿政策实施成效分析及评价》，硕士学位论文，北京林业大学，2008年；姜爱林《论土地政策效果评价的几个问题》，《江西行政学院学报》2002年第3期；林水波、张世贤《公共政策》，台北五南图书出版公司1982年版，第500—519页。

② 参见赵二影《对农村部分计划生育家庭奖励扶助制度的政策评估》，硕士学位论文，华中科技大学，2006年；刘伟、张士运《安全政策评估分析与研究》，《中国安全科学学报》2008年第5期。

低碳经济扶持政策整合评估的工作流程一般有以下几方面。

一是制定低碳经济扶持政策整合评估方案。评估方案是评估实施的依据和内容。低碳经济扶持政策整合评估方案应包括以下内容：（1）确定评估对象。低碳经济扶持政策整合评估就是要评估扶持政策整合的实施效果和实施影响，它不是评估所有的低碳经济扶持政策。（2）明确评估目的。低碳经济扶持政策整合评估就是要评估扶持政策整合方案的实施是否达到了整合的预期目的，政府支持低碳经济发展的公共政策是否系统、协调、连贯，是否能减少或避免它们之间的冲突性矛盾性。（3）选择评估标准。低碳经济扶持政策整合评估是对客观事实的价值判断，事实分析与价值分析，定量与定性的有机结合，是评估标准的基本内容。低碳经济扶持政策整合评估通常是一套指标体系，即根据评估目的所选择的多维的、整体的、系统性评价指标的集合。（4）规定评估手段。解决好如何评估是这个环节的中心任务。它包括规定和提出评估工作的具体步骤与方法、建立评估工作的组织机构、选好合适的评估者等。[1]

二是收集、研判整合信息，科学评估。多手段、多途径收集信息，综合分析低碳经济扶持政策整合信息，对所收集到的相关数据和信息资料进行系统、客观、公正、科学地评估，得出评估结论。[2]

三是评估总结阶段。低碳经济扶持政策整合评估总结阶段主要工作有：撰写评估报告、总结评估工作。评估报告的撰写应对低碳经济扶持政策整合效果和影响进行客观描述、做出价值判断、提出政策建议，评估报告还要总结评估工作，以便提高今后的政策整合评估水平。[3]

低碳经济扶持政策整合评估的评估报告形成之后，如何看待和使用评估报告，是一个值得讨论的问题。据我们研究，公共政策主体——决策者、政府部门等对评估报告的态度不尽相同，主要可分为三种：对评估报告所提出的公共政策建议全部采纳、部分采纳或不采纳。[4] 盲目地全部采纳是不

---

① 参见陈曦《西部地区农村最低生活保障制度绩效评估》，《新西部》（理论版）2013 年第 3 期；刘亮《我国建立碳标签制度的公共政策路径研究》，硕士学位论文，华南理工大学，2014 年；姜爱林《论土地政策效果评价的方法与步骤》，《资源·产业》2002 年第 1 期。

② 姜爱林：《论土地政策效果评价的方法与步骤》，《资源·产业》2002 年第 1 期；白常凯：《公共政策评估程式的研究》，博士学位论文，复旦大学，2004 年。

③ 参见白常凯《公共政策评估程式的研究》，博士学位论文，复旦大学，2004 年。

④ 姜爱林：《论土地政策效果评价的方法与步骤》，《地质技术经济管理》2002 年第 4 期。

可取的，无需讨论。部分采纳或不采纳，主要取决于政策主体。

（三）低碳经济扶持政策整合的评估方法

近几十年来随着公共政策科学的发展，各种新的评估方法不断涌现，极大地丰富了评估的实践活动。公共政策整合评估方法有很多，如成本效益分析法、统计抽样分析法和模糊综合评估法等，鉴于本书的研究重点及篇幅所限，结合我国低碳经济扶持政策整合评估的实际情况，本书重点探讨前后对比评估法。

综合国内外学者的相关研究成果，前后对比法可分为以下具体方法。[①]

1. 简单"前—后"对比法

简单"前—后"对比分析法是用低碳经济扶持政策整合后可以衡量出的值，减去整合前衡量出的值。[②] 如图 7 - 1 所示，G1 表示整合前的值，G2 表示整合后的值，G2 - G1 就是低碳经济扶持政策整合实施的效果。[③]

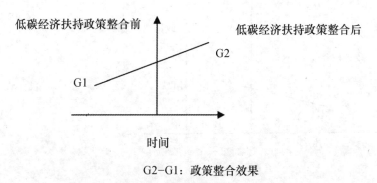

低碳经济扶持政策整合前　　　　　　低碳经济扶持政策整合后

G2-G1：政策整合效果

图 7 - 1　简单"前—后"对比分析法[④]

---

①　赵吉林：《公共政策评估中的非理性因素》，《行政论坛》2003 年第 12 期；白常凯：《公共政策评估程式的研究》，博士学位论文，复旦大学，2004 年。

②　参见管书华《科技政策制定与评价的研究》，硕士学位论文，武汉理工大学，2004 年。

③　参见李佳《"新农合"政策实施效果评价及改进研究》，博士学位论文，东北财经大学，2013 年；孙立生《民族政策效果评估研究》，硕士学位论文，中南民族大学，2013 年；管书华《科技政策制定与评价的研究》，硕士学位论文，武汉理工大学，2004 年。

④　参见管书华《科技政策制定与评价的研究》，硕士学位论文，武汉理工大学，2004 年；李佳《"新农合"政策实施效果评价及改进研究》，博士学位论文，东北财经大学，2013 年。

　　简单"前—后"对比分析法的优点是简单、方便、明了；缺陷是不够精确，无法将低碳经济扶持政策整合执行所产生的效果和其他因素如公共政策对象自身因素、外在因素、偶发事件、社会变动等综合考量。[①]

　　2. "投射—实施后"对比法

　　"投射—实施后"对比分析法如图 7 – 2 所示。图中 M1、M2 是低碳经济扶持政策整合前的各种情况建立起来的趋向线；A1 为趋向线外推到政策整合前的某一时点的投影，表示若无政策整合的情况；A2 为政策整合后的实际情况。A2 – A1 即为低碳经济扶持政策整合实施的效果。[②]

　　"投射—实施后"对比分析法考虑到了非公共政策因素的影响，结果更加精确，较简单"前—后"对比分析法更近一步。这种评估方式的困难在于如何详尽地收集政策整合执行前的相关资料、数据，以建立起政策执行前的趋向线。

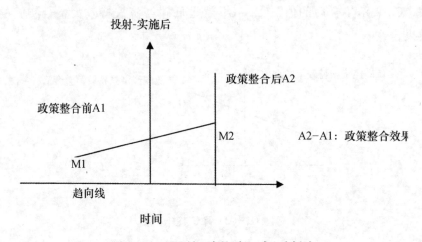

图 7 – 2　"投射—实施后"对比分析法

　　3. "有—无"对比分析法

　　"有—无"对比分析如图 7 – 3 所示。图中 A 为有政策整合情况，B 为无政策整合情况，（A2 – A1）为有公共政策整合条件下的变化结果，（B2 – B1）为无公共政策整合条件下的变化结果。〔（A2 – A1）– （B2 –

---

　　① 参见姜爱林《论土地政策效果评价的方法与步骤》，《资源·产业》2002 年第 1 期；管书华《科技政策制定与评价的研究》，硕士学位论文，武汉理工大学，2004 年。

　　② 姜爱林：《论土地政策效果评价的方法与步骤》，《资源·产业》2002 年第 1 期。

B1)〕就是政策整合的实际效果。①

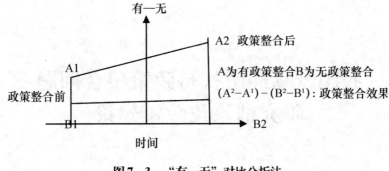

图7-3 "有一无"对比分析法

"有一无"对比法排除了非公共政策整合因素的作用，能够较精确地测度出低碳经济扶持政策的整合效果。

① 参见管书华《科技政策制定与评价的研究》，硕士学位论文，武汉理工大学，2004年；姜爱林《论土地政策效果评价的方法与步骤》，《资源·产业》2002年第1期。

第 八 章

我国低碳经济扶持政策整合问题
研究结论及政策建议

一 我国低碳经济扶持政策整合
问题的研究结论

（一） 我国低碳经济扶持政策存在的问题与不足

在保护全球气候的呼声日益高涨的情况下，国际社会对中国快速增长的温室气体排放非常关注。为应对气候变化、保护环境与生态，中国出台了许多扶持低碳经济发展的公共政策。通过梳理与分析，我们认为我国低碳经济扶持政策还存在以下问题需要讨论。

一是我国的低碳经济政策法律体系建设仍处于薄弱的状态。主要表现在有关低碳经济立法在体系中并不完善，存在缺漏之处，如石油、天然气、原子能等重点关键领域的能源单行政策法律仍然缺位。[①]

二是现有的低碳经济立法规定不够详细，操作性不强，这也是导致中国目前环境保护执法（包括能源领域）效果不佳、环保状况不能得到根本性改善的重要原因。[②]

三是扶持低碳经济发展的政策缺乏体系，也缺乏系统性、协调性和配合性。在低碳立法和政策制定上，我国颁布了一系列发展低碳经济和应对气候变化的法律和政策，但是出台的政策和法律之间缺乏协调性和

[①] 王利：《低碳经济：未来中国可持续发展之基础——兼谈中国相关法律与政策的完善》，《池州学院学报》2009 年第 4 期。

[②] 同上。

配合性①，有的甚至相互冲突，出现法律与法律、政策与政策、法律与政策"打架"的情况。

四是扶持低碳经济发展的奖励力度、惩戒破坏环境的处罚力度不够，柔性不柔、刚性不刚。很多法律条文规定在方向上有利于低碳经济的发展，法律、政策、规划规定的执行措施上虽然也涉及优惠财政、税收、金融等奖励手段，但是不够细化、操作性不强，扶持政策不能产生广泛的积极影响，②政策落地的效果差。在促进清洁生产、处罚环境污染的力度、强度和硬度也十分欠缺。

五是地方和行业在低碳经济扶持政策制定中参与度不够。我国扶持低碳经济发展的政策体系，主要由中央政府、中央各部委出台。而处在引领低碳经济发展、置身低碳经济建设第一线的各地方、各行业企业，积极性不高，参与度不够。呈现中央政府唱低碳经济独角戏、地方及行业置身事外的尴尬境况。

六是我国清洁发展机制的不完善。清洁发展缺乏相关的宣传，公众对清洁发展了解不足，低碳行业领域和低碳经济碳交易人员都没有动起来，没有得到非政府组织民间组织的广泛参与。清洁发展机制交易不完善。中国作为清洁发展机制最大的供应方，环境能源交易规模小，清洁发展项目申报程序复杂，成本高。③

七是能源消费和能源结构调整政策执行出现问题。中国能源消费总量居高不下，能源需求还将保持较快增长，节能减排能力与手段明显不足。能源结构方面，我国以高排放高污染的煤炭等化石能源消费为主，清洁能源消费占比偏低。通过能源结构的优化政策调整，煤炭消费的比例有所下降，但是短时间内很难改变我国以煤炭为主的能源消费构成现状，能源结构调整形势依然不容乐观。④

---

① 参见梁宵《低碳经济对中国出口贸易的影响及其对策建议》，硕士学位论文，东北师范大学，2013年。

② 参见王利《低碳经济：未来中国可持续发展之基础——兼谈中国相关法律与政策的完善》，《池州学院学报》2009年第4期；刘海、李娇娇《大力发展低碳经济不能忽视配套法规建设》，《经济视角》2010年第6期。

③ 参见丁玉梅、刘应元《刍议构建中国特色的碳金融体系》，《经济问题》2010年第12期。

④ 莫神星：《论低碳经济与低碳能源发展》，《社会科学》2012年第9期。

（二）我国低碳经济扶持政策整合问题的研究结论

一是扶持低碳经济发展的公共政策应立足本国国情。

中国是世界上最大的发展中国家，自然资源、能源禀赋有限，既要保持一定的经济增速，又要维护生态环境的平衡，处于"排碳"与"减排"的两难平衡。我们不能贸然采取大幅强制减排的措施，否则可能骤然降低经济发展速度。[①]

我国扶持低碳经济发展的公共政策，应立足中国现实，充分考量资源环境条件、发展阶段、经济模式等基本国情，应采取以奖励、补贴、刺激等引导性措施为主的正向激励政策，暂不能骤然采取强制性减排措施等反向政策。否则将引发不可预料、不可掌控的经济、社会和政治问题。

二是扶持低碳经济发展的公共政策应能充分调动全社会积极性。

政府扶持低碳经济政策的落脚点是：制定低碳经济产业政策，引导、鼓励社会成员广泛参与，建构成熟的低碳经济市场机制和扶持低碳经济发展的政策整体框架，充分调动全社会发展低碳经济的积极性。政府通过对低碳节能进行奖励，对低碳技术基础研发资金投入，引导地方、企业和公众转向低碳生产模式和低碳消费模式。政府要克服直接兴办低碳企业、低碳经济产业园等一线介入方式，在低碳经济扶持政策制定中不唱独角戏，充分调动行业、企业、公众等全社会参与度，转向宏观调控和间接引导，从台前回到幕后，从一言堂走向合家欢。[②]

三是扶持低碳经济发展的公共政策应奖惩结合、刚柔相济，提高可操作性和执行力。

中国现有的扶持低碳经济的法律法规政策等不够详细，操作性不强，政策落地率低。这也是导致中国目前发展低碳经济、应对气候变化、加强环境保护执法（包括能源领域）等效果不佳、环保状况不能得到根本性改善的重要原因。

---

① 《发展低碳经济的财税政策研究》课题组：《发展低碳经济的财税政策研究》，《财会研究》2011年第6期。

② 同上。

扶持低碳经济发展政策法律的奖励力度、惩戒破坏环境的处罚力度不够，柔性不柔、刚性不刚。很多法律政策规定在方向上有利于低碳经济的发展，法律、政策规定的执行措施上虽然也涉及优惠税收、财政、补贴等奖励手段，但是缺乏细化的操作性强奖励手段，政策落地效果不好，在现实中不能产生广泛的积极影响。[1] 促进清洁生产、处罚环境污染的力度、强度和硬度也十分欠缺。

因此，我国扶持低碳经济发展的公共政策，应有细化的激励奖励手段、额度与程序，奖激力度应大；惩戒、处罚环境污染的力度、强度要大。做到柔性要柔、刚性要刚，刚柔相济、奖惩结合，切实提高政策可操作性和执行力。

四是扶持低碳经济发展的公共政策应给地方政府一定操作空间。

我们从美国和其他国家的经验可以看出，某些低碳经济扶持政策在联邦层面推出难度很大，由州政府或其他地方政府推出这些政策，实施效果更好。[2]

中国东、中、西部地区差异很大，经济社会发展不平衡，各地方各部门发展低碳经济的模式和路径多样化差异化，我们不能搞一刀切。如果能够给地方政府一定的操作空间、一定自由裁量权，使各地结合本地区本部门的实际情况，因地、因时制定适合本地区本部门低碳经济发展的扶持政策，则可以更有利于实现国家低碳发展节能减排的整体目标。[3]

五是扶持低碳经济发展的公共政策应建立部门协调、政策整合和激励措施联动机制。

低碳经济扶持政策涉及的领域和部门很多，有财税、产业、土地、环保、能源、气象、就业、社会保障等，需要避免部门冲突、防

---

① 刘海、李娇娇：《大力发展低碳经济不能忽视配套法规建设》，《经济视角》2010 年第 6 期；王利：《低碳经济：未来中国可持续发展之基础——兼谈中国相关法律与政策的完善》，《池州学院学报》2009 年第 4 期。

② 杨金林、陈立宏：《国外应对气候变化的财政政策及其经验借鉴》，《环境经济》2010 年第 6 期。

③ 《发展低碳经济的财税政策研究》课题组：《发展低碳经济的财税政策研究》，《财会研究》2011 年第 6 期。

止部门不协调。① 低碳经济扶持政策是一个系统工程，能否取得实效，很大程度上取决于政策是否整合、激励措施是否联动配套。②

中国出台了一系列扶持发展低碳经济和应对气候变化的法律政策，但是立法缺乏体系，政策存在缺漏。出台的政策法律缺乏协调性和配合性，有的甚至相互冲突，出现法律与法律、政策与政策、法律与政策"打架"等政策冲突政策失灵现象。部门之间、地方之间、中央与地方之间，没有政策及实施政策的协调配合协同机制。为了提高公共部门扶持低碳经济行动的一致性，减少和克服低碳政策的冲突或重复，增强低碳经济激励措施的配合与协同，我们应建构低碳经济扶持政策的部门协调、政策整合和激励措施联动机制。

六是低碳经济扶持政策的整合应建构评估和退出机制。

低碳节能技术和新能源的发展日新月异，昔日的新技术和新能源在低碳经济扶持政策的扶持下趋于成熟，无需扶持也可以成熟运营，而新的前沿低碳项目、低碳技术更加迫切的需要政府的扶持。低碳经济扶持政策应适当引入退出机制，避免政府公共物品公共服务的浪费。③

低碳经济扶持政策整合的评估可以判定低碳经济扶持政策整合是否达到了预期的目标，并由此决定扶持政策、整合方案是否延续、调整或退出。因此，我们应逐步建立起低碳经济扶持政策整合的评估机制和适当的退出机制。

二　我国低碳经济扶持政策整合问题的政策建议

解决我国低碳经济扶持政策整合问题的关键在于实现"部门协调"

---

① 杨金林、陈立宏：《国外应对气候变化的财政政策及其经验借鉴》，《环境经济》2010 年第 6 期；《发展低碳经济的财税政策研究》课题组：《发展低碳经济的财税政策研究》，《财会研究》2011 年第 6 期。

② 同上。

③ 《发展低碳经济的财税政策研究》课题组：《发展低碳经济的财税政策研究》，《财会研究》2011 年第 6 期。

"政策整合"和"措施联动"。如何建构低碳经济扶持政策的公共部门协调机制、公共政策整合机制和激励措施联动机制？本书拟从以下四个方面提出思考和建议。

（一）建构低碳经济扶持政策的公共部门协调机制

1. 低碳经济扶持政策的公共部门协调机制建构原则

解决低碳经济扶持政策的部门冲突、建立公共部门协调机制应从何着手，如何确保构建起来的部门协调机制科学、严谨、有效，必然首先需要确定一些基本原则，为构筑部门协调机制的大厦树立框架。

根据解决部门冲突的政治学理论基础，结合我国的现实情况，本书提出建立低碳经济扶持政策的公共部门协调机制，应遵循以下五个基本建构原则。

一是分工协作原则。明确界定各级政府及所属职能部门在扶持低碳经济发展事务中的责任、权力，做到分工负责，各司其职，尽可能避免管辖不清、职责不明，竭力杜绝推诿扯皮或你争我夺。协作原则要求注意各职能部门间的衔接，实行统一领导，互相配合。政府扶持低碳经济发展，涉及多个部门管辖事项，应当建立起一套促使行政部门加强协作的刚性机制，确保在分工基础上的协作。

二是职权法定原则。职权法定原则要求公共部门行使支持低碳经济发展的权力时，必须符合法律的规定或授权；当涉及多部门时，需要解决部门冲突、协调部门关系，也必须以法律规定的职责权限为依据。

三是及时有效原则。及时有效原则要求低碳经济扶持政策的公共部门协调必须在最短期限内进行有效的协调，及时做出裁决，并确保协调、裁决结果得到有效执行。在召集扶持低碳经济的多部门协商难以达成一致意见时，协调者应及时依职权或报请上级作出决定，防止久调不决。

四是预防和处理并重原则。公共部门扶持低碳经济的政策冲突尽管不可避免，但可以预防、减少部门冲突发生的可能性。行政机构的科学设置，对各部门扶持低碳经济的职责权限科学划分和配置，无不为减少部门冲突起到了预防和治本的作用。通过协商、协作机制，及时有效地处理部门冲突，避免政策打架，坚持预防与处理并重。

五是保护行政相对人权益原则。解决低碳经济扶持政策的部门冲突、建立协调机制的整体设计，应充分考虑对行政相对人即当事人权益的保护，不能因部门冲突而使当事人受到不必要的损害。

2. 低碳经济扶持政策的公共部门协调机制建构方法

一是实行大部制。实行大部制改革，将职能相同或近似的部门（低碳经济、能源、气候等）合并到一个部门，以减少部门冲突，这是寻求解决低碳经济扶持政策公共部门协调问题的治本之策。①

二是行政首长协调机制。面对低碳经济扶持政策各部门各自为政、职能交叉重叠、政策冲突的局面，我们需要建立行政首长协调机制。各级人民政府行政首长应加强对职能部门间低碳经济政策冲突、摩擦、争议的协调。各级人民政府及其行政首长应承担起协调的主体责任，而不是职能部门自身。

三是行政协助机制。低碳经济扶持政策的多部门性，其实是行政机关间的职能分工，但职责分工不能排除政府在执行职务时彼此之间的合作。政府扶持低碳经济发展，需要建立行政协助机制，需要各部门在分工基础上的通力协作，形成合力，发挥公共部门的整体优势。这就要求公共部门淡化部门意识，弘扬协作精神，协同完成任务。②

四是冲突裁决机制。低碳经济扶持政策部门冲突、争议的解决不是行政系统内部"和稀泥"，而是根据各职能部门法定职权，以事实为据以法律为准的准司法裁决行为。建议由国务院和县级以上地方各级人民政府充当低碳经济扶持政策部门冲突的法定裁决机构，人大、法院等其他途径，可以作为补充。由上级政府充当部门冲突裁决的主要机构，有利于问题的快速解决，防止久拖不决，也较符合我国现实状况。部门权力之争和政策冲突的裁决作为一种带有司法性质的纠纷解决机制，建议由政府法制工作机构（法制办）代表本级人民政府具体承担。

---

① 金国坤：《政府协调：解决部门权限冲突的另一条思路》，《行政法学研究》2008 年第 8 期。

② 金国坤：《行政协作机制研究》，《广西政法管理干部学院学报》2007 年第 7 期。

（二）建构低碳经济扶持政策的公共政策整合机制

低碳经济扶持政策的公共政策整合机制，是整合低碳经济扶持政策的原则与机制，包括低碳经济扶持政策在整合前的事前诉求听证制度，整合过程中的事中利益平衡机制，整合后进入执行阶段的政策得以顺利实施，而需要建立的事后政策协调机制。

事前诉求听证制度是指在低碳经济扶持政策整合过程中设置事前听证程序，通过举行听证会，使公众、企业、社会等对拟整合的政策充分发表意见，以消除和化解对政策的不满，凝聚政策共识，增强对政策的认同感，提高政策整合成功概率的一种制度设计。[①]

事中利益平衡机制是为解决低碳经济扶持政策整合中所产生的错综复杂的利益关系，政府必须综合地平衡各种利益关系，建立事中利益平衡机制。利益平衡机制建立于各方利益选择的基础之上，既体现政府的政治行为与政策准则，还体现原则性与灵活性相结合。[②] 建构低碳经济扶持政策公共政策整合机制的事中利益平衡机制，要求上述四大政策主体，在政策整合过程中充分表达诉求，发扬民主，集思广益，最大限度地让政治精英和公共事务专业管理者、利益团体、专家学者、智库思想库、普通社会公众，真正参与政策决策，使他们能够通过有效的制度性安排机制，充分表达对政策整合方案的意见，形成专家辅助决策、公民参与决策、社会利益团体监督决策、公共部门和领导者科学民主决策的多元政策机制。[③]

事后政策协调机制，是指低碳经济扶持政策在经过整合前的事前诉求听证，整合过程中的利益平衡，整合后进入执行阶段的政策得以顺利实施，而需要建立的事后政策协调机制。低碳经济扶持政策目标能否得以圆满地实现，不仅受制于人们对政策的认知水平和认同程度，还取决于政策执行阶段的行为方式。

[①] 参见陆小成《政策执行冲突的制度分析》，硕士学位论文，湘潭大学，2005 年；丁煌《听证制度：决策科学化和民主化的重要保证》，《政治学研究》1999 年第 3 期。

[②] 胡东芳：《从利益的对立到利益的和谐——课程政策制定中的利益分析》，《教育理论与实践》2003 年第 3 期。

[③] 《公共政策》，参见百度文库，http：//wenku. baidu. c 2012—9—28，2012 年 9 月 28 日。

(三) 建构低碳经济扶持政策的激励措施联动机制

1. 低碳经济扶持政策激励措施联动机制的建构原则

低碳经济扶持政策激励措施联动机制的建构原则，是指建构低碳经济扶持政策激励措施联动机制的指导思想和基本准则。主要有：政府调控原则、市场主导原则、互利共赢原则、优势互补原则、自愿参与原则。

政府调控原则。以政府引领和助推低碳经济是我国发展低碳经济的战略选择。政府调控原则指在低碳经济扶持政策激励措施联动机制的建构中，政府要发挥宏观调控作用，引导产业分工合作的发展方向，给低碳经济联动与整合提供指导，从而促进低碳经济健康持续发展。

市场主导原则。市场主导原则指在低碳经济扶持政策激励措施联动机制的建构中要充分发挥市场机制对资源配置的基础性调节作用，企业依法自主决策投资经营。市场作为基础性调节机制，能够通过提供低碳经济商品和劳务的供需信息，引导地区之间的低碳产业分工合作。市场竞争机制则通过实现同类低碳经济企业的优胜劣汰，淘汰落后产能和技术，从而促进低碳经济行业规模做大做强。

互利共赢原则。互利共赢原则指参与低碳经济扶持政策激励措施联动机制建构的各方相互承认和尊重对方利益，通过互利合作，促进共同发展。为调动参与各方的积极性，必须重视各方的利益，而只有坚持互利共赢原则，才能协调好各方的利益分配关系，可以改善合作环境、落实联动措施，全面提升低碳经济产业的整体竞争力和影响力，推动参与各方快速协调发展。

优势互补原则。优势互补原则指充分发挥低碳经济扶持政策激励措施联动机制建构各方的主动性、积极性和创造性，加强低碳经济资源的优势互补和集成。坚持优势互补原则，可以打破行政区划的壁垒，发挥各地各部门的比较优势，促进生产要素在区域间自由流动，引导低碳产业转移，使低碳经济产业雷同状况得到改善，实现资源最优配置和经济效益的最大化。

自愿参与原则。自愿参与原则指参与建构低碳经济扶持政策激励措施联动机制的各方根据本地本部门的资源特点和低碳产业发展的需要，按照自身意愿开展合作。各地方、各部门既有各自的经济和行政权力，也有各自的经济利益，各参与方无论大小、资源赋予状况好坏、经济实力强弱，都必须是自主、自愿参与低碳经济联动与整合，并在联动机制框架中享有平等的发展地位和具有平等的获取经济利益的权力。坚持这一原则，可以调动参与各方的主动性、积极性，加强沟通交流，打破地区封锁，构建统一开放的低碳经济市场体系，提高低碳经济整体竞争力，促进共同发展。

2. 低碳经济扶持政策激励措施联动机制的建构对策

遵循低碳经济扶持政策激励措施联动机制建构的基本原则，借鉴国内外低碳经济联动与整合的成功经验，汲取其失败教训，从各地方各部门实际情况出发，构建机构健全、机制灵活、政策明确、调控有力、观念到位的低碳经济扶持政策激励措施联动机制。为此，特建议采取以下具体对策。

一是设置宏观、中观和微观相结合的综合性权威机构。国内外经验表明，建构低碳经济扶持政策的激励措施联动机制，需要有代表各地区或各部门经济利益的综合性权威机构，以实现多方面、多层次、深度性的战略合作。[①] 根据我国国情和各地方各部门实际，我们建议：从宏观、中观和微观三个层面上，设置中央政府宏观决策、省（市）级地方政府中观管理、条块结合地区各县市区政府微观操作相结合的综合性权威机构，以解决低碳经济扶持政策激励措施联动机制建构中尤为突出的多头管理、效率低下问题。

中央政府宏观决策。我国幅员辽阔，各地区各部门所涉及的问题复杂多变，应由中央政府出面，通过构建综合性权威机构，推进低碳经济扶持政策激励措施联动机制的建构。[②] 建议成立跨部委跨省区的中央低碳经济协调发展委员会，将分散于国务院各部委、直属机构、办事机构及各省区的低碳经济规划、管理、研究和协调功能集中于中央低碳经济协调发展委员会，重点解决部门林立、条块分割、矛盾集中以及规划、管

---

① 张泰城、厉敏萍：《论我国区域经济合作中政府间关系的协调》，《现代经济探讨》2008年第4期。

② 邓正琦：《渝鄂湘黔交界民族地区经济联动的体制障碍及破解》，《探索》2009年第6期。

理、研究和协调等低碳经济扶持政策激励措施联动机制建构中的顶层设计问题。

省级地方政府中观管理。借鉴长三角成立权威性城市经济协调会的成功经验，总结淮海经济区地区合作层次较低的失败教训，建议成立由跨省份常务副省（市）长任组长、省直部门负责人为成员的"跨省份"的省际低碳经济协调发展委员会，实施中观管理，负责省际低碳经济发展整体联动规划。①

各县市区政府微观操作。条块结合地区各县市区政府应围绕省际低碳经济协调发展委员会制定的省际低碳经济发展整体联动规划，结合自身发展的需要和实际，明确合作的重点，形成并具体实施联动方案。②

二是建立跨行政区的地方政府间低碳经济专门联动机制。在推进低碳经济扶持政策激励措施联动机制建构的进程中，各地区低碳经济主体的联动和产业分工，交通、通信、能源等经济客体的整合，对跨行政区空间开发和综合规划提出更高的要求，要求建立跨行政区的地方政府间低碳经济专门联动机制，作为前文宏观、中观、微观结合的综合性权威管理机构的补充。从各地区各部门实际出发，跨行政区的地方政府间低碳经济专门联动机制应包括：科学规范的政府协调机构，培育和发展各种非政府协调组织，强有力的监督约束机制等。

三是整合和实施扶持低碳经济发展的优惠部门政策。在低碳经济扶持政策激励措施联动机制建构过程中，财政、税收、金融等部门不可或缺，建议整合各部门资源、实施扶持低碳经济发展的优惠财政税收政策、金融政策、设立发展基金，促进低碳经济又好又快发展。

整合和实施扶持低碳经济发展的优惠财政税收政策。应对气候变化，发展低碳经济，既是中国转型发展的需要，也是国际社会对中国作为负责任大国的要求。低碳技术研发、低碳人才培养、低碳生产和低碳消费模式培育等，都需要大量的资金。建议中央政府在统一税法的前提下，

---

① 邓正琦：《渝鄂湘黔交界民族地区经济联动的体制障碍及破解》，《探索》2009年第6期。

② 同上。

尽可能多给低碳经济区、低碳产业等一些税收优惠政策。[1] 低碳经济的研发人才和管理人才奇缺，建议国家实行对这些专门人才免征个人所得税等税收优惠政策。[2] 为使政府扶持低碳经济发展的激励措施联动机制落地，构建中央对地方纵向转移，各部门、各地方横向转移、纵横交错的财政转移支付体系，[3] 加大对低碳经济试验区、低碳企业、低碳产业、公众低碳消费模式培育的财政转移支付数额。[4]

整合和实施扶持低碳经济发展的优惠金融政策。整合和实施扶持低碳经济发展的优惠金融政策，打破金融部门的横向壁垒，解决低碳行业融资难融资贵问题，支持低碳经济又好又快发展。具体举措如下：整合金融资源，建立国家扶持低碳经济发展的专业银行。国家低碳经济发展专业银行，资金来源主要由中央和省级财政共同承担，[5] 专业银行定向低碳生产、低碳生活提供金融服务。实行扶持低碳经济发展的信贷倾斜政策。国家和金融部门信贷政策，重点支持低碳技术研发和低碳人才培养。[6] 在信贷资金的投量上，既要注重规模较大的低碳联合企业的信贷投资，也要注重规模较小的低碳小微企业的小额信贷投资。[7]

整合资源成立国家扶持低碳经济的产业发展专项基金。要改变我国低碳经济的发展现状，首先应该解决低碳经济基础设施建设和基础产业发展严重滞后的问题。而低碳经济基础设施建设和基础产业发展既具有一定的公共产品性质又具有一定的市场性质，需要在较长时间内，连续不断投入大量的资金。虽然政府财政拨款和银行贷款可以解决部分资金困难，但难以满足低碳经济发展所需要的全部资金。建议整合资源成立

---

① 参见贾斌韬《武陵山经济协作区统筹发展研究》，硕士学位论文，中央民族大学，2012 年。

② 张泽荣：《我国区域经济发展现状与财政政策对策》，《经济与管理研究》2004 年第 8 期；孙志：《我国区域财政政策的选择》，《经济研究参考》2005 年第 3 期。

③ 王恩奉：《建立横向财政转移支付制度》，《改革》2003 年第 1 期；刘剑、张筱峰：《完善我国政府间财政转移支付制度的政策建议》，《中国软科学》2002 年第 9 期。

④ 张泽荣：《我国区域经济发展现状与财政政策对策》，《经济与管理研究》2004 年第8 期。

⑤ 参见贾斌韬《武陵山经济协作区统筹发展研究》，硕士学位论文，中央民族大学，2012 年；韩凤芹《加大区域发展中的财政政策力度》，《经济参考报》2004 年 12 月 8 日。

⑥ 参见龚志祥、李光龙《现行金融体制对民族地区金融发展的影响》，《中南民族大学学报》2003 年第 3 期；贾斌韬《武陵山经济协作区统筹发展研究》，硕士学位论文，中央民族大学，2012 年。

⑦ 韩凤芹：《加大区域发展中的财金政策力度》，《经济参考报》2004 年 12 月 8 日。

国家扶持低碳经济产业发展专项基金，精准扶持低碳经济基础设施建设和基础产业发展，提供准公共产品和公共服务。[①]

四是转变观念，树立条块合作意识。在推进低碳经济扶持政策激励措施联动机制建构进程中，应打破部门分割、条块分割，形成跨地区跨部门间资源共享意识、合作意识，使低碳经济的各种生产要素不以行政区域配置、而以经济区域配置，不以部门分割、而以市场协作，从而实现发展低碳经济人、财、物资源的优化配置。[②]

（四）建构低碳经济扶持政策整合的评估和退出机制

低碳经济扶持政策整合的评估和退出机制，是指对低碳经济扶持政策整合的实施效果和实施影响进行评价，依据评估结论来判定政策整合的延续、调整或退出的制度设计。

低碳经济扶持政策整合评估就是对低碳经济扶持政策整合的实施效果和影响所进行的评价，既是对政策整合行为的一种检测，又是对政策整合行为相关的各种环境变化的影响评价，[③] 判定政策整合是否达到了预期的目标，并由此决定该项政策整合方案应该是延续、调整或退出。

低碳经济扶持政策整合的评估标准是对低碳经济扶持政策整合实施情况进行测量、评定的参照体系。低碳经济扶持政策整合的评估标准不是数量化、具体化、客观化的数据或事实，也不是思辨的、抽象的、主观的价值判断或符号；而是坚持事实与价值的有机结合，事实判断与价值判断的综合运用，整体性、多维性、综合性的定量描述性指标与定性规范性指标有机结合的统一体。

低碳经济扶持政策整合评估得到的相关信息是决定某项扶持政策是应延续、调整还是退出的依据，同时也是分配稀缺性扶持政策资源的依据。只有通过政策整合评估，才能明确哪些政策配置是合理的、有效的，哪些政策配置是不合理的、无效的。

---

① 邓正琦：《渝鄂湘黔交界民族地区经济联动的体制障碍及破解》，《探索》2009 年第6 期。

② 张晓红：《对西北地区经济合作的思考》，《发展》2003 年第 7 期。

③ 孟治刚、段夫贵：《推进公共政策评估事业的若干构想》，《河南科技大学学报》（社会科学版）2005 年第 3 期。

结　语

积极建构面向 21 世纪的中国公共政策整合体系,推进国家治理体系治理能力现代化

改革开放以来,中国的政治、经济和社会环境已经发生了巨大的变化。特别是在经济领域,经过 30 多年的市场化改革,中国的社会主义市场经济体制已初步确立。与西方市场经济国家不同,我国的市场经济体制是在较短时间内由传统计划经济体制转变而来的,而且是建立在社会主义制度之上的,因此它既具有一般市场经济的特征,同时又体现了中国现实国情下的特殊要求,而公共政策整合问题正是在这种背景下产生和发展起来的。本部分将在前文低碳经济扶持政策整合研究的基础上,探讨中国公共政策整合发展现状与问题,深入研究面向 21 世纪的公共政策整合问题,优化政府治理机制,推进国家治理体系与治理能力现代化。

一　中国公共政策整合的发展现状与问题

（一）中国公共政策整合的发展现状

美国学者科隆马赫（Cronbach）说,"公共政策整合已成为（美国）社会科学中最活跃的领域"。[①] 这一概括也从一个侧面反映了政策整合在

---

① 参见高庆蓬《教育政策评估研究》,博士学位论文,东北师范大学,2008 年;丘泰昌《公共政策》,台北巨流图书公司 1999 年版,第 167 页。

世界范围内的发展态势。

事实上，作为一门独立的科学，公共政策整合的重要性被我们广泛认知，仍然是最近十年来的事情。作为一种特殊的政策现象，政策整合的历史与公共政策实践的发展同样久远，在那些国家及其意志执行的合法载体——公共政策产生的最初年代，对其正确性和有效性的初始形态的整合就已经存在了，只是由于缺乏现代政治学意义上的整合思想和正规的整合形式、程序，而未受到管理者的重视。此后，随着实践经验的逐渐积累，通过政策整合来完善和修正公共政策逐渐被人们所认识，并成为行政管理的重要手段。然而，总的来说，由于缺乏专业性理论与方法的指导，这一时期的政策整合在各个国家仍然带有明显的主观性、随意性和片面性的特点，其效果也随着整合者经验的不同而有所差异。

近年来，随着对西方政策整合理论与方法的引进，我国的公共政策整合也有了一定进展。各级政府机构开始重视政策整合在政策过程中的实际应用，公共政策信息披露机制开始逐步建立，公开化程度得到较大提高，部分政策制定者已从一些专业性角度，开始对经济社会领域存在的某些公共政策展开不同形式的整合，并取得了一些积极成效。在学术界，政策整合理论研究得到初步加强，方法和技术水平有所提高，目前，已形成一些以整合为主要功能的学术性政策研究机构，专业化整合队伍逐渐壮大。社会民间的力量，它们在政策整合中的影响力日渐增强，并在一定程度上影响到政策变迁的实际过程和结果。这些变化都对中国公共政策整合的全面推进和逐步深化产生了深远的影响。

中国政策整合的推进主要源于两方面的动力，一是国内社会领域对政策整合的强大需求，二是西方国家政策整合领域经验示范效应的扩散。我国政府部门在长期的政策实践中，逐步认识到政策整合的强大社会需求，即通过公共政策整合，使公共政策质量和政策效率都得到了较大的提升，有效地避免了政策冲突和政策失误现象的出现，大大增强了社会和公众对公共政策的认同度。发达国家公共政策整合理论与方法的发展，对系统论、数理方法、电子计算机等现代科技的运用进步也为我国的政策整合提供了借鉴和示范，有力地推动了我国公共政策整合的发展。

（二）中国公共政策整合的现存问题

总体说来，中国公共政策整合还处于较低的水平，公共政策整合仍然是中国政府管理中一个相当薄弱的环节。①

下面我们将详细阐述中国公共政策整合现存问题的主要表现。

1. 缺乏必要的公共政策整合制度基础——政府问责机制

政府问责机制，指政府及其官员必须对其政策决策和政策实施承担法律、行政、道义等责任，实质是责任化政府体制。② 正是由于政府问责机制，政府及其官员对政策决策、政策目标、政策成本、政策实施效果非常敏感，才令官员对公权力行使有敬畏之心。

我国政府问责机制的缺失是当前制约公共政策整合发展的主要因素。责任化政府体制缺失，政策制定者或执行者不需要为公共政策的效果承担明确的法律责任行政责任，公共部门缺乏政策整合的动力和压力、部门冲突、政策打架经常出现。③

2. 缺乏系统和规范的公共政策整合理论和方法体系

公共政策整合在我国是一个新兴领域，其理论和方法仍在发展和完善之中，还未形成规范化、系统化的公共政策整合理论与方法体系。④ 我国政策整合研究一直非常薄弱，零散和粗浅，不太系统，对公共政策整合实践的指导作用更是有限。⑤

概括而言，中国公共政策整合理论和方法体系建设方面存在的问题是学科体系基础薄弱，缺乏对其他学科分析方法的有效借鉴，对具有本土特色的理论和方法体系建设不够重视。⑥ 总体来说，我国仍未形成符

---

① 周子勋：《构建中国公共政策评估机制迫在眉睫》，《中国经济时报》2014 年 4 月 30 日。

② 负杰：《论现代社会条件下的政府政策评估》，《江苏行政学院学报》2005 年第 8 期；负杰：《公共政策的科学评估与责任体系——以法治为基础的责任化政府体制建设》，《人民论坛·学术前沿》2014 年第 6 期。

③ 周子勋：《构建中国公共政策评估机制迫在眉睫》，《中国经济时报》2014 年 4 月 30 日。

④ 孟治刚、段夫贵：《推进公共政策评估事业的若干构想》，《河南科技大学学报》（社会科学版）2005 年第 3 期。

⑤ 陈世香、王笑含：《中国公共政策评估：回顾与展望》，《理论月刊》2009 年第 9 期；负杰：《论现代社会条件下的政府政策评估》，《江苏行政学院学报》2005 年第 8 期。

⑥ 负杰：《论现代社会条件下的政府政策评估》，《江苏行政学院学报》2005 年第 8 期。

合自身发展特点的学科体系，政策整合研究的"范式"建设仍然较为滞后。一方面，在引进西方公共政策整合理论与方法时，一些具有共性的经验可以借鉴，而另一些则由于政治制度的差异难以直接应用到我国的政策整合实践中去，需要进一步吸收、消化。但遗憾的是，这方面的工作目前仍很薄弱，甚至还未开展。另一方面由于政策整合涉及多科学、跨科学的知识，因此有必要对政治学、经济学、管理学等其他学科的分析方法进行有选择的借鉴。但是，在知识整合和方法体系建设方面，国内的政策整合研究仍然较为欠缺。① 具有中国本土特色的政策整合学科体系建设还十分落后，并成为制约政策整合实践发展的重要因素。在具体方法运用上，我国的政策整合尚普遍存在的方法单一和"两多两少"的问题。"方法单一"是指目前我国公共政策整合基本方法没有超过经济学的范围。② "两多两少"是指即经验推理多，实证研究少，定性分析多，定量评估少。③ 由于目前从事政策整合的专业人员大多数是学习社会科学出身的学者，其知识结构和思维方式比较单一，较少有人兼备自然科学与社会科学知识基础。因此，在制定、整合公共政策时，不可避免地会偏向于用定性分析代替定量研究，从而使政策整合的信度与效度大打折扣。

3. 缺乏公共政策整合法律、制度体系

当前，中国的公共政策整合还没有建立专门的法律和制度体系，政策整合的客观性、规范性、独立性不强，政策整合的主观性、随意性较为严重，④ 制约了公共政策质量的提高。反观国外，韩国有《政策整合框架法案》，⑤ 日本有《政府政策整合法》，⑥ 欧美一些国家，也都有关于政策整合的专门性法律规范。

4. 缺乏公共政策整合运行机制

公共政策整合需要法律与制度体系为基本保障，在微观层面还需要

---

① 孟治刚、段夫贵：《推进公共政策评估事业的若干构想》，《河南科技大学学报》（社会科学版）2005 年第 3 期。
② 同上。
③ 负杰：《论现代社会条件下的政府政策评估》，《江苏行政学院学报》2005 年第 8 期。
④ 同上。
⑤ 同上。
⑥ 同上。

具体的政策整合运行机制。① 当前我国的公共政策整合还欠缺完善的具体的政策整合运行机制，具体表现为：对政策整合内容的规定不科学，整合范围不全面，整合对象以政策产生为主，忽视了对政策整合综合影响的评估；政策整合程序的设计不规范，没有建立起科学的整合指标体系；② 政策整合责任划分不清晰，政策整合的实施绩效和影响没有问责机制；现有政策信息系统不完备、获取数据较为困难，也影响了整合质量的进一步提高。③

二 建立与完善中国公共政策整合体系，推进国家治理体系与治理能力现代化

建立与完善中国公共政策整合体系，包括公共政策整合的理论方法体系、制度体系和组织人员体系，优化政府治理机制，以推进国家治理体系与治理能力现代化。当前，我国公共政策整合体系的建立和完善，迫切需要认识并解决以下问题：公共政策整合是优化政府治理机制优化的重要抓手，是推进国家治理体系与治理能力现代化的有效路径；积极建构科学、规范的公共政策整合理论与方法体系，为公共政策整合提供方法论指导；努力完善公共政策整合法律体系，推进公共政策整合的制度化建设；建立健全政府与民间、专业化与综合化相结合的独立的公共政策整合组织人员体系，推进公共政策整合规范化。

（一）公共政策整合是优化政府治理机制的重要抓手，是推进国家治理体系与治理能力现代化的有效路径

我国的公共政策整合虽然已经起步，但是由于政府问责机制的不健全，即使出现政策冲突和失误，也难以问责。长此以往，公共政策整合

---

① 闫文仙、罗云丽：《公共政策评估研究综述》，《社会科学论坛》（学术研究卷）2008 年第 6 期；负杰：《论现代社会条件下的政府政策评估》，《江苏行政学院学报》2005 年第 8 期。

② 吴振兴：《改进我国公务员绩效评估制度的思考》，《华南热带农业大学学报》2003 年第 3 期。

③ 孟治刚、段夫贵：《推进公共政策评估事业的若干构想》，《河南科技大学学报》（社会科学版）2005 年第 3 期。

的功能逐渐弱化，重视程度大大降低。这是造成中国公共政策整合体系发展滞后的重要原因，不利于政府治理机制的优化，不利于推进国家治理体系与治理能力现代化。① 所以，一方面我们应尽快建立以市场经济为依托的责任化政府体制，另一方面，则应加强宣传引导，利用各种媒介宣传公共政策整合的意义，提高社会各界、特别是政府公共部门对公共政策整合问题的重视，充分认识到公共政策整合在提高政策科学化、民主化，在促进政府治理机制优化、推进国家治理体系与治理能力现代化方面的积极功能和作用。

首先，各级决策部门和政策组织，应该进一步了解国外政策整合思想、理论的发展态势，充分掌握当前世界各国政策整合发展的基本状况，全面把握该领域的研究进展和实践特点，树立全面、正确的政策整合观。只有这样，才能以科学的态度对待政策整合，真正认识政策整合对提高政策质量和决策水平的重要作用，以及政策整合在国家行政管理和经济社会发展中的重要意义，从而缩小中外政策整合在理论研究和实际应用方面的差距。应该认识到，20世纪60年代后，国外政策整合理论研究已在各个领域取得积极进展，并对实践发展产生了重要的推动作用。特别是近十几年来，许多国家在与政策整合有关的法律制度建设、整合组织建设和专业人才培养，以及整合理论和方法体系构建方面，都取得了许多新的进展，并收到了良好的成效。但是，对于国外这些理论研究的进展和实践经验，国内学术界和公共管理部门，特别是各级领导层，还缺乏足够的了解，还普遍存在着按主观判断和传统经验对待和处理公共政策的现象，对政策整合问题缺乏应有的重视。这都在一定程度上造成了中国政策整合工作发展的缓慢和滞后。

其次，应积极促使公共部门及其工作人员充分认识到，公共政策整合可以克服政策冲突、政策失误，提高管理绩效，是实现政府治理机制优化的重要途径，是推进国家治理体系与治理能力现代化的重要抓手。否则，在严格、全面、制度化的责任政府体制下，没有有效的公共政策整合机制的保障，他们必然会为自身的政策失误和政策冲突付出本可以避免的代价。也就是说，政策整合需要公共部门、公职人员的充分理解

---

① 王浦劬：《论转变政府职能的若干理论问题》，《国家行政学院学报》2015年第1期。

和支持，并在实际工作中自觉地运用现代公共政策整合的理论和方法，真正发挥政策整合的作用，切实提高公共政策的质量。①

最后，应通过公共政策整合的实施，在社会各领域积极传播和扩大政策整合的影响，增强非政府政策整合组织、大众媒体和社会公众的参与意识，共同促进政策整合的发展和公共政策水平的提高。只有这样，才能增强社会各界对公共政策整合工作的信心，提高对政策整合问题重要性的认识，并积极参与这一进程中去，从而与政府整合组织形成良性互动，共同促进我国公共政策整合体系的建设和发展，以实现政府治理机制的优化，推进国家治理体系与治理能力现代化。

（二）建构科学规范的政策整合理论与方法体系，为公共政策整合提供方法论指导

我国当前的公共政策整合一直缺乏成熟的政策整合理论、方法和技术的指导，主要是凭借经验判断而非专业知识来指导、衡量和评价。因此，建构面向 21 世纪的中国政策整合理论和方法体系，应成为今后加强政府管理、推进国家治理体系与治理能力现代化的一项重要内容。一方面，我们需要借鉴西方发达国家先进的政策整合理论、方法与技术；另一方面，则应根据中国国情，将这些理论和经验本土化，并有针对性地应用于中国的实践。②

近年来，西方公共政策整合理论方法体系研究主要集中在以下几点：（1）政策整合的理论基础；（2）政策整合标准；（3）政策整合的具体方法；（4）政策整合的制度安排及其在不同国家的适用性等。③

建构中国公共政策整合理论方法体系，既应积极学习和借鉴国外成熟的政策整合理论，也应考虑自身实际发展背景，努力构建适合中国国情的、规范的、完整的、针对性强的公共政策整合理论方法体系。具体

---

① 负杰：《公共政策的科学评估与责任体系——以法治为基础的责任化政府体制建设》，《人民论坛·学术前沿》2014 年第 6 期。

② 参见陈振明主编《政策科学——公共政策分析导论》，中国人民大学出版社 2003 年版，第 338—339 页；谢媛《政策评估模式及其应用》，硕士学位论文，厦门大学，2001 年。

③ 参见［美］R. M. 克朗《系统分析和政策科学》，陈东威译，商务印书馆 1985 年版，第 74 页；王永生《试析公共政策评估及其规范》，《理论探讨》2000 年第 5 期。

而言，以下问题应该成为中国公共政策整合理论方法体系研究建设的重点：（1）政策整合的性质与内涵问题；（2）政策整合的主体问题，谁来整合；（3）政策整合的目的与价值导向问题，为什么整合；（4）政策整合的方法论问题，怎样整合；（5）政策整合的内容和界限问题，整合什么等。①

（三）建立完善政策整合法律体系，推进公共政策整合的制度化建设

若要实现公共政策整合促进政府治理机制优化的目标，首先就要做好公共政策整合体系的建设和完善，以权威、规范和有效的法律与制度体系建设保障公共政策整合的权威性、规范性和有效性。我国的公共政策整合体系建设，就是建立健全完善最优化的公共政策整合制度安排。努力完善公共政策整合法律体系，推进公共政策整合的制度化建设可从以下着力。

一要积极建构完善政府问责机制。政府问责机制对公共政策整合极其重要，在政府问责机制下，不论政府是"良"还是"恶"，政府官员能力是高是低，愿意与否，他们都必须采取各种手段尽可能地追求良好的政策效果，否则就必须为此承担责任，付出应有的代价，追究其经济责任、政治责任、道义责任、甚至刑事责任等。②

二要努力实现公共政策整合的法律化和制度化。公共政策整合既关系到政策制定与执行者的声誉，也关系到公众、企业的切身利益，政策整合必须具有权威性和严肃性。针对当前中国公共政策整合法律和制度欠缺的问题，应尽快出台规范公共政策整合的《公共政策整合法》，使公共政策整合能在法律框架下运行，保障政策整合的规范性、权威性和严肃性。③ 为防止公共政策整合过程中的随意性，必须制定严格的行政程序法以规制公共政策整合的过程，力戒口头性、临时性、随意性等忽视政策整合程序的做法，建立刚性的公共政策整合程序。只有努力完善公共

---

① 负杰：《论现代社会条件下的政府政策评估》，《江苏行政学院学报》2005 年第 8 期。

② 参见陈登《我国公共政策绩效评价机制研究》，硕士学位论文，华南理工大学，2013年；负杰《论现代社会条件下的政府政策评估》，《江苏行政学院学报》2005 年第 8 期。

③ 朱仁显：《发展我国政策评估的若干构想》，《理论探讨》1999 年第 7 期；魏淑艳、刘振军：《我国公共政策评估方式分析》，《东北大学学报》（社会科学版）2003 年第 11 期。

政策整合法律体系，推进政策整合的制度化建设，中国的公共政策整合才能走上规范、科学和有效。①

（四）建立健全政府与民间、专业化与综合化相结合独立的政策整合组织和人员体系，推进公共政策整合规范化建设

纵观公共政策整合开展得比较好的国家，无不具备相对完善的政策整合组织和职业化的公共政策整合人员。英国、加拿大、日本比较重视政府系统内部的政策整合组织建设，而美国的非政府独立政策整合机构则很发达，韩国则注重于政府内外两方面整合组织的结合。这些国家在公共政策整合组织及人员体系建设方面都有一个共同的特点，即公共政策整合组织体系健全、相对独立，而且拥有大批以此为职业的专业化政策整合人员。②

我国建立健全的独立的专业的公共政策整合组织和人员体系，可以考虑从以下几方面推进。

1. 在政府系统内部建立正式的、独立的政策整合机构

保持政策整合的独立性，是健全政策整合体系的基础和前提。我们所说的独立性，一是指政策整合机构应该是独立的，并具有相应的制度保障；二是政策整合行为具有独立性，不受领导决策层、执行层或其他利益团体的影响。只有政策整合机构获得了独立性，才能确保政策整合行为的独立性。③ 要开展政策整合，建立政府系统内部相对独立的政策整合组织就非常重要。公共政策整合是一件非常复杂的事情，它所需要的知识储备和科学素养，已远远超越了一般民众的能力范围。虽然从政治参与的角度看，公众也是政策整合的主体之一，但是，从专业化角度和效率水平来看，公众作为政府政策的直接整合主体显然是不合适的，而且在实践中也不具有可操作性。建立政府内部独立的、专业化的政策整

---

① 负杰：《公共政策的科学评估与责任体系——以法治为基础的责任化政府体制建设》，《人民论坛·学术前沿》2014 年第 6 期。

② 参见谢媛《政策评估模式及其应用》，硕士学位论文，厦门大学，2001 年；刘明然《推进我国公共政策评估的思考》，硕士学位论文，湖南大学，2006 年；负杰《论现代社会条件下的政府政策评估》，《江苏行政学院学报》2005 年第 8 期。

③ 参见陈登《我国公共政策绩效评价机制研究》，硕士学位论文，华南理工大学，2013 年。

合队伍是相当有必要的。

我国各级党委政府已存在政策研究组织，可以以政研组织为基础，赋予并强化这些机构的政策整合职能。把公共政策制定、政策执行交给决策层和执行部门分别履行，把政策整合职能交由独立的政策研究机构履行，使其各司其职、各负其责，增强独立性。国家应积极采取措施，支持政府内部政策整合组织的建立健全，对政策整合机构的职能范围进行明确界定和规范，并使之实现职能转型，成为政策整合体系的主干力量。①

2. 加强政策整合专业队伍建设，积极推进政策整合人员的专业化职业化

公共政策整合是集实践经验和理论研究于一体的、知识含量和技术要求较高的政策活动，政策的整合直接关系到政策的执行效果，也直接关系到千百万人的利益，需要由高水平的政策整合者来承担。正式的公共政策整合者应该是经过严格培训、慎重选择的、有较高技术能力和理论素养的专家。否则，很难从根本上保证政策整合的质量和效率。②

我国当前对公共政策整合的需求极大，但是专业化的人才队伍却非常缺乏。必须加强对现有的政府决策人员和政策整合人员的教育、培训，使其掌握政策整合的科学理论和相关技术方法，尽快从"外行"变成"内行"；必须采取有效措施，鼓励和吸引政策分析专业人士到政策整合组织中任职；加强政府系统政策整合人员与非政府政策整合人员的交流、沟通和合作，最大限度地实现资源和信息共享，构建面向 21 世纪的政策整合专业人才队伍体系。③

3. 大力扶植和发展体制外的民间政策整合体系

公共政策整合还需要有政府体系之外的体制和机制相配合、相协

---

① 参见陈登《我国公共政策绩效评价机制研究》，硕士学位论文，华南理工大学，2013 年。

② 丘昌泰：《公共政策：当代政策科学理论之研究》，台北巨流图书公司 1999 年版，第 167—168 页；魏淑艳、刘振军：《我国公共政策评估方式分析》，《东北大学学报》（社会科学版）2003 年第 11 期；尹跃：《我国海洋战略与公共政策评估中存在的问题及对策》，《佳木斯大学社会科学学报》2013 年第 4 期。

③ 刘明然：《推进我国公共政策评估的思考》，硕士学位论文，湖南大学，2006 年。

调。现实生活中我们还没有摆脱政府体制因素对政策整合独立性的影响。要保证政策整合结果的客观性有效性，就必须辅之以外部的、非政府的独立政策整合体系，特别是要发展民间的学术性和产业性政策整合组织。

为改变我国政策整合的体制性弊病（政府或体制内政策研究机构自行整合），[①] 应该积极培育非政府的政策整合组织，并逐渐形成政府组织和民间社会组织相结合的政策整合体制。由政府以外的中介组织和科研机构竞争性承担政策整合工作，既能够降低政府行政成本，还可以提高政策整合的质量和效率，这也是国外政策整合体系建设的成功经验之一。在美国，大量的政策整合事务都是由政府外的社会中介组织和科研机构承担，这些科研机构集中了大量的专家学者，[②] 他们在研究的独立性、客观性、灵活性以及视野的广阔性和眼光的长远性方面，都具有独特的优势，因而构成了美国政策整合的一支主力军。[③]

民间的政策整合组织更加超然中立，更容易保持客观、公正、科学的态度。民间政策整合组织中，研究人员基础理论较强，专业知识扎实，学术思想活跃，吸收新理论、新方法的速度快、周期短，他们应成为我国体制内政策整合研究的重要补充力量。受组织特性所决定，非政府政策整合组织也存在一定的局限性，比如在政策整合所需的内部信息资料方面、在将政策整合成果转化为政策实践方面、在经费保障方面等，与体制内的政策整合组织相比劣势较明显。这些在一定程度上影响和制约了非政府政策整合组织的发展。除了专门性的政策整合机构，报刊、电视等大众媒体和社会公众也会对政策整合过程产生实际影响，是政府体系之外重要的非正式整合主体，应注意引导和发挥它们的作用，共同为我国科学化的政策整合工作做贡献。综上所述，我国的公共政策整合应在政府内部整合的基础上，积极扶植和发展政府体制之外的民间政策整

---

① 参见尹苹苹《政府成本理论及其控制研究》，硕士学位论文，西南财经大学，2007 年；魏淑艳、刘振军《我国公共政策评估方式分析》，《东北大学学报》（社会科学版）2003 年第 11 期。

② 参见尹苹苹《政府成本理论及其控制研究》，硕士学位论文，西南财经大学，2007 年。

③ 魏淑艳、刘振军：《我国公共政策评估方式分析》，《东北大学学报》（社会科学版）2003 年第 11 期。

合体系，以保证政策整合的客观、公正、科学。[①]

总之，中国的经济发展已步入新常态，政府公共管理面临的各种新挑战已对公共政策整合提出了更高的要求。我们应该从国情出发，扬弃和借鉴发达国家政策整合的有益经验，积极建构面向 21 世纪的、具有中国特色的公共政策整合理论方法体系、法律制度体系和组织人员体系，努力实现政策整合的科学化、制度化和规范化，全面提高中国的公共政策质量和水平，[②] 优化政府治理机制，以推进国家治理体系与治理能力现代化。

---

① 刘明然：《推进我国公共政策评估的思考》，硕士学位论文，湖南大学，2006 年；魏淑艳、刘振军：《我国公共政策评估方式分析》，《东北大学学报》（社会科学版）2003 年第 11 期。

② 负杰：《论现代社会条件下的政府政策评估》，《江苏行政学院学报》2005 年第 8 期。

附 录 一

我国扶持低碳经济发展的公共政策
整合问题研究纸本调查问卷

访问地点：　　　　　　　　　　　问卷编号：
市（县、区）　　　乡镇（街道）　　村（居）委会

尊敬的受访者：

您好！

我们是国家社会科学基金项目"我国扶持低碳经济发展的公共政策整合问题研究"课题组的问卷调查员。为深入了解我国当前环境保护现状、低碳经济发展现状、低碳经济扶持政策及其整合面临的突出问题、更好地为政府扶持低碳经济发展提供决策服务，我们特组织了本次调查。

问卷填写不记姓名。请在符合您实际情况或想法的选项前的"□"内打"√"。

我们承诺严格遵守《统计法》，对您所提供的情况予以保密。

衷心感谢您的支持和帮助！

A：基本情况

A1. 您的性别：

□男　　　□女

A2. 您的年龄：

□16—25 岁　　□26—35 岁　　□36—45 岁　　□46—55 岁

□55 岁以上

A3. 您的文化程度：

□初中及以下　　□中专（高中）　　□大专　　□本科　　□硕士及以上

A4. 您的政治面貌：

□共青团员　　□中共党员（含预备党员）　　□民主党派成员
□群众

A5. 您的工作年限：

□5 年以下（含 5 年）　　□5—10 年　　□10—20 年　　□20 年以上

A6. 您的年收入：

□1 万以下　　□1 万—3 万元　　□3 万—5 万元　　□5 万—8 万元　　□8 万元以上

A7. 您家庭的主要收入来源（可多选）：

□种地　　□工资　　□经商　　□投资　　□务工　　□其他

A8. 您目前的户口登记状况：

□农业户口　　□非农业户　　□没有户口

A9. 您的职业：

□无业人员　　□农民（其中：□从未外出务工　　□经常外出务工□一直在外务工）　　□个体工商户　　□企业普通工人（职员）
□专业技术人员　　□企业管理人员　　□私营企业主　　□行政（事业）单位办事人员　　□行政（事业）单位管理人员　　□其他_____

B：您对当前我国低碳经济发展的宏观判断与认识

B1. 您认为当前我国低碳经济发展形势总体上是否稳定乐观？
□很稳定　　□较稳定　　□不稳定　　□很不稳定　　□不知道

B2. 您认为当前我国经济发展与环境保护矛盾与冲突是否严重？
□很严重　　□较严重　　□不严重　　□没有矛盾　　□不知道

B3. 您觉得这些矛盾对低碳经济的发展有何影响？
□严重阻碍　　□有不利影响　　□总体上不妨碍江西发展
□没有太多关系　　□不好说

B4. 你认为这些矛盾的发展趋势是什么？

□会很快解决　　□将持续减弱　　□将会持续较长的时间　□更加严峻　　□不好说

B5. 您认为政府在发展经济、生态建设与环境保护方面哪一项做得最好？

□生态建设　　□环境保护　　□生态补偿　　□环保执法　□低碳经济　　□节能减排　　□其他_____

B6. 您认为政府发展低碳经济方面的态度和作为如何？

□很重视　　□较重视　　□不重视　　□没有重视　　□不好说

B7. 您认为我国低碳经济发展的整体态势如何？

□很好　　□较好　　□不好　　□很不好　　□不知道

B8. 您认为政府扶持低碳经济发展的实际效果如何？

□很好　　□较好　　□不好　　□很不好　　□不知道

B9. 您认为企业在发展低碳经济方面的态度和作为如何？

□很重视　　□较重视　　□不重视　　□没有重视　　□不好说

B10. 您认为公众对发展低碳经济方面的态度和作为如何？

□很重视　　□较重视　　□不重视　　□没有重视　　□不好说

B11. 您认为媒体对发展低碳经济的宣传报道如何？

□很重视　　□较重视　　□不重视　　□没有重视　　□不好说

B12. 您认为影响我国低碳经济发展的关键因素是什么？

□生态建设　　□环境保护　　□生态补偿　　□环保执法
□低碳技术　　□公众意识　　□政府倡导　　□其他_____

B13. 您认为破解我国低碳经济发展瓶颈的突破口是什么？

□政府引领和倡导　　□企业自觉自为　　□公众低碳消费意识
□环保执法严厉　　□低碳技术发展　　□环境产权意识
□其他_____

B14. 您认为未来我国经济发展的走势是什么？

□高耗能高污染高排放的高碳经济　　□低能耗低污染低排放的低碳经济　　□其他_____

C：评价我国以下生态环境问题的严重程度

内容描述	严重程度				
	非常严重	比较严重	一般	不严重	不好说
C1. 实际污染率不高，生态破坏不多	☐	☐	☐	☐	☐
C2. 各地区环境破坏差距较大	☐	☐	☐	☐	☐
C3. 环境保护法治不健全，环境权益受损时难以得到司法公正解决	☐	☐	☐	☐	☐
C4. 城乡居民生态环境保障存在问题	☐	☐	☐	☐	☐
C5. 污染严重，挑战居民实际承受极限	☐	☐	☐	☐	☐
C6. 食品安全存在很大隐患，给居民健康生活带来威胁	☐	☐	☐	☐	☐
C7. 大气、饮用水，及种植土壤污染等问题	☐	☐	☐	☐	☐
C8. 环保执法官员腐败问题	☐	☐	☐	☐	☐
C9. 在征地、拆迁、市政施工等方面，存在环境补偿价格太低、暗箱操作及工作方式粗暴等问题	☐	☐	☐	☐	☐
C10. 山林流转过程中农民环境利益受损问题	☐	☐	☐	☐	☐
C11. 矿产资源经济利益与生态环境效益纠纷问题	☐	☐	☐	☐	☐
C12. 公共工程、大型项目事前环境评估的弱化、形式化问题	☐	☐	☐	☐	☐
C13. 基层环保执法存在不透明、不民主等问题	☐	☐	☐		☐
C14. 城乡水电路等基础设施对生态环境的破坏问题	☐	☐	☐	☐	☐
C15. 自然环境污染和生态破坏问题	☐	☐	☐	☐	☐
C16. 企业排污、环保设备投入不足等违法犯罪问题	☐	☐	☐	☐	☐
C17. 生态环境不好，个人安全感下降	☐	☐	☐	☐	☐

D：评价我国以下人群关系

内容描述	紧张程度				
	非常紧张	比较紧张	一般	不紧张	不好说
D1. 政府环保部门与污染企业关系	☐	☐	☐	☐	☐

续表

内容描述	紧张程度				
	非常紧张	比较紧张	一般	不紧张	不好说
D2. 排污企业与大众传媒关系	☐	☐	☐	☐	☐
D3. 低碳经济管理部门与低碳行业关系	☐	☐	☐	☐	☐
D4. 排污企业与相关群众关系	☐	☐	☐	☐	☐
D5. 环保执法者与公众关系	☐	☐	☐	☐	☐

E：环境保护评价

E1. 您认为目前政府处理生态环境矛盾冲突的效果如何

☐很有效　　☐比较有效　　☐效果很差　　☐不好说（不清楚）

E2. 您认为地方政府处理生态环境矛盾存在的问题包括哪些（可多选）

☐缺乏公正　　☐滥用权力　　☐过于软弱　　☐行政不作为
☐违背法制

E3. 您认为地方政府处理生态环境污染突发性事件存在的问题包括哪些（可多选）

☐装备落后　　☐反应迟缓　　☐信息发布滞后　　☐舆情引导不力　　☐应急预案不完善

E4. 您认为目前环保部门存在哪些问题（可多选）

☐形同虚设　　☐效率太低　　☐不能解决问题　　☐权限太小
☐工作人员素质低下　　☐其他

E5. 当您跟其他人之间发生环境污染等矛盾，您首先愿意找谁解决

☐村委会（居委会）　　☐本地有威望的人　　☐政府　　☐法院
☐黑恶势力　　☐其他_____

E6. 您在遭遇环境污染时最想诉求的渠道是

☐本地政府　　☐上级政府　　☐信访局　　☐法院　　☐网络媒体　　☐其他_____

E7. 您认为当前环境污染的严重程度

☐很多　　☐较多　　☐一般　　☐较少　　☐没有

E8. 当您遇到生态环境污染破坏时，您是否采取过下列行动（可多

选）

　　□直接向基层干部反映意见　　□向各级信访机构上访　　□找记者媒体曝光　　□通过各种政治团体反映意见　　□通过各级人大代表反映意见　　□打电话、写信给有关政府部门　　□找领导的朋友或熟人说情　　□上法院去告他　　□游行、示威、静坐　　□网络媒体□其他_____

　　F：您对我国政府支持低碳经济发展的公共政策评价
　　F1. 您认为政府对发展低碳经济的态度和作为如何？
　　□很重视　　□较重视　　□不重视　　□没有重视　　□不好说
　　F2. 您认为政府扶持低碳经济发展的实际效果如何？
　　□很好　　□较好　　□不好　　□很不好　　□不知道
　　F3. 您认为政府支持低碳经济发展的公共政策供给如何？
　　□很充足　　□较充足　　□不充足　　□很不充足　　□不知道
　　F4. 您认为政府扶持低碳经济发展的公共政策在哪些方面需要加强供给？
　　□生态建设　　□环境保护　　□生态补偿　　□环保执法
　　□低碳技术　　□公众意识　　□政府倡导　　□媒体宣传
　　□其他_____
　　F5. 您认为企业在发展低碳经济方面哪些需要突破？
　　□低碳技术　　□低碳生产　　□环保设备　　□降低低碳成本□降低低碳产品价格　　□引导低碳消费　　□培养低碳消费习惯□其他_____
　　F6. 您认为公众在发展低碳经济方面哪些需要作为？
　　□接受低碳经济理念　　□培养低碳消费习惯　　□宣传低碳生活方式　　□监督举报高碳生产　　□维护生态环保权益　　□抵制高耗能高污染高排放奢华生活方式　　□其他_____
　　F7. 您认为媒体在发展低碳经济方面哪些需要作为？
　　□宣传倡导低碳生活方式　　□监督举报高碳生产　　□维护生态环保权益　　□普及推广低碳技术　　□宣传解释政府政策
　　G：您对政府扶持低碳经济发展的公共政策整合问题的认识
　　G1. 您认为政府扶持发展低碳经济的公共政策是否需要整合？

□很需要　　　□较需要　　　□不需要　　　□没有需要　　　□不好说

G2. 您认为政府扶持低碳经济发展的公共政策是否有冲突和矛盾、程度如何？

□很严重　　　□较严重　　　□不严重　　　□没有　　　□不知道

G3. 您认为政府扶持低碳经济发展的公共政策冲突和矛盾表现在哪些方面？

□部门设置重复　　　□机构职能交叉　　　□政策冲突抵消　　　□措施分散无力　　　□执行软弱　　　□行政不作为　　　□其他_____

G4. 您认为政府扶持低碳经济发展的公共部门冲突和矛盾表现在哪些方面？

□部门设置重复　　　□机构职能交叉　　　□执行软弱　　　□行政不作为　　　□其他_____

G5. 您认为政府扶持低碳经济发展的具体措施冲突和矛盾表现在哪些方面？

□激励力度不够　　　□惩处力度欠缺　　　□具体措施没有合力　□具体措施没有联动机制　　　□其他_____

G6. 您认为政府扶持低碳经济发展的公共政策评估机制如何？

□很好　　　□较好　　　□不好　　　□没有　　　□不知道

G7. 您认为政府扶持低碳经济发展的公共政策体系如何？

□很好　　　□较好　　　□不好　　　□没有　　　□不知道

G8. 您认为政府扶持低碳经济发展的公共政策该如何整合？

□建立公共部门协调机制　　　□建立公共政策整合机制　　　□建立激励措施联动机制　　　□建立公共政策整合评估机制　　　□其他_____

G9. 您认为如何建立公共部门协调机制？

□跨部门协调委员会　　　□行政首长协调　　　□部门自我协调　□以上综合　　　□其他_____

G10. 您认为如何建立公共政策整合机制？

□跨部门委员会整合　　　□行政首长指导整合　　　□行政部门自我整合　　　□政研部门初步整合政府认定　　　□智库初步整合政府认定　□其他_____

G11. 您认为如何建立激励措施联动机制？

　　□专门执行机构　　□行政首长督办　　□办公厅督办　　□部门间联动机构　　□其他＿＿＿＿＿

　　H：您对化解我国扶持低碳经济发展的公共政策整合问题，加强国家治理体系与治理能力现代化有何建议？

＿＿＿＿＿＿＿＿＿＿＿＿＿＿＿＿＿＿＿＿＿＿＿＿＿＿＿＿＿＿＿＿＿＿

＿＿＿＿＿＿＿＿＿＿＿＿＿＿＿＿＿＿＿＿＿＿＿＿＿＿＿＿＿＿＿＿＿＿

＿＿＿＿＿＿＿＿＿＿＿＿＿＿＿＿＿＿＿＿＿＿＿＿＿＿＿＿＿＿＿＿＿＿

＿＿＿＿＿＿＿＿＿＿＿＿＿＿＿＿＿＿＿＿＿＿＿＿＿＿＿＿＿＿＿＿＿＿

＿＿＿＿＿＿＿＿＿＿＿＿＿＿＿＿＿＿＿＿＿＿＿＿＿＿＿＿＿＿＿＿＿＿

　　　　　　　　　　　调查员（签名）：

　　　　　　　　　　　调查日期：　　年　　月　　日

附 录 二

我国扶持低碳经济发展的公共政策整合问题研究网络调查问卷

调查目的：了解当前我国低碳经济发展现状、面临的突出问题及政府扶持政策，为政府拟定支持低碳经济发展的公共政策提供决策服务。

调查者：《我国扶持低碳经济发展的公共政策整合问题研究》课题组

1. 您认为当前我国经济发展与环境保护矛盾与冲突是否严重？

□很严重 □较严重 □不严重 □没有矛盾 □不知道

2. 您认为这些矛盾的发展趋势是什么？

□会很快解决 □将持续减弱 □将会持续较长的时间

□更加严峻 □不好说

3. 您认为当前我国低碳经济发展形势总体上是否稳定乐观？

□很稳定 □较稳定 □不稳定 □很不稳定 □不知道 □其他

4. 您认为政府在发展经济、生态建设与环境保护方面哪一项做得最好？

□生态建设 □环境保护 □生态补偿 □环保执法

□低碳经济 □节能减排 □经济发展 □其他_____

5. 您认为政府发展低碳经济方面的态度和作为如何？

□很重视 □较重视 □不重视 □没有重视 □不好说

6. 您认为政府支持低碳经济发展的公共政策供给如何？

□很充足 □较充足 □不充足 □很不充足 □不知道

7. 您认为政府扶持低碳经济发展的公共政策在哪些方面需要加强供给？

□生态建设　□环境保护　□生态补偿　□环保执法

□低碳技术　□公众意识　□政府倡导　□媒体宣传　□其他____

8. 您认为企业在发展低碳经济方面哪些需要突破?

□低碳技术　□低碳生产　□环保设备　□降低低碳成本

□降低低碳产品价格　□引导低碳消费　□培养低碳消费习惯　□其他_____

9. 您认为公众在发展低碳经济方面哪些需要作为?

□接受低碳经济理念　□培养低碳消费习惯　□宣传低碳生活方式

□监督举报高碳生产　□维护生态环保权益　□抵制高耗能高污染高排放奢华生活方式　□其他_____

10. 您认为媒体在发展低碳经济方面哪些需要作为?

□宣传倡导低碳生活方式　□监督举报高碳生产　□维护生态环保权益　□普及推广低碳技术　□宣传解释政府低碳政策　□其他_____

11. 您认为政府扶持低碳经济发展的实际效果如何?

□很好　□较好　□不好　□很不好　□不知道

12. 您认为政府扶持发展低碳经济的公共政策是否需要整合?

□很需要　□较需要　□不需要　□没有需要　□不好说

13. 您认为政府扶持低碳经济发展的公共政策冲突和矛盾表现在哪些方面?

□政策冲突抵消　□措施分散无力　□政策重合　□政策虚化

□政策执行不到位　□政策奖惩机制缺乏　□其他_____

14. 您认为政府扶持低碳经济发展的公共部门冲突和矛盾表现在哪些方面?

□部门设置重复　□机构职能交叉　□执行软弱　□行政不作为□其他_____

15. 您认为政府扶持低碳经济发展的具体措施冲突和矛盾表现在哪些方面?

□激励力度不够　□惩处力度欠缺　□具体措施分散软弱无力

□具体措施没有联动协同机制　□其他_____

16. 您认为政府扶持低碳经济发展的公共政策该如何整合?

□建立公共部门协调机制　□建立公共政策整合机制　□建立激励

措施联动机制　□建立公共政策整合评估机制　□其他_____

　　17. 您对支持我国低碳经济发展，加强政府扶持政策整合有何建议？

_____

_____

_____

_____

参考文献

一　马克思主义经典著述

1. 《马克思恩格斯选集》第1—4卷，人民出版社1995年版。
2. 《列宁选集》第1—4卷，人民出版社1972年版。
3. 《毛泽东选集》第1—4卷，人民出版社1991年版。
4. 《毛泽东著作选读》下册，人民出版社1986年版。
5. 《邓小平文选》第1、2卷，人民出版社1994年版。
6. 《邓小平文选》第3卷，人民出版社1993年版。
7. 《江泽民文选》第1—3卷，人民出版社2006年版。

二　中国共产党和中国政府文献资料

1. 《十一届三中全会以来重要文献选编》（上），人民出版社1982年版。
2. 《十一届三中全会以来重要文献选编》（下），人民出版社1982年版。
3. 《十二大以来重要文献选编》（上），人民出版社1986年版。
4. 《十二大以来重要文献选编》（中），人民出版社1986年版。
5. 《十三大以来重要文献选编》（上），人民出版社1992年版。
6. 《十三大以来重要文件选编》（下），人民出版社1993年版。
7. 《十四大以来重要文献选编》（上），人民出版社1995年版。
8. 《十五大以来重要文献选编》（上），人民出版社2000年版。
9. 《中国共产党第十六次全国代表大会文件汇编》，人民出版社2002年版。

10. 十六届四中全会通过的《中共中央关于加强党的执政能力建设的决定》。

11. 《中国共产党章程》总纲。

12. 中共十七大审议并通过的《中国共产党章程（修正案）》。

13. 1982 年《中华人民共和国宪法》序言和总纲。

14. 《中华人民共和国物权法》总则，法律出版社 2007 年版。

15. 《中华人民共和国政府信息公开条例》，法律出版社 2007 年版。

16. 全国人大常委会办公厅研究室编著：《人民代表大会制度建设四十年》，中国民主法制出版社 1991 年版。

17. 国务院研究室编：《政府工作报告全编》，中国言实出版社 2004 年版。

18. 《关于印发国务院办公厅职能配置内设机构和人员编制规定的通知》，《中华人民共和国国务院公报》1998 年 7 月 15 日。

19. 国务院办公厅秘书局、中央编委办公室综合司编：《中央政府组织机构》，改革出版社 1998 年版。

20. 国家统计局编：《中国统计年鉴》2008 年、2009 年、2010 年、2011 年、2012 年、2013 年、2014 年，中国统计出版社。

21. 国家统计局编：《新中国五十年统计资料汇编》，中国统计出版社 1999 年版。

22. 温家宝 2010 年政府工作报告。

23. 国务院新闻办公室：《中国应对气候变化的政策与行动（白皮书）》2008 年。

24. 《中华人民共和国可再生能源法》。

25. 《中华人民共和国节约能源法》。

26. 《中华人民共和国固体废物污染环境防治法》。

27. 《中华人民共和国大气污染防治法》。

28. 《中华人民共和国环境保护法》

29. 《中华人民共和国清洁生产促进法》。

30. 《节能中长期专项规划》。

31. 《关于积极应对气候变化的决议》。

32. 《中国应对气候变化国家方案》。

33. 《关于加强节能工作的决定》。

34. 《关于加快发展循环经济的若干意见》。

35. 《国家环境保护"十二五"规划》。

36. 《气候变化国家评估报告》。

37. 《国务院关于印发中国应对气候变化国家方案的通知》,《中华人民共
    和国国务院公报》2007 年 7 月 20 日。

38. 国务院新闻办公室:《中国的能源状况与政策》白皮书,2007 年
    12 月。

39. 《十一届全国人大三次会议主要精神和贯彻意见》,《福建省人民代表
    大会常务委员会公报》2010 年 5 月 11 日。

40. 《环保法律法规汇编 2012》,http://www.docin.com。

41. 《中华人民共和国可再生能源法》,《中国环保产业》2005 年 4 月
    25 日。

三 中文译著

1. [古希腊] 柏拉图:《理想国》,郭斌和译,商务印书馆 1986 年版。

2. [古希腊] 柏拉图:《政治家》,洪涛译,北京广播学院出版社 1994
   年版。

3. [古希腊] 亚里士多德:《政治学》,吴涛彭译,商务印书馆 1981
   年版。

4. [古希腊] 亚里士多德:《雅典政制》,林志纯译,商务印书馆 1987
   年版。

5. [古罗马] 奥古斯丁:《上帝之城》,庄陶译,商务印书馆 1986 年版。

6. [美] 列奥·施特劳斯等主编:《政治哲学史》,李天然等译,河北人
   民出版社 1998 年版。

7. [美] 萨拜因:《政治学说史》,刘山译,商务印书馆 1986 年版。

8. [美] 格林斯坦、波尔斯比编:《政治学手册精选》,竺乾威等译,商
   务印书馆 1996 年版。

9. [美] 汉密尔顿:《联邦党人文集》,程逢如等译,商务印书馆 2004
   年版。

10. [美] 哈罗德·D. 拉斯韦尔:《政治学——谁得到什么?何时和如何

得到?》，杨昌裕译，商务印书馆 1992 年版。

11. ［美］戴维·伊斯顿：《政治体系——政治学状况研究》，马清槐译，商务印书馆 1990 年版。

12. ［美］戴维·伊斯顿：《政治生活的系统分析》，王浦劬译，华夏出版社 1999 年版。

13. ［美］亨廷顿：《变化社会中的政治秩序》，王冠华译，生活·读书·新知三联书店 1989 年版。

14. ［美］汤普森编：《宪法的政治理论》，张志铭译，生活·读书·新知三联书店 1997 年版。

15. ［美］阿尔蒙德、小鲍威尔：《比较政治学：体系、过程和政策》，曹沛霖等译，上海译文出版社 1987 年版。

16. ［美］阿尔蒙德等著：《公民文化》，徐湘林译，华夏出版社 1989 年版。

17. ［美］罗伯特·达尔：《现代政治分析》，吴勇译，上海译文出版社 1987 年版。

18. ［美］科恩：《论民主》，聂崇信译，商务印书馆 1988 年版。

19. ［美］戴维·赫尔德：《民主的模式》，燕继荣译，中央编译出版社 2004 年版。

20. ［美］熊彼得：《资本主义、社会主义与民主》，吴良健译，商务印书馆 2002 年版。

21. ［美］诺奇克：《无政府、国家与乌托邦》，何怀宏等译，中国社会科学出版社 1991 年版。

22. ［美］罗尔斯：《正义论》，何怀宏等译，中国社会科学出版社 1988 年版。

23. ［美］罗尔斯：《政治自由主义》，万俊人译，译林出版社 2000 年版。

24. ［美］迈克尔·罗斯金：《政治科学》，林震等译，华夏出版社 2001 年版。

25. ［美］摩尔根：《古代社会》，杨东莼译，商务印书馆 1995 年版。

26. ［美］詹姆斯·汤森、布兰特利·沃马克：《中国政治》，江苏人民出版社 1994 年版。

27. ［美］埃德加·博登加默：《法理学》，余履雪译，上海人民出版社

1992 年版。

28. ［美］阿尔温·托夫勒、海蒂·托夫勒：《创造一个新的文明》，陈峰译，上海三联书店 1996 年版。

29. ［美］罗伯特·K. 默顿：《当代社会问题》，纽约哈考特·希雷斯·约瓦诺维奇有限公司 1991 年版。

30. ［美］珍妮特·登哈特：《新公共服务》，丁煌译，中国人民大学出版社 2004 年版。

31. ［美］卡尔·帕顿、大卫·沙维奇：《政策分析和规划的初步方法》，孙兰芝、胡启生译，华夏出版社 2001 年版。

32. ［美］保罗·A. 萨巴蒂尔：《政策过程理论》，彭宗超译，清华大学出版社 2004 年版。

33. ［美］米切尔·黑尧：《现代国家的政策过程》，赵成根译，中国青年出版社 2004 年版。

34. ［美］詹姆斯·E. 安德森：《公共决策》，唐亮译，华夏出版社 1990 年版。

35. ［美］叶海卡·德洛尔：《逆境中的政策制定》，王满船、尹宝虎、张萍译，上海远东出版社 1996 年版。

36. ［美］拉雷·N. 格斯顿：《公共政策的制定——程序和原理》，朱子文译，重庆出版社 2001 年版。

37. ［美］弗兰克·费希尔：《公共政策评估》，吴爱明、李平等译，中国人民大学出版社 2003 年版。

38. ［美］彼得·罗西：《项目评估——方法与技术》，邱泽奇译，华夏出版社 2002 年版。

39. ［美］赫伯特·A. 西蒙：《管理决策新科学》，李柱流、汤俊澄等译，中国社会科学出版社 1982 年版。

40. ［美］保罗·C. 纳特、罗伯特·W. 巴可夫：《公共和第三部门组织的战略管理》，陈振明译，中国人民大学出版社 2002 年版。

41. ［美］查尔斯·J. 福克斯、休·T. 米勒：《后现代公共行政——话语指向》，楚艳红、曹沁颖、吴巧林译，中国人民大学出版社 2002 年版。

42. ［美］戴维·奥斯本：《改革政府——企业精神如何改革着公营部

门》，周敦仁等译，上海译文出版社 1996 年版。

43. ［美］詹姆斯·M. 布坎南：《公共财政与公共选择：两种截然不同的国家观》，类承曜译，中国财政经济出版社 2000 年版。

44. ［美］道格拉斯·C. 诺思：《经济史中的结构与变迁》，陈郁、罗华平译，上海人民出版社 1994 年版。

45. ［美］V. 奥斯特罗姆：《制度分析与发展的反思》，王诚等译，商务印书馆 1996 年版。

46. ［美］保罗·A. 萨缪尔森：《经济学》，高鸿业译，中国发展出版社 1992 年版。

47. ［美］斯蒂格利茨：《经济学》，姚开建等译，中国人民大学出版社 1997 年版。

48. ［美］曼昆：《经济学原理》，梁小民译，北京大学出版社 2001 年版。

49. ［美］唐·埃思里奇：《应用经济学研究方法论》，朱刚译，经济科学出版社 1998 年版。

50. ［美］大卫·N. 海曼：《公共财政——现代理论在政策中的应用》，章彤译，中国财政经济出版社 2001 年版。

51. ［美］F. 卡斯特、J. 罗森茨韦克：《组织与管理——系统方法与权变方法》，傅严等译，中国社会科学出版社 2000 年版。

52. ［美］G. J. 施蒂格勒：《产业组织和政府管制》，潘振民等译，上海三联书店 1989 年版。

53. ［美］R. J. 斯蒂尔曼：《公共行政学》，李方等译，中国社会科学出版社 1988 年版。

54. ［美］R. M. 克朗：《系统分析和政策科学》，陈东威译，商务印书馆 1985 年版。

55. ［美］W. R. 艾什比：《控制论导论》，张理京译，科学出版社 1965 年版。

56. ［美］艾萨克：《政治学：范围与方法》，郑永年译，浙江人民出版社 1987 年版。

57. ［美］查尔斯·E. 林布隆：《政策制定过程》，朱国斌译，华夏出版社 1988 年版。

58. ［美］丹尼尔·W. 布罗姆利：《经济利益与经济制度——公共政策的理论基础》，陈郁等译，上海人民出版社 1996 年版。

59. ［美］冯·贝塔朗菲：《一般系统论：基础·发展·应用》，秋同等译，社会科学文献出版社1987年版。

60. ［美］弗兰克·费希尔：《公共政策评估》，吴爱明、李平等译，中国人民大学出版社2001年版。

61. ［美］盖伊·彼得斯：《政府未来的治理模式》，吴爱明等译，中国人民大学出版社2003年版。

62. ［美］拉塞尔·林登：《无缝隙政府：公共部门再造指南》，汪大海等译，中国人民大学出版社2002年版。

63. ［美］罗伯特·A.达尔：《现代政治分析》，王沪宁译，上海译文出版社1987年版。

64. ［美］罗纳德·H.奇尔科特：《比较政治经济学理论》，高戈译，社会科学文献出版社2001年版。

65. ［美］欧文·拉兹格：《系统、结构和经验》，李创同译，上海译文出版社1997年版。

66. ［美］欧文·拉兹格：《用系统的观点看世界》，闵家胤译，中国社会科学出版社1985年版。

67. ［美］史蒂文·凯尔曼：《制定公共政策》，商正译，商务印书馆1990年版。

68. ［美］苏珊·韦尔奇、约翰·科默：《公共管理中的量化方法：技术与应用》，郝大海等译，中国人民大学出版社2003年版。

69. ［美］威廉·邓恩：《公共政策分析导论》，谢明等译，中国人民大学出版社2002年版。

70. ［美］卡尔·帕顿、大卫·萨维奇：《政策分析和规划的初步方法》，孙兰芝等译，华夏出版社2002年版。

71. ［美］戴维·韦默、［加］艾丹·维宁：《政策分析——理论与实践》，戴星翼等译，上海译文出版社2003年版。

72. ［美］西奥多·H.波伊斯特：《公共与非赢利组织绩效考核：方法与应用》，肖鸣政等译，中国人民大学出版社2005年版。

73. ［美］斯图亚特·S.内格尔：《政策研究：整合与评估》，刘守恒、张福根译，吉林人民出版社1994年版。

74. ［美］苏珊·韦尔奇、约翰·科默：《公共管理中的量化方法：技术与应用》，郝大海译，中国人民大学出版社 2004 年版。

75. ［美］肯尼斯·J. 迈耶、杰弗里·L. 布鲁德尼：《公共管理中的应用统计学》（第5版），李静萍译，中国人民大学出版社 2004 年版。

76. ［美］肯尼斯·F. 沃伦：《政治体制中的行政法》，王丛虎等译，中国人民大学出版社 2005 年版。

77. ［美］戴维·H. 罗森布鲁姆：《公共行政学：管理、政治和法律的途径》，张成福等译，中国人民大学出版社 2002 年版。

78. ［美］托马斯·R. 戴伊：《自上而下的政策制定》，鞠方安译，中国人民大学出版社 2002 年版。

79. ［美］科尼利尔斯·M. 克温：《规则制定——政府部门如何制定法规和政策》，刘璟等译，复旦大学出版社 2007 年版。

80. ［美］罗伯特·B. 登哈特：《公共组织理论》，扶松茂、丁力译，中国人民大学出版社 2004 年版。

81. ［美］伯纳德·施瓦茨著：《行政法》，徐炳译，群众出版社 1986 年版。

82. ［美］欧内斯特·盖尔霍恩、罗纳德·M. 利文：《行政法与行政程序概要》，黄列译，中国社会出版社 1996 年版。

83. ［美］博登海默：《法理学——法律哲学与法律方法》，邓正来译，中国政法大学出版社 1999 年版。

84. ［美］特伦斯·丹提斯、阿兰·佩兹：《宪制中的行政机关：结构、自治与内部控制》，刘刚、江菁、轲翀译，高等教育出版社 2006 年版。

85. ［英］彼得·斯坦、约翰·香德：《西方社会的法律价值》，王献平译，中国法制出版社 2003 年版。

86. ［英］洛克：《政府论》（下），叶启芳、瞿菊农译，商务印书馆 1996 年版。

87. ［英］密尔：《代议制政府》，汪暄译，商务印书馆 1982 年版。

88. ［英］密尔：《论自由》，程崇华译，商务印书馆 1986 年版。

89. ［英］密尔：《功利主义》，唐钺译，商务印书馆 1957 年版。

90. ［英］霍布斯：《利维坦》，黎思复、黎延弼译，商务印书馆 1985 年版。

91. ［英］边沁：《道德与立法原理导论》，时殷弘译，商务印书馆 2000
    年版。

92. ［英］边沁：《政府片论》，沈叔平等译，商务印书馆 1995 年版。

93. ［英］米尔恩：《人的权利与人的多样性》，夏勇、张志铭译，中国大
    百科全书出版社 1995 年版。

94. ［英］迈克尔·曼：《社会权力的来源》（第 1 卷），刘兆成、李少军
    译，上海人民出版社 2002 年版。

95. ［英］简·莱恩：《新公共管理》，赵成根等译，中国青年出版社 2004
    年版。

96. ［英］马尔科姆、卢瑟福：《经济学中的制度——老制度主义和新制
    度主义》，陈建波、郁仲莉译，中国社会科学出版社 1999 年版。

97. ［英］马克·布劳格：《经济学方法论的新趋势》，张大保等译，经济
    科学出版社 2000 年版。

98. ［英］欧阳莹之（Auyang, S. Y.）：《复杂系统理论基础》，田国宝等
    译，上海科技教育出版社 2002 年版。

99. ［英］罗德·黑格、马丁·哈罗普：《比较政府与政治导读》，张小劲
    译，中国人民大学出版社 2007 年版。

100. ［英］亚当·斯密著：《国富论》，谢祖钧、孟晋、盛之译，中南大
     学出版社 2003 年版。

101. ［英］戴雪著：《英宪精义》，雷宾南译，中国法制出版社 2001
     年版。

102. ［英］威廉·韦德：《行政法》，徐炳等译，中国大百科全书出版社
     1997 年版。

103. ［英］丹宁：《法律的训诫》，杨百揆、丁健译，群众出版社 1985
     年版。

104. ［英］沃尔特·白哲特：《英国宪制》，李国庆译，北京大学出版社
     2005 年版。

105. ［英］卡罗尔·哈洛：《法律与行政》，杨伟东等译，商务印书馆
     2004 年版。

106. ［英］哈里·琼尼、卜里安·特惠斯：《用于计划决策的技术预测》，
     陆廷纲等译，复旦大学出版社 1984 年版。

107. ［法］让·里韦罗、让·瓦利纳:《法国行政法》,鲁仁译,商务印书馆 2008 年版。

108. ［法］莫里斯·奥里乌:《行政法与公法需要》(上),龚觅等译,江海出版社 1999 年版。

109. ［法］亨利·法约尔:《工业管理与一般管理》,迟力耕、张璇等译,中国社会科学出版社 1982 年版。

110. ［法］孟德斯鸠:《论法的精神》上册,张雁深译,商务印书馆 2002 年版。

111. ［法］卢梭:《社会契约论》,何兆武译,商务印书馆 2003 年版。

112. ［法］古斯塔夫·佩泽尔著:《法国行政法》,廖坤明、周洁译,国家行政学院出版社 2002 年版。

113. ［法］夏尔·德巴什:《行政科学》,葛智强、施雪华译,上海译文出版社 2000 年版。

114. ［德］马克斯·韦伯:《新教伦理与资本主义精神》,生活·读书·新知三联书店 1987 年版。

115. ［德］马克斯·韦伯:《经济与社会》,林荣远译,商务印书馆 1998 年版。

116. ［德］卡尔·曼海姆:《意识形态与乌托邦》,黎鸣译,商务印书馆 2005 年版。

117. ［德］黑格尔:《法哲学原理》,范扬、张企泰译,商务印书馆 1961 年版。

118. ［德］哈贝马斯:《公共领域的结构转型》,曹卫东译,学林出版社 2002 年版。

119. ［德］约瑟夫·夏辛:《法治》,容敏德译,法律出版社 2005 年版。

120. ［德］瓦尔林·欧根:《经济政策的原则》,上海人民出版社 2001 年版。

121. ［德］汉斯·J. 沃乐夫、奥托·巴霍夫、罗夫尔·施托贝尔:《行政法》,高家伟译,商务印书馆 2002 年版。

122. ［德］哈特穆特·毛雷尔:《行政法学总论》,高家伟译,法律出版社 2000 年版。

123. ［德］弗里德赫尔穆·胡芬:《行政诉讼法》,莫光华译,法律出版社 2003 年版。

124. ［德］平特纳:《德国普通行政法》,朱林译,中国政法大学出版社 1999 年版。

125. ［德］奥托·迈耶:《德国行政法》,刘飞译,商务印书馆 2002 年版。

126. ［德］柯武刚、史漫飞:《制度经济学:社会秩序与公共政策》,韩朝华译,商务印书馆 2002 年版。

127. ［澳］欧文·休斯:《公共管理导论》,彭和平等译,中国人民大学出版社 2001 年版。

128. ［澳］L. 贝塔朗菲:《一般系统理论》,社会科学文献出版社 1987 年版。

129. ［澳］休·史桌顿、莱昂内尔·奥查德:《公共物品、公共企业和公共选择》,黄昭辉等译,经济科学出版社 2000 年版。

130. ［意］马斯泰罗内:《欧洲政治思想史》,黄华光译,社会科学文献出版社 1993 年版。

131. ［意］尼古拉·阿克塞拉:《经济政策原理——价值与技术》,郭庆旺、刘茜译,中国人民大学出版社 2001 年版。

132. ［加］马修·弗雷泽:《软实力》,刘满贵译,新华出版社 2006 年版。

133. ［荷］J. 丁伯根:《经济政策——原理与设计》,张幼文译,商务印书馆 1988 年版。

134. ［荷］A. F. G. 汉肯:《控制与社会》,黎鸣译,商务印书馆 1984 年版。

135. ［荷］汉斯·范登·德尔、本·范·韦尔瑟芬:《民主与福利经济学》,陈刚等译,中国社会科学出版社 1999 年版。

136. ［瑞］埃里克·莱恩:《公共部门——概念、模式和方法》,孙晓莉、张秀琴译,国家行政学院出版社 2003 年版。

137. ［以］叶海卡·德罗尔:《逆境中的政策制定》,王满传等译,上海远东出版社 1996 年版。

138. ［苏联］瓦西林科夫:《苏维埃行政法总论》,姜明安、武树臣译,北京大学出版社 1985 年版。

139. ［日］大桥洋一:《行政法学的结构性变革》,吕艳滨译,中国人民大学出版社 2008 年版。

140. ［日］室井力：《日本现代行政法》，吴微译，中国政法大学出版社 1995 年版。

141. ［日］盐野宏：《行政法》，杨建顺译，法律出版社 1999 年版。

142. ［日］西尾胜：《行政法》，王桂荣等译，中国人民大学出版社 2006 年版。

143. ［日］长谷川启之：《经济政策的理论基础》，梁小民译，中国计划出版社 1995 年版。

144. ［日］乐师寺泰藏：《公共政策》，张丹译，经济日报出版社 1991 年版。

四　中文专著

1. 刘德厚：《广义政治论》，武汉大学出版社 2004 年版。

2. 虞崇胜：《政治文明论》，武汉大学出版社 2003 年版。

3. 叶娟丽：《行为主义政治学方法论研究》，武汉大学出版社 2005 年版。

4. 刘俊祥：《人本政治论》，中国社会科学出版社 2006 年版。

5. 王沪宁：《比较政治分析》，上海人民出版社 1987 年版。

6. 俞可平：《政治与政治学》，社会科学文献出版社 2003 年版。

7. 王邦佐：《中国政党制度的社会生态分析》，上海人民出版社 2000 年版。

8. 曹沛霖：《政府与市场》，浙江人民出版社 1998 年版。

9. 林尚立：《政府间关系》，浙江人民出版社 1998 年版。

10. 林尚立：《当代中国政治形态研究》，天津人民出版社 2000 年版。

11. 杨海蛟：《政治制度论》，浙江人民出版社 1995 年版。

12. 胡伟：《政府过程》，浙江人民出版社 1998 年版。

13. 王浦劬：《政治学基础》，北京大学出版社 1995 年版。

14. 郭定平：《政党与政府》，浙江人民出版社 1998 年版。

15. 任晓：《中国行政改革》，浙江人民出版社 1998 年版。

16. 陶东明、陈明明：《当代中国政治参与》，浙江人民出版社 1998 年版。

17. 张康之：《寻找公共行政的伦理视角》，中国人民大学出版社 2002

年版。

18. 谢庆奎：《中国政府体制分析》，中国广播电视出版社 1995 年版。

19. 陈振明：《政策科学》，中国人民大学出版社 2003 年版。

20. 郭济：《政府权力运筹学》，人民出版社 2003 年版。

21. 王亚南：《中国官僚政治研究》，中国社会科学出版社 1990 年版。

22. 浦兴祖：《中华人民共和国政治制度》，上海人民出版社 1999 年版。

23. 李元书：《政治发展导论》，商务印书馆 2001 年版。

24. 王敬松：《中华人民共和国政府与政治》，中共中央党校出版社 1995 年版。

25. 杨凤春：《中国政府概要》，北京大学出版社 2002 年版。

26. 朱光磊：《当代中国政府过程》，天津人民出版社 2002 年版。

27. 王绍光、胡鞍钢：《中国国家能力报告》，辽宁人民出版社 1993 年版。

28. 关海廷：《20 世纪中国政治发展史论》，北京大学出版社 2002 年版。

29. 陶文昭：《电子政府研究》，商务印书馆 2005 年版。

30. 桑玉成：《利益分化的政治时代》，学林出版社 2002 年版。

31. 商红日：《政府基础论》，经济日报出版社 2002 年版。

32. 李景鹏：《权力政治学》，黑龙江人民出版社 2000 年版。

33. 王乐夫：《行政管理学》，高等教育出版社 2003 年版。

34. 苏宏章：《利益论》，辽宁大学出版社 1991 年版。

35. 王伟：《行政伦理概述》，人民出版社 2001 年版。

36. 郑杭生：《转型中的中国和中国的社会转型——中国社会主义现代化进程的社会学研究》，首都师范大学出版社 1996 年版。

37. 林聚任、刘玉安：《社会科学研究方法》，山东人民出版社 2004 年版。

38. 张金马：《政策科学导论》，中国人民大学出版社 1992 年版。

39. 陈庆云：《公共政策分析》，中国经济出版社 1996 年版。

40. 陈振明：《政策科学原理》，厦门大学出版社 1993 年版。

41. 朱崇实：《公共政策》，中国人民大学出版社 1999 年版。

42. 张国庆：《公共政策分析》，复旦大学出版社 2004 年版。

43. 张国庆：《现代公共政策导论》，北京大学出版社 1997 年版。

44. 桑玉成：《公共政策学导论》，复旦大学出版社 1991 年版。

45. 胡宁生：《现代公共政策研究》，中国社会科学出版社 2000 年版。

46. 刘春：《公共政策概论》，当代世界出版社2000年版。

47. 许文慧：《行政决策学》，中国人民大学出版社1997年版。

48. 张金马：《公共政策分析：概念、过程、方法》，人民出版社2004年版。

49. 林德金：《政策研究方法论》，延边大学出版社1989年版。

50. 宁骚：《公共政策》，高等教育出版社2000年版。

51. 唐建荣：《生态经济学》，化学工业出版社2005年版。

52. 蔡林海：《低碳经济绿色革命与全球创新竞争大格局》，经济科学出版社2009年版。

53. 张坤民：《低碳经济论》，中国环境科学出版社2008年版。

54. 原毅军、陈艳莹：《环境经济学》，中国财政经济出版社2006年版。

55. 吴季松：《循环经济概论》，北京航空航天大学出版社2008年版。

56. 熊焰：《低碳之路：重新定义世界和我们的生活》，中国经济出版社2010年版。

57. 陈英旭：《农业环境保护》，化学工业出版社2007年版。

58. 黄海峰：《第二产业与循环经济概论》，中国轻工业出版社2009年版。

59. 王革华：《新能源概论》，化学工业出版社2006年版。

60. 郭茶秀、魏新利：《新能源储存技术与应用》，化学工业出版社2005年版。

61. 刘建生：《面向未来：后化石能源时代》，经济日报出版社2005年版。

62. 方立国：《节能技术应用与评价》，化学工业出版社2008年版。

63. 李传统：《新能源与可再生能源技术》，东南大学出版社2005年版。

64. 吴治坚：《新能源和可再生能源的利用》，机械工业出版社2006年版。

65. 黄素逸、高伟：《能源概论》，高等教育出版社2004年版。

66. 鲍健强、黄海风：《循环经济概论》，科学出版社2009年版。

67. 郑丹星、冯流：《环境保护与绿色技术》，化学工业出版社2002年版。

68. 厉为民：《荷兰的农业奇迹——一个中国经济学家眼中的荷兰农业》，中国农业科技出版社2003年版。

69. 陈宜瑜：《中国气候与环境演变》，科学出版社2005年版。

70. 丁一汇、任国玉：《中国气候变化科学概论》，气象出版社2008年版。

71. 滕藤、潘家华：《可持续发展的理念、制度与政策》，社会科学文献出版社2004年版。

72. 博勒斯、秦大河：《21 世纪的气候》，气象出版社 2007 年版。

73. 庄贵阳：《中国经济低碳发展面临的机遇和挑战》，中国社会科学院环境与发展研究中心编《中国环境与发展评论》（第 3 卷），社会科学文献出版社 2007 年版。

74. 陈富良：《放松规制与强化规制》，上海三联书店 2001 年版。

75. 金观涛、华国凡：《控制论和科学方法论》，科学普及出版社 1983 年版。

76. 李慧明：《非市场失灵理论与中国市场经济实践》，立信会计出版社 1996 年版。

77. 李习彬、李亚：《政府管理创兴与系统思维》，北京大学出版社 2002 年版。

78. 李习彬：《管理科学化研究指南》，国防工业出版社 1989 年版。

79. 李习彬：《规范化管理：管理系统运行设计方法论》，中国经济出版社 2005 年版。

80. 李晓：《东亚奇迹与强政府》，经济科学出版社 1996 年版。

81. 厉以宁：《超越市场与超越政府：论道德力量在经济社会中的作用》，经济科学出版社 1999 年版。

82. 魏娜、张璋：《公共管理中的办法与技术》，人民大学出版社 1999 年版。

83. 谢庆奎：《政治改革与政府创新》，中信出版社 2003 年版。

84. 许国志：《系统科学与工程研究》，上海科技教育出版社 2000 年版。

85. 张其仔：《社会资本论：社会资本与经济增长》，社会科学文献出版社 1997 年版。

86. 张馨：《公共财政论纲》，经济科学出版社 1999 年版。

87. 赵成根：《民主与公共决策研究》，黑龙江人民出版社 2000 年版。

88. 朱善利：《微观经济学》，北京大学出版社 2002 年版。

89. 竺东涛：《经济中国之新制度经济学与中国》，中国经济出版社 2004 年版。

90. 贠杰：《公共政策研究的理论与方法》，河南人民出版社 2003 年版。

91. 张曙光：《中国制度变迁的案例研究》（第 1 集），上海人民出版社 1996 年版。

92. 乔迪：《兰德决策》，成都天地出版社 2001 年版。

93. 陈宝森、侯玲：《美国总统与经济智囊》，世界知识出版社 1996 年版。

94. 朱东平：《经济政策论》，立信会计出版社 1995 年版。

95. 陈湛匀：《现代决策分析概论》，上海科学技术文献出版社 1991 年版。

96. 高培勇：《公共部门经济学》，中国人民大学出版社 2001 年版。

97. 樊勇明：《公共经济学》，复旦大学出版社 2001 年版。

98. 沈泰昌：《系统分析和管理决策》，中国展望出版社 1984 年版。

99. 方福前：《公共选择理论：政治的经济学》，中国人民大学出版社 2000 年版。

100. 张康之：《寻找公共行政的伦理视角》，中国人民大学出版社 2002 年版。

101. 王名扬：《英国行政法》，中国政法大学 1987 年版。

102. 王名扬：《法国行政法》，中国政法大学出版社 1989 年版。

103. 王名扬：《美国行政法》，中国法制出版社 1995 年版。

104. 王名扬：《比较行政法学》，北京大学出版社 2006 年版。

105. 龚祥瑞：《比较宪法与行政法》，法律出版社 2003 年版。

106. 许崇德：《宪法学（外国部分)》，高等教育出版社 1996 年版。

107. 罗豪才：《行政法学》，北京大学出版社 1996 年版。

108. 应松年：《行政程序法立法研究》，中国法制出版社 2001 年版。

109. 应松年：《比较行政程序法》，中国法制出版社 1999 年版。

110. 应松年：《外国行政程序法汇编》，中国法制出版社 2004 年版。

111. 周叶中：《宪法》，北京大学出版社 2000 年。

112. 周叶中、韩大元：《宪法》法律出版社 2006 年版。

113. 韩大元：《比较宪法学》，高等教育出版社 2003 年版。

114. 张正钊：《行政法与行政诉讼法》，中国人民大学出版社 1999 年版。

115. 姜明安：《行政法与行政诉讼法》，北京大学出版社 1999 年版。

116. 胡建淼：《行政法学》复旦大学出版社 2003 年版。

117. 朱维究、王成栋：《一般行政法原理》，高等教育出版社 2005 年版。

118. 叶必丰：《行政法学》，武汉大学出版社 2006 年版。

119. 周佑勇：《行政法原论》，中国方正出版社 2005 年版。

120. 杨建顺：《日本行政法通论》，中国法制出版社 1998 年版。

121. 沈荣华:《现代行政法学》,天津大学出版社 2003 年版。

122. 张越:《英国行政法》,中国政法大学出版社 2004 年版。

123. 李军鹏:《建立与完善社会主义公共行政体制》,国家行政学院出版社 2008 年版。

124. 皮纯协:《行政程序法比较研究》,中国人民公安出版社 2000 年版。

125. 薛刚凌:《行政体制改革研究》,北京大学出版社 2006 年版。

126. 竺乾威:《公共行政学》,复旦大学出版社 2008 年版。

127. 赵奇:《中国县级行政组织立法研究》,中国人民公安大学出版社 2001 年版。

128. 李龙:《良法论》,武汉大学出版社 2001 年版。

129. 金国坤:《依法行政的现实基础》,中国政法大学出版社 2001 年版。

130. 金国坤:《依法行政环境研究》,北京大学出版社 2003 年版。

131. 韩继志:《政府机构改革》,中国人民大学出版社 1999 年版。

132. 李和中、陈广胜:《西方国家行政机构与人员制度改革》,社会科学文献出版社 2005 年版。

133. 刘兆兴:《德国联邦宪法法院总论》,法律出版社 1998 年版。

134. 郭济、商红日:《行政发展观与行政管理体制改革》,立信会计出版社 2007 年版。

135. 李龙:《西方宪法思想史》,高等教育出版社 2004 年版。

136. 秦前红:《宪法变迁论》,武汉大学出版社 2002 年版。

137. 周佑勇:《行政法基本原则研究》,武汉大学出版社 2005 年版。

138. 罗豪才、吴撷英:《资本主义国家的宪法和政治制度》,北京大学出版社 1983 年版。

139. 张立荣:《中外行政制度比较》,商务印书馆 2002 年版。

140. 孙开:《财政体制改革问题研究》,经济科学出版社 2004 年版。

141. 杨之刚:《财政分权理论与基层公共财政改革》,经济科学出版社 2006 年版。

142. 杨灿明:《市场结构与政府经济行为》,湖北教育出版社 1997 年版。

143. 刘雅露:《缩小地区差距的财政政策研究》,经济科学出版社 2000 年版。

144. 金太军:《行政改革与行政发展》,南京师范大学出版社 2003 年版。

145. 辛晓梅:《区域发展战略与规划》,中国科学技术大学出版社 2005年版。

146. 杨军:《基础设施投资论》,中国经济出版社 2003 年版。

147. 安虎森:《区域经济学通论》,经济科学出版社 2004 年版。

148. 景体华:《中国区域经济发展报告(2004—2005)》,社会科学文献出版社 2005 年版。

149. 张秀生、卫鹏鹏:《区域经济理论》,武汉大学出版社 2005 年版。

150. 王秉安:《区域竞争力——理论与实证》,航空工业出版社 2000 年版。

151. 赵伟:《中国区域经济开放:模式与趋势》,经济科学出版社 2005年版。

152. 江曼琦:《区际经济运行机制研究》,天津科学技术出版社 2000年版。

153. 余明勤:《区域经济利益分析》,经济管理出版社 2004 年版。

五 台港澳文献

1. 林水波、张世贤:《公共政策》,台北五南图书出版公司 1997 年版。

2. 伍启元:《公共政策》,台湾商务印书馆 1989 年版。

3. 朱志宏:《公共政策》,台北三民书局 1995 年版。

4. 张世贤:《公共政策分析论》,台北五南图书出版公司 1986 年版。

5. 丘昌泰:《政策科学之理论与实际——美国与台湾经验》,台北五南图书出版公司 1998 年版。

6. 曹俊汉:《公共政策》,台北三民书局 1990 年版。

7. 李允杰、丘昌泰:《政策执行与评估》,"国立"空中大学出版社 1999年版。

8. 林水波:《公共政策析论》,台北五南图书出版公司 2007 年版。

9. 林玉华:《政策网络理论之研究》,台湾瑞兴图书股份有限公司 2001年版。

10. 余致力、郭昱莹:《公共政策分析的理论与务实》,台湾韦伯文化事业出版社 2001 年版。

11. 余致力:《民意与公共政策——理论探讨与实证研究》,台北五南图书出版公司 2002 年版。

12. 詹中原：《新公共政策：史、哲学、全球化》，台湾华泰文化事业公司 2003 年版。

13. 张世贤、陈恒钧：《公共政策：政府与市场的观点》，台湾商鼎文化出版社 1997 年版。

14. 涂怀莹：《行政法原理》，台湾五南图书出版公司 1986 年版。

15. 吴庚：《行政法理论与适用》，台湾三民书局 1989 年版。

16. 臧励龢：《中国古今地名大辞典》，商务印书馆香港分馆 1982 年版。

六　中文期刊论文

1. 何颖：《论政策评估标准的设定》，《中国行政管理》1996 年第 5 期。

2. 左然：《国外中央政府机构设置研究》，《中国行政管理》2006 年第 4 期。

3. 段进东、卢迪：《区域经济关系中的政府行为分析》，《中国行政管理》2004 年第 12 期。

4. 陈庆云：《公共政策的理论界定》，《中国行政管理》1995 年第 11 期。

5. 周叔莲、王伟光：《科技创新与产业结构优化升级》，《管理世界》2001 年第 10 期。

6. 谷克鉴、吴宏：《外向型贸易转移：中国外贸发展模式的理论验证与预期应用》，《管理世界》2003 年第 5 期。

7. 丁煌：《发展中的中国政策科学——我国公共政策学科发展的回眸与展望》，《管理世界》2003 年第 3 期。

8. 丁煌：《听证制度：决策科学化和民主化的重要保证》，《政治学研究》1999 年第 3 期。

9. 丁煌：《我国现阶段政策执行阻滞及其防治对策的制度分析》，《政治学研究》2002 年第 3 期。

10. 冯之浚、周荣、张倩：《低碳经济的若干思考》，《中国软科学》2009 年第 12 期。

11. 冯之浚：《推行低碳经济促进绿色发展》，《科学学研究》2010 年第 1 期。

12. 刘剑、张筱峰：《完善我国政府间财政转移支付制度的政策建议》，《中国软科学》2002 年第 9 期。

13. 吴大英：《我国社会主义法律与国家管理》，《法学研究》1984 年第 10 期。

14. 何颖：《马克思的世界历史理论》，《马克思主义研究》2003 年第 4 期。

15. 宋衍涛：《行政冲突的价值分析——公共管理新模式探索》，《公共管理学报》2005 年第 2 期。

16. 王浦劬：《论转变政府职能的若干理论问题》，《国家行政学院学报》2015 年第 1 期。

17. 李奎：《我国低碳经济发展的现存障碍和解决思路》，《党史文苑》2010 年第 7 期。

18. 何志武、唐一科：《政府支持垃圾发电的公共政策研究述评》，《中国城市经济》2010 年第 11 期。

19. 蒋益民：《推行低碳经济促进环境友好》，《新湘评论》2008 年第 6 期。

20. 李胜、陈晓春：《低碳经济：内涵体系与政策创新》，《科技管理研究》2009 年第 10 期。

21. 徐南、陆成林：《低碳经济内涵、特征及其宏观背景》，《地方财政研究》2010 年第 8 期。

22. 徐南、陆成林：《低碳经济的丰富内涵与主要特征》，《经济研究参考》2010 年第 10 期。

23. 何建坤：《我国自主减排目标与低碳发展之路》，《清华大学学报》（哲学社会科学版）2010 年第 11 期。

24. 霍爱丽：《粉煤灰砖的推广与应用》，《科技信息》2010 年第 7 期。

25. 刘志明：《低碳经济：为中国发展强行升级》，《中关村》2010 年第 2 期。

26. 《发展低碳经济的财税政策研究》课题组：《发展低碳经济的财税政策研究》，《财会研究》2011 年第 6 期。

27. "市场经济体制条件下政府节能管理模式研究"课题组：《市场经济体制条件下政府节能管理模式研究》，《经济研究参考》2003 年第 3 期。

28. 周宏春：《节能领域的国际趋势与经验》，《节能与环保》2003 年第 11 期。

29. 胡玉之、曾广权：《关注全球气候变化，做好减灾防灾工作》，《环境科学导刊》2011 年第 4 期。

30. 朱志胜：《不要让低碳经济成为"纸上谈兵"》，《环境教育》2008 年第 11 期。

31. 张坤民：《"低碳经济"概述及其在中国的发展》，《经济视角》（上）2009 年第 3 期。

32. 云卿城：《时尚环保的"低碳生活"》，《发明与创新》2008 年第 12 期。

33. 魏晓平、史历仙：《中国能源产业技术创新的宏观环境分析》，《中国矿业大学学报》（社会科学版）2008 年第 9 期。

34. 武杰：《"电源净化清道夫"呼吁重视"电污染"》，《节能与环保》2003 年第 12 期。

35. 金乐琴：《"十五"以来中国经济增长方式基本特征及转型的思考》，《华东政法大学学报》2007 年第 9 期。

36. 陈迎：《中国外贸进出口商品中的内涵能源及其政策含义》，《经济研究》2008 年第 6 期。

37. 陈晓春：《我国低碳发展的制约因素及其路径选择》，《西南民族大学学报》（人文社科版）2010 年第 11 期。

38. 朱仁崎：《我国低碳发展的制约因素及其路径选择》，《理论与改革》2010 年第 11 期。

39. 李茂荣、王立红：《科学发展观视域下的低碳经济研究》，《绿色科技》2012 年第 1 期。

40. 编者：《中国发展"低碳经济"面临四大挑战》，《稀土信息》2009 年第 11 期。

41. 李会平：《在低碳语境下谈低碳生产》，《创新科技》2010 年第 4 期。

42. 徐冬青：《发达国家发展低碳经济的做法与经验借鉴》，《世界经济与政治论坛》2009 年第 12 期。

43. 王利：《低碳经济：未来中国可持续发展之基础——兼谈中国相关法律与政策的完善》，《池州学院学报》2009 年第 4 期。

44. 李俊清：《低碳经济：挑战与问题》，《中国市场》2009 年第 12 期。

45. 郭万达、郑宇劼：《低碳经济：未来四十年我国面临的机遇与挑战》，《开放导报》2009 年第 8 期。

46. 冯瑾：《促进我国低碳经济发展的财政政策选择》，《法制与经济》（中旬刊）2010 年第 1 期。

47. 崔奕、郝寿义、王银平：《低碳经济引发的可再生能源思考》，《生态经济》2010 年第 5 期。

48. 宫捷、叶华青：《论公共政策功能性视角中民主党派调研课题的选择》，《上海市社会主义学院学报》2012 年第 10 期。

49. 黄耀杰、蒋澜、佘元冠：《中美卓越绩效标准之政府管制职能的比较研究》，《世界标准化与质量管理》2007 年第 12 期。

50. 刘昌雄：《公共政策：涵义、特征和功能》，《探索》2003 年第 8 期。

51. 杨锐：《各国低碳政策研究综述》，《边疆经济与文化》2011 年第 6 期。

52. 赵刚：《欧盟大力推进低碳产业发展的做法与启示》，《中国科技财富》2009 年第 11 期。

53. 王宇：《世界走向低碳经济》，《中国金融》2009 年第 12 期。

54. 陈柳钦：《低碳经济：国际发展趋势的思考》，《环境经济》2010 年第 2 期。

55. 陈柳钦：《低碳经济：国外发展的动向及中国的选择》，《甘肃行政学院学报》2009 年第 12 期。

56. 陈柳钦：《日本的低碳发展路径》，《环境经济》2010 年第 3 期。

57. 陈柳钦：《新世纪低碳经济发展的国际动向》，《重庆工商大学学报（社会科学版）》2010 年第 4 期。

58. 陈柳钦：《低碳经济演进：国际动向与中国行动》，《科学决策》2010 年第 4 期。

59. 陈柳钦：《新世纪低碳经济发展的国际动向》，《决策咨询通讯》2010 年第 5 期。

60. 陈柳钦：《新世纪低碳经济发展的国际动向》，《郑州航空工业管理学院学报》2010 年第 6 期。

61. 陈柳钦：《"低碳经济"与人类社会》，《上海企业》2010 年第 1 期。

62. 陈柳钦：《低碳经济发展的国际动向》，《中国环保产业》2010 年第 6 期。

63. 王飞、丰志勇、陈建：《英国发展低碳经济的经验浅谈》，《生态经济》2010 年第 4 期。

64. 黄海峰、李慧颖：《借德国循环经济经验谋中国可持续发展》，《国际商报》2007 年第 9 期。

65. 赵宇峰、郭秋霞：《试析城市生活垃圾分类与循环经济的发展》，《社会科学家》2008 年第 4 期。

66. 胡正梁：《节能，中国的"第五能源"》，《山东经济战略研究》2004 年第 6 期。

67. 列春：《日本建设"低碳社会"的主要经验》，《工程机械》2009 年第 12 期。

68. 姜雅：《日本新能源的开发利用现状及对我国的启示》，《国土资源情报》2007 年第 7 期。

69. 姜雅：《日本的新能源及节能技术是如何发展起来的》，《国土资源情报》2007 年第 8 期。

70. 郭海涛：《应当关注美、欧、日能源战略调整新思路》，《经济纵横》2007 年第 11 期。

71. 王越：《日本能源战略之鉴》，《中国石油石化》2009 年第 6 期。

72. 吴松：《日本政府促进可持续发展开展节能减排的实践与经验》，《全球科技经济瞭望》2009 年第 9 期。

73. 王宇：《世界走向低碳经济》，《中国金融》2009 年第 12 期。

74. 陈志恒：《日本构建低碳社会行动及其主要进展》，《现代日本经济》2009 年第 11 期。

75. 郭建琴：《从能源形势谈建筑节能问题》，《世界建筑》1981 年第 8 期。

76. 胡雪萍、周润：《国外发展低碳经济的经验及对我国的启示》，《中南财经政法大学学报》2011 年第 1 期。

77. 杨军：《太阳能光伏发电前景展望》，《沿海企业与科技》2005 年第 8 期。

78. 高永志、黄北新：《对建立跨区域河流污染经济补偿机制的探讨》，《环境保护》2003 年第 9 期。

79. 王伟：《〈环境保护法〉修改的法律思考》，《法学杂志》2005 年第

7 期。

80. 赵家荣：《我国推行清洁生产的回顾与展望》，《中国经贸导刊》2003
    年第 3 期。

81. 张锐：《节能产业：中国之架构》，《管理与财富》2005 年第 6 期。

82. 徐志强：《加强能源计量工作加快建设节能型社会》，《中国计量》
    2005 年第 7 期。

83. 隋凤富：《实施小城镇带动战略全面建设小康社会》，《农场经济管
    理》2005 年第 9 期。

84. 丁玉梅、刘应元：《刍议构建中国特色的碳金融体系》，《经济问题》
    2010 年第 12 期。

85. 莫神星：《论低碳经济与低碳能源发展》，《社会科学》2012 年第
    9 期。

86. 黄利民、刘成武：《论区域分工与角色定位》，《咸宁学院学报》2004
    年第 7 期。

87. 解红晖：《合作研究进探》，《宁波大学学报》（人文科学版）2010 年
    第 5 期。

88. 钱鹏、田家刚：《发展中介组织与农村剩余劳动力转移》，《市场论
    坛》2004 年第 7 期。

89. 郭茜琪：《长三角区域产业资源整合的制度环境分析》，《理论学刊》
    2006 年第 6 期。

90. 栾贵勤：《我国城市流动人口管理服务机制研究》，《工业技术经济》
    2007 年第 2 期。

91. 马尚平、张世龙：《论产业生命周期》，《江汉论坛》2004 年第 6 期。

92. 陈佳贵、王钦：《中国产业集群可持续发展与公共政策选择》，《中国
    工业经济》2005 年第 9 期。

93. 邓正琦：《武陵山民族地区城镇体系结构优化探讨》，《重庆师范大学
    学报》（哲学社会科学版）2009 年第 6 期。

94. 赵大全、何春玲：《关于省以下财政体制改革的若干思考》，《财会研
    究》2010 年第 2 期。

95. 木土：《创新观念调整结构建设新的城镇体系》，《中国社会科学院院
    报》2005 年第 12 期。

96. 李娟：《政府在区域经济合作中的作用》，《科技与管理》2007 年第 7 期。

97. 李泽才：《大力加强信息网络安全促进我国信息化发展》，《信息安全与通信保密》2003 年第 3 期。

98. 杨勇斌：《电子政务建设亟待解决的若干问题》，《信息化建设》2003 年第 4 期。

99. 罗中华、廖魁星：《论未来的行政协调与有效治理》，《成都行政学院学报》（哲学社会科学）2006 年第 2 期。

100. 金国坤：《政府协调：解决部门权限冲突的另一条思路》，《行政法学研究》2008 年第 8 期。

101. 金国坤：《行政执法权限争议协调机制研究》，《新视野》2007 年第 5 期。

102. 金国坤：《部门间权限冲突的法制化解决之道》，《甘肃行政学院学报》2008 年第 8 期。

103. 金国坤：《行政协作机制研究》，《广西政法管理干部学院学报》2007 年第 7 期。

104. 金国坤：《行政权限争议的法制化解决途径探究》，《北京行政学院学报》2008 年第 4 期。

105. 李健：《环保行政主管部门职能研究》，《法制与社会》2008 年第 11 期。

106. 李艳芳：《我国可再生能源管理体制研究》，《法商研究》2008 年第 11 期。

107. 戴桂斌：《科塞社会冲突论的历史地位》，《襄樊学院学报》2005 年第 11 期。

108. 王四方：《"大部制"改革研究综述及前瞻》，《当代社科视野》2008 第 2 期。

109. 顾平安：《大部门体制改革的发展展望》，《福建行政学院学报》2008 年第 10 期。

110. 石杰琳：《西方国家政府机构大部制改革的实践及启示——以英、美、澳、日为例》，《郑州大学学报》（哲学社会科学版）2010 年第 11 期。

111. 张新峰、聂应德：《大部制——中国政治发展的新起点》，《时代人物》2008 年第 10 期。

112. 邓少波、李增强:《西方国家大部制对我国政府机构改革的启示研究》,《湘潮理论》2009 年第 2 期。

113. 王麟:《行政协助论纲——兼评〈中华人民共和国行政程序法(试拟稿)〉的相关规定》,《法商研究》2006 年第 1 期。

114. 周春华:《行政协助基本问题研略》,《法治研究》2007 年第 7 期。

115. 周春华:《行政协助制度的学理评析》,《公法研究》2008 年第 6 期。

116. 李延:《论建立我国行政协助制度的困难和意义》,《太原师范学院学报》(社会科学版)2006 年第 1 期。

117. 武从斌:《减少部门条块分割,形成协助制度——试论我国环境管理体制的改善》,《行政与法》2003 年第 4 期。

118. 杨建生、李延:《协助制度——从比较法角度研究》,《云南行政学院学报》2006 年第 3 期。

119. 杨临宏、王志华:《论行政协助制度》,《学术探索》2004 年第 3 期。

120. 黄先雄:《法治视野下的我国行政机关权力之争》,《河北法学》2006 年第 7 期。

121. 周树志:《论公共政策范畴》,《西北大学学报》(哲学社会科学版)1999 年第 11 期。

122. 朱水成:《公共政策与制度的关系》,《理论探讨》2003 年第 5 期。

123. 丁煌:《政策制定的科学性与政策执行的有效性》,《南京社会科学》2002 年第 2 期。

124. 杨晓伟:《政策的操作性、协调性和科学性》,《党政论坛》1999 年第 12 期。

125. 胡东芳:《从利益的对立到利益的和谐——课程政策制定中的利益分析》,《教育理论与实践》2003 年第 3 期。

126. 曹然然:《论公共政策的公共利益取向》,《云南社会科学》2003 年第 11 期。

127. 詹国彬:《利益群体在公共政策中的作用及其发展导向》,《社会》2003 年第 12 期。

128. 李树林:《我国公共政策执行中存在问题的成因及对策分析》,《理论研究》2004 年第 3 期。

129. 曹虹:《试论创造性地执行政策》,《黑河学刊》1992 年第 12 期。

130. 邓正琦:《渝鄂湘黔交界民族地区经济联动的体制障碍及破解》,《探索》2009 年第 6 期。

131. 邓正琦:《武陵山民族地区城镇体系结构优化探讨》,《重庆师范大学学报》(哲学社会科学版)2009 年第 6 期。

132. 邓正琦:《渝鄂湘黔交界民族地区经济联动机制探讨》,《重庆师范大学学报》(哲学社会科学版)2012 年第 10 期。

133. 陈雄、李植斌:《城市化中我国行政体制改革与行政区划调整的性质及其原则》,《江西行政学院学报》2003 第 12 期。

134. 张娜:《解析皖江城市带融入南京都市圈的经济区与行政区矛盾》,《城市》2008 年第 7 期。

135. 张娜:《城市群与城市规模的极大拓展》,《领导决策信息》2003 年第 5 期。

136. 江振娜:《东西部合作发展中存在的问题分析》,《福建行政学院学报》2005 年第 12 期。

137. 王育春、李定佳:《我国区域政府经济合作障碍探析》,《贵阳市委党校学报》2006 年第 12 期。

138. 宋一森、陈海华:《我国区域产业结构趋同问题研究》,《市场论坛》2005 年第 2 期。

139. 李荣国、陈君:《区域产业结构趋同及发展对策》,《财经问题研究》2000 年第 8 期。

140. 黄克勇:《浅议国有商业银行改革》,《金融经济》2006 年第 1 期。

141. 韩建东:《论工商银行法人授权管理与机构改革》,《城市金融论坛》1998 年第 10 期。

142. 肖士恩:《德国商业银行治理结构及其借鉴意义》,《经济论坛》2004 年第 11 期。

143. 明静:《惯性思维的反用》,《思维与智慧》2003 年第 12 期。

144. 刘建生:《欧盟新世纪发展趋势——兼论欧盟尼斯首脑会议及其影响》,《国际问题研究》2001 年第 9 期。

145. 王玉山:《试论欧洲联盟及其法律体系特征——与东南亚国家联盟比较》,《南宁师范高等专科学校学报》2007 年第 9 期。

146. 李宗植：《欧盟区域政策的启示》，《西北师大学报》（社会科学版）2002 年第 7 期。

147. 魏芳：《欧盟财政与货币政策协调与改革的必要性研究——基于蒙代尔—弗莱明模型的分析》，《福建行政学院学报》2007 年第 8 期。

148. 田金城、陈喜生：《欧盟区域政策及其协调机制》，《求是》2006 年第 8 期。

149. 黄俊英：《新闻扫描》，《观察与思考》2007 年第 12 期。

150. 鲁学武：《中国—东盟自由贸易区建立与发展的价值观评析》，《全国商情》（经济理论研究）2009 年第 11 期。

151. 何霄：《东盟自由贸易区的合理扩展和延伸——对"中国—东盟自由贸易区"的建构分析》，《国际观察》2003 年第 12 期。

152. 杨刚勇：《试论东盟一体化的"有机道路"》，《特区实践与理论》2010 年第 1 期。

153. 程信和、呼书秀：《东盟自由贸易区的发展模式及其启示》，《南方经济》2004 年第 7 期。

154. 呼书秀：《东盟自贸区模式对构建中国—东盟自贸区的启示》，《国际商报》2005 年第 4 期。

155. 陶希东：《转型期跨省都市圈政府间关系重建策略研究——组织体制与政策保障》，《城市规划》2007 年第 9 期。

156. 宋巨盛：《长江三角洲区域经济一体化研究》，《当代财经》2003 年第 2 期。

157. 程家安：《长江三角洲"超区域创新体系"的发展模式研究》，《杭州科技》2003 年第 12 期。

158. 张道刚：《尴尬的淮海》，《决策》2006 年第 3 期。

159. 徐敏：《淮海经济区低谷隆起的三大因素分析》，《前沿》2007 年第 7 期。

160. 高伟生、许培源：《区域内地方政府合作与竞争的博弈分析》，《企业经济》2007 年第 5 期。

161. 冷志明：《湘鄂渝黔边区域经济协同发展的政策研究》，《重庆工商大学学报》2005 年第 10 期。

162. 吴焕新：《构建湘鄂渝黔边区经济协作区的战略与对策》，《湖南文理学院学报》（社会科学版）2006 年第 9 期。

163. 郑洪：《武陵山区域协作机制与模式研究》，《现代经济信息》2011 年第 9 期。

164. 张泽荣：《我国区域经济发展现状与财政政策对策》，《经济与管理研究》2004 年第 8 期。

165. 张晓红：《对西北地区经济合作的思考》，《发展》2003 年第 7 期。

166. 葛晓鹏：《城市交通系统的公共政策研究》，《交通标准化》2008 年第 11 期。

167. 王洋：《我国公共政策评估主体的不足及对策》，《河南工业大学学报》（社会科学版）2009 年第 6 期。

168. 周建国：《政策评估中独立第三方的逻辑、困境与出路》，《江海学刊》2009 年第 11 期。

169. 刘伟、张士运：《安全政策评估分析与研究》，《中国安全科学学报》2008 年第 5 期。

170. 赵吉林：《公共政策评估中的非理性因素》，《行政论坛》2003 年第 12 期。

171. 陈曦：《西部地区农村最低生活保障制度绩效评估》，《新西部》（理论版）2013 年第 3 期。

172. 姜爱林：《论土地政策效果评价的方法与步骤》，《资源·产业》2002 年第 1 期。

173. 姜爱林：《论土地政策效果评价的方法与步骤》，《地质技术经济管理》2002 年第 4 期。

174. 王利：《低碳经济：未来中国可持续发展之基础——兼谈中国相关法律与政策的完善》，《池州学院学报》2009 年第 4 期。

175. 杨金林、陈立宏：《国外应对气候变化的财政政策及其经验借鉴》，《环境经济》2010 年第 6 期。

176. 侯书和：《公共决策失灵的治理对策》，《中州学刊》2004 年第 1 期。

177. 孟治刚、段夫贵：《推进公共政策评估事业的若干构想》，《河南科技大学学报》（社会科学版）2005 年第 3 期。

178. 负杰：《论现代社会条件下的政府政策评估》，《江苏行政学院学报》2005 年第 8 期。

179. 负杰：《公共政策的科学评估与责任体系——以法治为基础的责任化政府体制建设》，《人民论坛·学术前沿》2014年第6期。

180. 陈世香、王笑含：《中国公共政策评估：回顾与展望》，《理论月刊》2009年第9期。

181. 吴振兴：《改进我国公务员绩效评估制度的思考》，《华南热带农业大学学报》2003年第3期。

182. 闫文仙、罗云丽：《公共政策评估研究综述》，《社会科学论坛》（学术研究卷）2008年第6期。

183. 王永生：《试析公共政策评估及其规范》，《理论探讨》2000年第5期。

184. 朱仁显：《发展我国政策评估的若干构想》，《理论探讨》1999年第7期。

185. 魏淑艳、刘振军：《我国公共政策评估方式分析》，《东北大学学报》（社会科学版）2003年第11期。

186. 农卫东：《高等教育政策评估：意义、困难和对策》，《改革与战略》2003年第9期。

187. 任涛：《低碳经济的法律解读》，《对外经贸》2013年第7期。

188. 蒋海勇、秦艳：《广西发展低碳经济的财税政策探讨》，《经济研究参考》2010年第4期。

189. 陈秀双：《低碳农业发展模式》，《统计与管理》2010年第6期。

190. 李扬勇：《论共同但有区别责任原则》，《武汉大学学报》（哲学社会科学版）2007年第7期。

191. 邹尚伟、刘颖：《中国气候状况及应对气候变化方案和措施》，《环境科学与管理》2008年第6期。

192. 高宏伟：《碳关税实施与我国经济发展的相关性预警分析》，《未来与发展》2010年第12期。

193. 邢丽叶：《发达国家征收碳关税的实质及我国的应对策略》，《铜陵学院学报》2010年第12期。

194. 李洪海：《法律法规教育在高职专教学中的特效作用研究》，《科技资讯》2011年第9期。

195. 朱家壁、何娜：《法律框架下的政府通告制度研究》，《法制博览》

2015 年第 1 期。

196. 田千山：《社会阶层良性流动的政策选择——以新生代农民工市民化为例》，《山西青年管理干部学院学报》2011 年第 12 期。

197. 肖志明：《欧盟排放交易机制实施的成效与启示》，《武陵学刊》2011年第 1 期。

198. 冉光和、鲁钊阳：《低碳产业研究进展》，《江苏社会科学》2011 年第 6 期。

199. 柯岚：《发展战略性新兴产业掌握科技竞争新优势——美国、欧盟、日本等如何发展战略性新兴产业》，《中国科技产业》2011 年第 6 期。

200. 陈柳钦：《欧盟 2020 年能源新战略》，《国际资料信息》2012 年第 4 期。

201. 牛勇平：《从低碳经济视角看烟台经济发展的战略选择》，《山东工商学院学报》2011 年第 6 期。

202. Tom Delay、哲伦：《英国的〈气候变化法〉》，《资源与人居环境》2011 年第 5 期。

203. 徐立：《深度城市化过程中的低碳生态新城建设》，《住宅科技》2014年第 12 期。

204. 陈梅：《我国循环经济发展现状及其策略研究》，《东方企业文化》2011 年第 3 期。

205. 陈柳钦：《日本如何推进建设低碳社会》（上），《节能与环保》2010年第 8 期。

206. 刘安华：《发展我国低碳经济的法治路径》，《经济导刊》2011 年第 1 期。

207. 丁玉梅、廖良美：《基于低碳经济的技术创新思考》，《生产力研究》2010 年第 11 期。

208. 李奎：《发展低碳经济的思考和对策建议》，《农业考古》2010 年第 6 期。

209. 王海飞、林柳琳：《区域联动及其相关基本问题研究》，《改革与战略》2014 年第 6 期。

210. 朱同丹：《创新长三角经济圈政府公共行政管理协调制度》，《江南论坛》2012 年第 11 期。

211. 姜益民：《基于资源共享的区域性电子政务系统的技术构建》，《情报科学》2003 年第 9 期。

212. 过莉：《树立全新建设理念建设高效电子政务》，《理论学习与探索》2005 年第 6 期。

213. 吴萍、栗明：《低碳经济时代核电发展与铀辐射污染防治的法律应对》，《矿业研究与开发》2010 年第 12 期。

214. 秦建芝：《应对气候变化的小水电经济激励制度研究》，《生产力研究》2011 年第 10 期。

215. 叶丽玉：《城市青年的社会冲突意识研究》，《当代青年研究》2015 年第 5 期。

216. 徐斌林、曾敏：《政府管理的大部门体制探索——基于西方国家经验》，《中国集体经济》2011 年第 5 期。

217. 季健霞、吴佩芬：《转型期利益关系的协调与整合——论政府在构建社会主义和谐社会中的作用》，《长江论坛》2005 年第 6 期。

218. 魏月霞：《完善我国立法听证制度的思考》，《辽宁行政学院学报》2011 年第 4 期。

219. 罗依平、贺译葶：《制度建设：我国地方政府决策创新的有效途径——以〈湖南省行政程序规定〉为例》，《理论探讨》2011 年第 1 期。

220. 周望高：《湖湘文化与刘少奇的统一战线思想》，《湖南省社会主义学院学报》2014 年第 10 期。

221. 周中林、郭荣鑫：《武陵山片区经济发展实践及策略选择——基于西部大开发新时期战略机遇》，《特区经济》2011 年第 4 期。

222. 杨云和、张振旭：《构建合理规范的税收管理体制》，《经济论坛》1997 年第 2 期。

223. 章岳云：《论改革思想政治工作的思维方式》，《探求》1988 年第 6 期。

224. 李润华：《论联想思维在职务犯罪侦查中的运用》，《中国检察官》2011 年第 9 期。

225. 马金案：《东南亚大事记》，《东南亚纵横》2007 年第 12 期。

226. 孙志:《我国区域财政政策的选择》,《经济研究参考》2005 年第
　　　3 期。

227. 储亚萍:《国民幸福指数在政策评估中的应用浅思》,《中共四川省
　　　委党校学报》2007 年第 1 期。

228. 姜爱林:《论土地政策效果评价的几个问题》,《贵州财经学院学报》
　　　2002 年第 5 期。

229. 姜爱林:《论土地政策效果评价的几个问题》,《江西行政学院学报》
　　　2002 年第 3 期。

230. 尹跃:《我国海洋战略与公共政策评估中存在的问题及对策》,《佳
　　　木斯大学社会科学学报》2013 年第 4 期。

231. 陈迎、潘家华:《对斯特恩新报告的要点评述和解读》,《气候变化
　　　研究进展》,2008 年第 5 期。

232. 林宏:《国内外低碳经济发展情况及对我省的建议》,《经济丛刊》
　　　2009 年第 5 期。

233. 赵玉敏:《低碳经济的约束、挑战和机遇》,《国际贸易》2009 年第
　　　11 期。

234. 辛章平、张银太:《低碳经济与低碳城市》,《城市发展》2008 年第
　　　4 期。

235. 谢军安:《我国发展低碳经济的思路与对策》,《当代经济管理》2008
　　　年第 12 期。

236. 庄贵阳:《中国经济低碳发展的途径与潜力分析》,《国际技术经济
　　　研究》2005 年第 8 期。

237. 庄贵阳:《中国经济低碳发展的途径与潜力分析》,《太平洋学报》
　　　2005 年第 11 期。

238. 庄贵阳:《低碳经济引领世界经济发展方向》,《世界环境》2008 年
　　　第 2 期。

239. 鲍健强:《低碳经济:人类经济发展方式的新变革》,《中国工业经
　　　济》2004 年第 4 期。

240. 张坤民:《低碳世界的中国:地位、挑战与战略》,《中国人口资源
　　　环境》2008 年第 3 期。

241. 姚良军、孙成永:《意大利的低碳经济发展政策》,《中国科技产业》

2007 年第 11 期。

242. 苏瑾、盈余：《低碳经济的成长》，《世界环境》2007 年第 4 期。

243. 如明：《发达国家温室气体减排策略》，《中国科技投资》2006 年第 7 期。

244. 任力：《国外发展低碳经济的政策及启示》，《发展研究》2009 年第 2 期。

245. 任力：《低碳经济与中国经济可持续发展》，《社会科学家》2009 年第 2 期。

246. 刘沐生、刘学英：《浅析城市生活垃圾分类回收》，《再生资源与循环经济》2009 年第 1 期。

247. 邢继俊、赵刚：《中国要大力发展低碳经济》，《中国科技论坛》2007 年第 10 期。

248. 常介田：《北方"四位一体"农村能源模式及效益》，《三农经济》2004 年第 9 期。

249. 秦治来：《奥巴马的新能源政策及其对中美关系的影响》，《中国党政干部论坛》2009 年第 4 期。

250. 李生京：《关于西部大开发中环境问的点滴思考：马莲河流域水土保持工程效益的初步调查》，《甘肃农业》2003 年第 5 期。

251. 李红兴：《平凉市农业低碳环境建设之浅见》，《甘肃农业》2003 年第 12 期。

252. 李福：《河西走廊低碳环境战略与建设》，《中国沙漠》1996 年第 4 期。

253. 岳淑芳：《退耕还林还草是西北地区低碳安全格局构建的主要途径》，《草业科学》2005 年第 6 期。

254. 潘效仁：《中国半干旱地区农业可持续发展模式讨论》，《甘肃农业》1999 年第 9 期。

255. 李建平：《农村环境污染防治对策研究》，《安徽农业科学》2007 年第 3 期。

256. 刘冬梅：《新农村建设中环境保护法制建设的思考》，《安徽农业科学》2007 第 6 期。

257. 冯斌：《农村环境管理存在的问题及对策》，《污染防治技术》2008

年第 10 期。

258. 何革华:《荷兰实施低碳农业对我国的启示》,《林业科技管理》2000
     年第 3 期。

259. 林真:《我国新农村建设中环境污染问题及其治理措施》,《农业环
     境与发展》2007 年第 1 期。

260. 郭天财:《独具特色的荷兰农业》,《世界农业》1997 年第 11 期。

261. 厉为民:《创造世界奇迹的荷兰农业现代化》,《小康生活》2005 年
     第 6 期。

262. 刘志民:《英、法、德、荷欧洲四国高等农业教育结构模式比较》,
     《南京农业大学学报》2005 年第 1 期。

263. 宋国柱:《荷兰及北欧发展现代农业对我们的几点启示》,《农业经
     济》2004 年第 5 期。

264. 骆蓝:《荷兰农业合作社和农民组织体系》,《中国合作经济》2004
     年第 1 期。

265. 张亚锋:《荷兰王国的现代农业及其对我们的启示》,《体制改革》
     2003 年第 1 期。

266. 厉为民:《人多地少国家发展高效农业的原则》,《中国农村经济》
     1996 年第 5 期。

267. 卢锋:《比较优势与食物贸易结构》,《经济研究》1997 第 2 期。

268. 徐冬青:《发达国家发展低碳经济的做法与经验借鉴》,《世界经济
     与政治论坛》2009 年第 6 期。

269. 陈理:《适应气候变化的公平问题》,《研究快讯》2003 年第 3 期。

270. 丁刚:《未来中国产业结构调整方向和重点》,《中国科技投资》2007
     年第 2 期。

271. 胡梅叶:《略论现代生产方式,生活方式和思维方式》,安徽教育学
     院学报 2005 年第 4 期。

272. 黄斌:《二氧化碳的捕获和封存技术进展》,《中国电力》2007 年第
     3 期。

273. 姜加虎:《洞庭湖生态环境承载力分析》,《生态环境》2004 年第 3 期。

274. 刘万福:《地球生命系统与可持续发展》,《天津大学学报》(社会科
     学版) 2004 年第 4 期。

275. 罗鹏辉：《能源合理开发与应用》，《农业技术》2004 年第 4 期。

276. 张东伟：《营养、健康与效率——来自中国贫困农村的证据》，《经济研究》2003 年第 3 期。

277. 章剑生：《行政管辖制度探索》，《法学》2002 年第 7 期。

278. 莫于川：《从夹江打假案看行政法治的若干现实问题》，《行政法学研究》1997 年第 2 期。

279. 张忠军：《行政机关间的权限冲突及其解决途径》，《党政干部论坛》2007 年第 3 期。

280. 黄先熊：《论我国行政机关权限争议的法律规制——从几例"部门之争"说开去》，《国家行政学院学报》2006 年第 2 期。

281. 韩豫宛：《刍议行政执法主体权限冲突的解决》，《法律适用》1997 年第 8 期。

282. 王太高：《论机关诉讼——完善我国行政组织法的一个思路》，《河北法学》2005 年第 9 期。

283. 易谨、刘志英：《行政权力冲突：一个不容忽视的现象》，《文史博览》2006 年第 10 期。

284. 胡肖华、刘志英：《论行政权限争议的宪法解决》，《行政法学研究》2006 年第 4 期。

285. 薛刚凌：《论行政职能转变与行政管理体制改革（下）——国务院（全面推进依法行政实施纲要）第四部分解读》，《辽宁警专学报》2004 年第 5 期。

286. 王万华：《行政程序法的内容分析及中国立法的选择》，《行政法学研究》2002 年第 2 期。

287. 宋衍涛：《行政冲突的价值分析——公共管理新模式探索》，《公共管理学报》2005 年第 2 期。

288. 黄先熊：《法治视野下的我国行政机关权力之争》，《河北法学》2006 年第 7 期。

289. 林俊达：《政府部门职权交叉及其理顺对策初探》，《广东行政学院学报》1999 年第 4 期。

290. 肖金明、尹凤桐：《论部门主义及其危害》，《山东社会科学》1999 年第 2 期。

291. 宋世明：《试论从"部门行政"向"公共行政"的转型》，《上海行政学院学报》2002 年第 4 期。

292. 宋玉波：《行政执法管辖的划分及争议的解决》，《西南政法大学学报》1999 年第 2 期。

293. 徐燕华、韩立强：《部门利益——部门立法抹不去的痕迹》，《山西警官高等专科学校学报》2007 年第 3 期。

294. 汤耀国：《超越部门立法》，《瞭望》2007 年第 4 期。

295. 樊翠：《"多龙治水"下的权力冲突》，《检察风云》2007 年第 6 期。

296. 沈贵平：《联合执法利少弊多》，《中国水运》2000 年第 2 期。

297. 李传水：《联合执法应慎行》，《人大研究》1999 年第 3 期。

298. 唐祖爱：《我国行政协调机制的法律分析和法治化构建》，《武汉大学学报》（哲学社会科学版）2007 年第 4 期。

299. 钟发斌：《论我国区域行政执法合作机制的构建》，《行政论坛》2006 年第 3 期。

300. 宋衍涛：《行政冲突的价值分析——公共管理新模式探索》，《公共管理学报》2005 年第 2 期。

301. 王耀华、计文静：《新公共管理治理理论与传统公共行政科层制的比较分析》，《湖北大学学报》2007 年第 6 期。

302. 潘向东、谢钦娜：《浅析科层制存在的长期性》，《社科纵横》2007 年第 12 期。

303. 王宝义、王世贵：《解读斯密分工理论，构建社会和谐分工》，《价值工程》2005 年第 12 期。

304. 蔡定剑：《关于什么是宪法?》，《中外法学》2002 年第 1 期。

305. 武从斌：《减少条块分割，形成协助制度——试论我国环境管理体制的改善》，《行政与法》2003 年第 4 期。

306. 朱晓波、曲荣芬：《税收行政协助相关问题的几点认识》，《财经问题研究》2003 年第 2 期。

307. 周春华：《行政协助基本问题研略》，《法治研究》2007 年第 7 期。

308. 杨建生、李延：《协助制度——从比较法角度研究》，《云南行政学院学报》2006 年第 3 期。

309. 杨临宏、王志华：《论行政协助制度》，《学术探索》2004 年第 4 期。

310. 谢良兵：《环保扩权的背后》，《中国新闻周刊》2008 年第 10 期。

311. 周文波：《中国金融体制改革与发展》，《江西农业大学学报》2007 年第 5 期。

312. 朱秋霞：《行政区划与地方财政体制：几个相关的理论问题》，《经济社会体制比较》2005 年第 1 期。

313. 毛晖、邵稳重：《论中国政府间财政关系的特色》，《中南财经政法大学学报》2007 年第 4 期。

314. 贾康、白景明：《县乡财政解困与财政体制创新》，《经济研究》2002 年第 2 期。

315. 李向阳：《全球化时代的区域经济合作》，《世界经济》2002 年第 5 期。

316. 崔玉斌：《我国边境贸易研究热点述评》，《国际贸易问题》2007 年第 5 期。

317. 陈国阶：《渝鄂湘黔接壤贫困山区商贸发展》，《地域研究与开发》2000 年第 3 期。

318. 蒙慧：《国内区际贸易与西部地区经济增长》，《云南社会科学》2005 年第 3 期。

319. 姚洪心：《贸易政策的对抗与合作》，《经济体制改革》2001 年第 5 期。

320. 蔡丛露：《我国区际贸易发展的现状分析及其对策》，《亚太经济》2003 年第 3 期。

321. 周业安：《地方政府竞争与市场秩序的重构》，《中国社会科学》2004 年第 1 期。

322. 蔡云辉：《省际毗邻地区经济发展研究现状》，《经济问题探索》2005 年第 6 期。

323. 刘小康：《行政区划改革：视角、路径及评价》，《北京行政学院学报》2006 年第 3 期。

324. 王维平：《改进和完善我国区域经济合作机制的思考》，《甘肃社会科学》2004 年第 1 期。

325. 贺琼：《交通基础设施投融资方式及管理创新研究》，《武汉大学学报》（社会科学版）2001 年第 4 期。

326. 义旭东：《论生产要素的区域流动》，《生产力研究》2004 年第 9 期。

七 学位论文

1. 崔波：《中国低碳经济的国际合作与竞争》，博士学位论文，中共中央党校，2010 年。
2. 邓舒仁：《低碳经济发展研究：理论分析和政策选择》，博士学位论文，中共中央党校，2012 年。
3. 王国红：《政策执行中的政策规避研究》，博士学位论文，中共中央党校，2004 年。
4. 白常凯：《公共政策评估程式的研究》，博士学位论文，复旦大学，2004 年。
5. 曹清尧：《西部地区低碳经济发展研究》，博士学位论文，北京林业大学，2013 年。
6. 张春林：《新疆可持续发展的区域公共政策研究》，博士学位论文，新疆大学，2007 年。
7. 张海东：《气候变化对我国取暖和降温耗能的影响及优化研究》，博士学位论文，南京信息工程大学，2007 年。
8. 陈冠伶：《国际碳交易法律问题研究》，博士学位论文，西南政法大学，2012 年。
9. 黄少坚：《节约型企业激励与约束机制研究》，博士学位论文，中国海洋大学，2008 年。
10. 蒲春玲：《新疆土地资源优化配置与区域经济可持续发展研究》，博士学位论文，新疆农业大学，2005 年。
11. 徐子青：《区域经济联动发展研究》，博士学位论文，福建师范大学，2010 年。
12. 高庆蓬：《教育政策评估研究》，博士学位论文，东北师范大学，2008 年。
13. 王爱学：《公共产品政府供给绩效评估理论与实证分析》，博士学位论文，中国科学技术大学，2008 年。
14. 魏真：《我国公共教育财政政策评估研究》，博士学位论文，北京师范大学，2008 年。

15. 陈洪连：《公共政策的伦理维度》，博士学位论文，华东师范大学，2007 年。

16. 郭海英：《传媒行业政府规制体制研究》，博士学位论文，南开大学，2013 年。

17. 吴航：《经济全球化中的东亚经济一体化研究》，博士学位论文，西北大学，2004 年。

18. 李佳：《"新农合"政策实施效果评价及改进研究》，博士学位论文，东北财经大学，2013 年。

19. 张彬：《资源型城市发展低碳技术的模式研究》，硕士学位论文太原科技大学，2012 年。

20. 刘倩：《山东省发展低碳经济的对策研究》，硕士学位论文，山东师范大学，2010 年。

21. 程维武：《中国低碳经济发展研究》，硕士学位论文，吉林大学，2012 年。

22. 姜科：《低碳时代中国生态文明建设新路径研究》，硕士学位论文，西南大学，2011 年。

23. 曹昭煜：《促进低碳消费的公共政策研究》，硕士学位论文，湖南大学，2012 年。

24. 刘萍：《行政诉讼法律适用问题研究》，硕士学位论文，贵州大学，2006 年。

25. 张静：《英国低碳经济政策与实践及对中国的启示》，硕士学位论文，华东师范大学，2012 年。

26. 孙毅：《发达国家与中国发展低碳经济的政策比较》，硕士学位论文，青岛大学，2011 年。

27. 郑通文：《低碳产业集群发展的实现机制研究》，硕士学位论文，江西师范大学，2012 年。

28. 梁宵：《低碳经济对中国出口贸易的影响及其对策建议》，硕士学位论文，东北师范大学，2013 年。

29. 赵强：《区域经济发展的路径选择》，硕士学位论文，复旦大学，2008 年。

30. 贾斌韬：《武陵山经济协作区统筹发展研究》，硕士学位论文，中央民族大学，2012 年。

31. 贺立萍：《转型时期我国地方政府职能转变探析》，硕士学位论文，辽宁大学，2008 年。

32. 张经纬：《论我国行政权限冲突化解机制的改进与完善》，硕士学位论文，中国社会科学院研究生院，2011 年。

33. 万正立：《公共危机应对中政府协调研究》，硕士学位论文，湖南大学，2009 年。

34. 石旭斋：《论农民经济权益法律调整的社会公正及其实现》，硕士学位论文，安徽大学，2003 年。

35. 韩冰：《行政协助研究》，硕士学位论文，苏州大学，2004 年。

36. 李延：《我国行政协助法制化研究》，硕士学位论文，广西师范大学，2006 年。

37. 金亮：《我国地方政府执行中央政策的阻滞机制分析》，硕士学位论文，湖北大学，2013 年。

38. 王雅菊：《我国大学生村官政策执行偏差研究》，硕士学位论文，西北大学，2010 年。

39. 梁莉丹：《公共政策选择性执行的原因及防治对策研究》，硕士学侠论文，西北大学，2004 年。

40. 刘俊：《我国中小企业政策结构问题研究》，硕士学位论文，武汉大学，2004 年。

41. 马小娟：《我国现阶段公共政策执行偏差评析》，硕士学位论文，山西大学，2004 年。

42. 黄堃：《省（市）边缘区经济发展模式研究》，硕士学位论文，重庆工商大学，2012 年。

43. 李仲广：《中国市场地区化与统一市场进程的思考》，硕士学位论文，东北财经大学，2002 年。

44. 陈红：《河北省农民专业合作社支持政策实施效果评价》，硕士学位论文，河北农业大学，2011 年。

45. 尹娜娜：《我国公共政策评估存在的问题及其完善研究》，硕士学位论文，湘潭大学，2012 年。

46. 刘明然：《推进我国公共政策评估的思考》，硕士学位论文，湖南大学，2006 年。

47. 蒋晓丽：《河北省沽源县退耕还林工程经济影响评价研究》，硕士学位论文，北京林业大学，2006 年。

48. 刘亮：《我国建立碳标签制度的公共政策路径研究》，硕士学位论文，华南理工大学，2014 年。

49. 赵二影：《对农村部分计划生育家庭奖励扶助制度的政策评估》，硕士学位论文，华中科技大学，2006 年。

50. 管书华：《科技政策制定与评价的研究》，硕士学位论文，武汉理工大学，2004 年。

51. 朱志强：《国际碳交易市场发展对我国相关上市公司的影响》，硕士学位论文，西南交通大学，2010 年。

52. 赵明媚：《促进安徽省林业生态经济发展的公共政策研究》，硕士学位论文，安徽大学，2012 年。

53. 谢媛：《政策评估模式及其应用》，硕士学位论文，厦门大学，2001 年。

54. 陈登：《我国公共政策绩效评价机制研究》，硕士学位论文，华南理工大学，2013 年。

55. 孙立生：《民族政策效果评估研究》，硕士学位论文，中南民族大学，2013 年。

56. 孙雨：《低碳经济的技术哲学思考》，硕士学位论文，东华大学，2012 年。

57. 马凯：《行政权限冲突解决法制化探究》，硕士学位论文，东北大学，2012 年。

58. 韩晓峰：《行政执法冲突与公安部门执法困境的成因分析及对策研究》，硕士学位论文，复旦大学，2013 年。

59. 徐书平：《西藏公共政策制定过程中的公众参与问题研究》，硕士学位论文，西藏大学，2008 年。

60. 赵洁：《公共政策中的公民网络参与研究》，硕士学位论文，云南民族大学，2010 年。

61. 陆小成：《政策执行冲突的制度分析》，硕士学位论文，湘潭大学，2005 年。

62. 王勇：《公共政策执行再生性梗阻与症解研究》，硕士学位论文，广东海洋大学，2011 年。

63. 吴鹏：《从地方政府角度对中国区域产业结构趋同的制度博弈分析》，硕士学位论文，同济大学，2007 年。

64. 崔向雨：《北京市山区生态公益林补偿政策实施成效分析及评价》，硕士学位论文，北京林业大学，2008 年。

65. 尹苹苹：《政府成本理论及其控制研究》，硕士学位论文，西南财经大学，2007 年。

八　研究报告

1. 国家发展和改革委员会能源研究所课题组：《中国 2050 年低碳发展之路：能源需求暨碳排放情景分析》，科学出版社 2009 年版。

2. 中国科学院可持续发展战略研究组：《2009 中国可持续发展战略报告——探索中国特色低碳道路》，科学出版社 2003 年版。

3. 气候变化国家评估报告编写委员会：《气候变化国家评估报告》，科学出版社 2007 年版。

4. 中国社会科学院环境与发展研究中心编：《中国环境与发展评论》（第 3 卷），社会科学文献出版社 2007 年版。

5. 中国社会科学院公共政策研究中心编：《中国公共政策分析（2001 年卷）》，中国社会科学出版社 2001 年版。

6. 北京太平洋国际战略研究所编：《领袖的外脑——世界著名思想库》，中国社会科学出版社 2000 年版。

7. 秦大河：《中国西部环境演变评估》（综合卷），科学出版社 2009 年版。

8. 联合国政府间气候变化专门委员会第四次评估报告：《气候变化 2007：综合报告》，日内瓦：IPCC，2007 年。

9. 联合国政府间气候变化专门委员会第四次评估报告：《气候变化 2007：减缓气候变化》，日内瓦：IPCC，2007 年。

10. 联合国政府间气候变化专门委员会第四次评估报告：《气候变化 2007：自然科学基础》，日内瓦：IPCC，2007 年。

11. 联合国政府间气候变化专门委员会第四次评估报告：《气候变化 2007：影响、适应和脆弱性》，日内瓦：IPCC，2007 年。

12. 国际非营利机构气候组织：《中国低碳领导力：城市报告》，2009 年。

13. 联合国开发计划署：《2007/2008 年人类发展报告——应对气候变化：分化世界中的人类团结》，2007 年。

14. 世界银行：《2003 年世界银行发展报告：变革世界中的可持续发展》，2004 年。

15. 《斯特恩报告：气候变化及其适应与减缓行动的经济学评估》，2010 年。

16. 联合国开发计划署评估办公室编：《计划管理者手册——面向结果的监督与评估》，科学出版社 1999 年版。

17. 联合国经济和社会事务统计处编：《社会和人口统计体系》，中国财政经济出版社 1985 年版。

18. 英国海外开发署编：《发展中国家项目评估——经济学家指南》，中国计划出版社 1996 年版。

九　报纸

1. 何建坤：《发展低碳经济应对气候变化》，《光明日报》2010 年 2 月 15 日。

2. 袁曙宏：《一个统筹兼顾、积极稳妥的好方案》，《人民日报》2008 年 4 月 2 日。

3. 王涛：《英国出台低碳过渡计划》，《经济日报》2009 年 7 月 17 日。

4. 樊纲：《应积极参与建立新的低碳经济国际机制》，《广州日报》2009 年 9 月 6 日。

5. 《全国人大首次就应对气候变化作出决议》，《消费日报》2009 年 9 月 1 日。

6. 刘华：《浙江获批"转变经济发展方式综合试点省"》，《21 世纪经济报道》2010 年 3 月 10 日。

7. 张宗堂、邹声文：《应对气候变化工作成为人大监督工作重点之一》，《新华每日电讯》2009 年 8 月 28 日。

8. 《全美首个低碳标准获通过》，《中国科技信息》2009 年 6 月 1 日。

9. 《国家发改委发布我国第一个〈节能中长期专项规划〉——国家发改

委有关负责人答记者问》,《中国建设信息·供热制冷专刊》2005 年 1 月 8 日。

10. 杨海霞:《应对气候变化发展低碳经济专访国家发改委应对气候变化司司长苏伟》,《中国投资》2010 年 2 月 5 日。

11. 汪孝宗、胡雪琴:《如何实现减排 40%—45%——中国的减排路径》,《中国经济周刊》2009 年 12 月 21 日。

12. 柯华:《餐桌安全:监管部门共同做主》,《福建日报》2009 年 5 月 13 日。

13. 韩凤芹:《加大区域发展中的财金政策力度》,《经济参考报》2004 年 12 月 8 日。

14. 李志军:《国外公共政策评估情况和主要做法以及对我国的启示》（上）,《中国经济时报》2013 年 5 月 8 日。

15. 周子勋:《构建中国公共政策评估机制迫在眉睫》,《中国经济时报》2014 年 4 月 30 日。

16. 黄海峰、李慧颖:《借德国循环经济经验谋中国可持续发展》,《国际商报》2007 年 9 月 27 日。

17. 马宇:《大部制真能解决问题吗?》,《南方周末》2008 年 3 月 6 日。

18. 编辑部社论:《整合权力与职能,让环保部门名归实至》,《新京报》2008 年 3 月 8 日。

19. 于立深:《行政协助是政令畅通的重要一环》,《法制日报》2004 年 10 月 26 日。

20. 吴妮:《英机构改革重在"服务于民"》,《新京报》2008 年 3 月 9 日。

21. 王东明:《贯彻地方机构编制管理条例,加快推进机构编制管理的法制化》,《人民日报》2008 年 4 月 15 日。

22. 迟福林:《改革需设利益超脱协调机制》,《新京报》2008 年 3 月 10 日。

十 论文汇编与会议论文集

1. 童力冲:《试论低碳经济与我国经济发展方式的转变》,《陕西省〈资本论〉研究会 2010 年学术年会论文集》2010 年。

2. 刘力：《低碳经济在国内外的进展》，《低碳经济与林业发展论坛——中国林业学术论坛论文集·第 6 辑》2009 年。

3. 金国坤：《论服务型政府部门间的协调配合机制》，《中国法学会行政法学研究会 2008 年年会论文集》2008 年。

4. 张广胜、江金启：《我国农村区域收入不均等变动趋势的经济学解释——基于省级面板数据的实证分析》，《社会主义新农村建设研究——中国农业经济学会 2006 年年会论文集》2006 年。

5. 黄学贤：《行政程序中的协力行为——基于两岸理论与实践的比较研究》，《中国法学会行政法学研究会 2006 年年会论文集》2006 年。

十一 政治学工具书

1. ［英］戴维·米勒、韦农·波格丹诺：《布莱克维尔政治学百科全书》，邓正来译，中国政法大学出版社 1992 年版。

2. ［美］杰克·普拉诺：《政治学分析词典》，胡杰译，中国社会科学出版社 1986 年版。

3. ［美］格林斯坦、波尔斯比：《政治学手册精选》，竺乾威译，商务印书馆 1996 年版。

4. ［美］E. R. 克鲁斯克、B. M. 杰克逊：《公共政策词典》，唐理斌译，上海远东出版社 1992 年版。

5. ［美］斯图亚特·S. 那格尔：《政策研究百科全书》，林明译，科学技术文献出版社 1990 年版。

6. 梅益：《中国大百科全书·政治学》，中国大百科全书出版社 1992 年版。

7. 潘小娟、张辰龙：《当代西方政治学新词典》，吉林人民出版社 2001 年版。

8. 钱江：《高绩效的政府管理实务全书》，新华出版社 2003 年版。

9. 《简明不列颠百科全书》第 9 卷，中国大百科全书出版社 1986 年版。

十二 主要参考网站及网络资料

1. 中华人民共和国中央人民政府门户网站：http：//www. gov. cn/。

2. 国务院发展研究中心：http：//www. drc. gov. cn/。

3. 新华网资料库：http：//news. xinhuanet. com/ziliao/。

4. 中国决策咨询网：http：//www juece. gov. cn/。

5. 中国政府创新网：http：//www. chinainnovations. org/。

6. 中国改革论坛：http：//www. chinareform. org. cn/。

7. 中华人民共和国国家发展和改革委员会：http：//www. sdpc. gov. cn/。

8. 中华人民共和国环境保护部：http：//www. mep. gov. cn/。

9. 中华人民共和国国家能源局：http：//www. energy. people. com. cn/。

10. 中华人民共和国国家气象局：http：//www. cma. gov. cn/。

11. 中华人民共和国商务部：http：//www. mofcom. gov. cn/。

12. 中华人民共和国国土资源部：http：//www. mlr. gov. cn/。

13. 中华人民共和国财政部：http：//www. mof. gov. cn/。

14. 中华人民共和国国家税务总局：http：//www. chinatax. gov. cn/。

15. 中国人民银行：http：//www. pbc. gov. cn/。

16. 中国银行业监管委员会：http：//www. cbrc. gov. cn/。

17. 中国国家电力监管委员会：http：//www. cpnn. com. cn/。

18. 中国政治学在线：http：//www. sirpa. fudan. edu. cn/CPSonline/。

19. 北京大学政治发展与政府管理研究所：http：//www. pku. edu. cn/aca-demic/xzglx/zzyj s/。

20. 中南财经政法大学环境法研究网：http：//www. enlaw. org。

21. 中国社会科学院中国社会科学网：http：//www. cssn. cn/。

22. 搜狐财经网：http：//business. sohu. com/。

23. 中国经营网江西频道：http：//jiangxi. cb. co。

24. 湖北省人民政府政研网：http：//www. hbzyw. gov。

25. 价值中国网：http：//www. chinavalu. cn。

26. 广东环境保护网：http：//www. gdepb. gov。

27. 豆丁网：http：//www. docin. com。

28. 中国气候变化信息网：http：//www. ccchina. g。

29. 中国金融网：http：//news. zgjrw. co。

30. 百度文库：http：//wenku. baidu。

31. 百度百科：http：//baike. baidu。

32. 中国低碳网：http：//www. ditan360. com/。
33. 低碳世界网：http：//ditanshijie. banzhu. com/。
34. 世界低碳环保联合会：http：//www. wlef. org/chinese/。
35. 联合国环境规划署：http：//www. unep. org/chinese/。
36. 世界气象组织：https：//www. wmo. int/pages/index_ zh. html。
37. 世界自然基金会：http：//www. wwfchina. org/。
38. 绿色和平组织：http：//www. greenpeace. org/china/。
39. 美国环境保护署：http：//www3. epa. gov/。
40. 欧洲环境署：http：//www. eea. europa. eu/。

十三　英文文献

1. Adger W. N, Arnell N. W. , *"Successful Adaptation to Climate Change Across Scales"*, Global Environmental Change, 2005（15）.

2. Burton, Diringer, E. Smith, *"Adaptation to Climate Change：International Policy Options"*, Pew Centre.

3. Gigli, Agrawala, *"Stocktaking of Progress on Intergrating Adaptation to Climate Change of Development Co-operation Activities"*, OECD, 2007.

4. Hunt, Watkiss. P. , *"Liture Review on Climate Change Impacts on Urban City Centres：Initial Findings"*, OECD, Environmental Policy Commteraittee, 2007.

5. IPCC, "Climate Change 2001：Impacts, Adaption, and Vulnerability", *Working Grop II Contribution to the to the Intergovernmental Penal on Climate Change Third Assessment Report*, Cambridge Uiversity Press.

6. Evan Mills, *"Synergisms Between Climate Change Mitigation and Adaptation：an Insurance Perspective"*, Mitig Adapt Start Glol Change, 2007（12）.

7. Mcgray H. , Hammill A. , *"Weathering the Storm：Options for Framing Adaption and Development"*, World Resources Insititute Report, 2007.

8. Nicholls R. J. , *"Ranking of the World's Cities Most Exposed to Coastal Flooding Today and in the Future"*, Executive Summary, OECD, 2007.

9. Olmos S. , "*Vunerability and Adaptation to Climate Change*: *Concepts*, *Issues*, *Assessment Methods*", Climate Change Knowledge Network Foundation Paper, 2011.

10. Parry M. L. , Canziani O. F. , "Climate Change 2007: Impacts, Adaptation and Vulnerability", *Technical Summary*, Cambridge University Press Cambridge.

11. Penney J. , "*Cities Preparing for Climate Change*", Clean Air Partnership, 2010.

12. Silver, "Insurance and Climate Risks—The Role of Donors and Development Institution", *G8 Experts Meeting*: *Insurance Instruments for Adaptation to Climate Risks*, BMU, Berlin 20 November 2007.

13. Thomas D. G. , Teyman C. , "*Equity and Justice in Climate Change Adaptation Amongst Nature—Resources—Dependent Societies*", Global Environment Change, 2013.

14. UNFCC, Climate Change: "Impacts, Vulnerabilities and adaptation in Developing Countries", UNFCC, 2008, Bonn.

15. William N. , *Public Policy Analysis*: *An Introduction Englewood Cliffs*, New Jersey: Prentice-Hall Inc. , 1994.

16. David L. , *Policy Analysis*: *Concepts and practice*, *Englewood Ciffs*, New Jersey: Prentice-Hall Inc. , 1998.

17. Carl V. Patton, David S. Sawicki, *Basic Methods of Policy Analysis and Planning*, *Englewood Cliffs*, N. J. : Prentice-Hall Publishers, 1993.

18. Edward S. , *Analysis for public Decision*, New York: American Elsvier, 1989.

19. Edward S. , *System Analysis and Policy Planning*: *Application in Defense*, New York: Elsevier Science Publishing Company, 1968.

20. Charles O. , *An Introduction to the Study of Public Policy*, California: Brooks/Cole Publishing Company, 1984.

21. Edith Stokey, *Richard Zeckhauser. A Primer for Policy Analysis*, New York: Norton, 1978.

22. Adao Miyakawa, *The Science of Public Policy*: *Essential Reading in Policy*

Science, Routledge, 1999.

23. Harold D. , Lasswell, *The Policy Science: Recent Development in Scope and Method*, CA: Standford University Press, 1951.

24. Peter John, *Analyzing Public Policy*, London: Wellington House, 1998.

25. Michale Howlett, M. Ramesh, *Studying Public Policy: Policy Cycles and Policy Subsystems*, Oxford: Oxford University Press, 1995.

26. Peters and Frans K. , *Public Policy Instruments*, Cheltenham: Edward Elgar, 1998.

27. Lester M. , Salamon, Odus V. , *Tools of Government: A Guide to the new Governance*, Oxford University Press, 2002.

28. Steven Cohen, William Eimick, *Tools for Innovators: Creative Strategies for Managing Public Sector Organizations*, San Francisco: Jossey-Bass Publishers, 1998.

29. C. Hood, *The Tools of Government*, London: Macmillan, 1983.

30. Ducan Macrae, Dale Whittington, *Expert Advice for Policy Choice: Analysis and Discourse*, Washington, D. C. : Georgetown University Press, 1997.

31. Evert Vedung, *Public Policy and Program Evaluation*, New Jersey: Transaction Publishers, 1997.

32. Harold D. , Lasswell, *Pre-view of policy Science*, New York: American Elsevier, 1971.

33. Stuart S. , Nagel, Miriam K. Mills, *Professional Development in Policy Science*, Westport, Connecticut: Green World Press, 1993.

34. William N. , Rita Mae Kelly, *Advances in Policy Studies Since*1950, N. J. : Transaction Books, 1992.

35. Alice Rivlin, *Thinking for Social Action*, Washington D. C. : The Brookings Institution, 1976.

36. Ducan MacRae, *Policy Analysis for public Decision*, M. A. : Duxbury Press, 1979.

37. Sturt S. , Nagel, *Encyclopedia of Policy Studies*, New York: Marcel Dekker, 1983.

38. Aaron Wildavsky, *Speaking Truth to Power: The Art and Craft of Policy Analysis*, New Brunswick: Transaction Publishers, 1993.

39. Richard, *The Reach and Grasp of Policy Analysis*, Alabama: The University of Alabama Press, 1990.

40. Randall B. , *Policy Analysis in Political Science*, Chicago: Nelson-Hall Publishers, 1985.

41. Graham T. , *Essence of Decision: Explaining the Cuban Missile Crisis*, Boston: Brown Company, 1971.

42. Graham T. , Allison and Philip D. , Zelikow, *Essence of Decision: Explaining the Cuban Missile Crisis*, Addison Wesley Longman, 1999.

43. Mancur Olson, *The Logic of Collective Action: Public Goods and The Theory of Groups*, Massachusetts: Harvard University Press, 1965.

44. Jay M. Shafritz, Albert Hyde, *Classics of Public Administration (fourth edtion)*, Hancourt: Brace College Publishers, 1997.

45. Eugen, *Ethics for Policy-making: A Methodological Analysis Westport*, C. T. : Greenwood Press, 1990.

46. B. Guy Peters, *American Public Policy: Promise and Performance (fourth edtion)*, Chatham House Publishers, 1996.

47. John M. Levy, *Essential Microeconomics for Public Policy Analysis*, Westport Connecticut Praeger, 1995.

48. Davis B. Bobrow and John S. Dryzek, *Policy Analysis by Design*, Pittsburgh Pa: University of Pittsburgh Press, 1987.

49. Peter W. and Roger D. Shull, *Rush To Policy: Using Analytic Techniques in Public Sector Decision Making*, New Jersey: Transaction Publishers, 1988.

50. Ralph, *Value-focused Thinking: A path to Creative Decision-making*, Masdachusetts: Harvad University Press, 1992.

51. Brian W. Hogwood and Lewis A. Gunn, *Policy Analysis for the Real World*, Oxford: Oxford University Press, 1984.

52. Eugene Bardach, *The Eight-Step Path of Policy Analysis: A Handbook for Practice. Berkley*, C. A. : Berkley Academic Press, 1984.

53. Edwin Mansfield, *Managerial Economics and Operations Research*: *Techniques*, *Application*, *Case*, New York: W. Norton&Company, 1987.

54. George J. Mceall and George H. Weber, *Social Science and Public Policy*: *The Roles of Academic Disciplines in Policy Analysis*, Port Washington N. Y. : Associated Faculty Press, 1984.

55. R. C. Amacher, *The Economic Approach to Public Policy*, Ithaca N. Y. : Cornell University Press, 1976.

56. M. J. Dubnik and B. A. Bardes, *Thinking about Public Policy*: *A Problem-solving Approach*, Canadan: John Wiley&Sons, Inc. , 1983.

57. Robert F. , *The Principles of Social Policy*, New York: Palgrave, 2001.

58. Birkland, Thomas A. , *An Introduction to the Policy Process*: *Theories*, *concepts*, *and Model of Public Policy Making*, Armonk N. Y. : M. E. Sharpe, 2001.

59. Deaned, Hartley, *Begging Questions*: *Street-Level Economic Activity and Social Policy Failure*, U. K. : Policy Press, 1999.

60. Hill Michael, *Implementing Public Policy*: *Governance in Theory and Practice*, London: Sage, 2002.

61. Richards David and Smith Martin, *Governance and Public Policy in the United Kingdom*, Oxford University Press, 2002.

62. Rosenaued, Vaillancount, *Public-Private Policy Partnerships*, Cambridge Mass. : MIT Press, 2000.

63. Schuck, Peter H. , *Foundations of Administration Law*, New York: Foundation Press, 2003.

64. Brsdley A. W. , *Constitutional and Administration Law*, Pearson Education, 2003.

65. Alex Carroll, *Constitutional and Administration Law*, Longman Press, 2002.

后　记

　　2011 年夏天，承蒙各位专家不弃，本人申报的"我国扶持低碳经济发展的公共政策整合问题研究"获国家社会科学基金政治学类青年项目立项，有幸得到国家社会科学基金委的研究资助。这对于一个初出茅庐的博士毕业生来说，是莫大的鼓舞与信任，又使我感到诚惶诚恐、忐忑不安！虽然在读博期间跟着恩师武汉大学教授虞崇胜先生做过大项目研究，有过项目参研经历，但是以课题负责人身份独立主持国家基金，尚属首次，兴奋与压力倍增。

　　接到正式的立项通知书后，我开始思考和着手项目研究。课题经过内部成员研讨、外部专家论证、抽样问卷调查、四大专项调研、实证数据分析和凝练研究结论等 6 个研究阶段，最终形成结项专著。

　　呈现在各位专家和读者面前的《我国扶持低碳经济发展的公共政策整合问题研究》是我的最终结项成果，也是我主持研究国家基金项目学徒期的一篇习作。我要衷心感谢我的恩师虞先生，在项目选题，项目研究，修改完善等各个环节，我和课题组成员多次请教虞老师、麻烦虞老师，都得到了老师悉心的指导。在论文的修改中，虞先生在我的初稿上作了多处红笔批注，专门为我写下了好几页纸的修改意见，围绕着"问题意识，逻辑进路，创新观点，政治学的味道"几方面，对我悉心指导。虞先生对课题研究高度负责的态度和敬业精神，为我一个晚辈后学树立起参照标杆。可以说，本项目能做出来，并修改完善到现在这样，无不受教于先生、得益于先生。

　　本项目的研究，还受惠于江西省内外诸多政治学行政学专家学者的恩泽，恕我这里不一一列举。他们或给我咨询论证，或给我学术指导，或给我提供调研帮助，或是我聆听他们的讲学，或是我拜读过他们的大作，他们给予我大量的学术点拨，使我获益良多。在此，向各位师长、各位学界同人，致以深深的谢意！

项目研究期间，我为人夫，为人父，尽力一个社会人的基本角色。小儿初上小学启蒙教育，抚育幼儿的艰辛，让我尝到为人父之不易。我感谢小儿的健康成长和学业进步，他的健康快乐和每一点进步，使我有宁静之心面壁思考课题。我感谢我的妻子在家的辛劳，她的宽容和理解，规避了我书卷之外的劳顿和辛苦，她对父母的孝敬，对小儿的悉心照料，免除了我的牵挂和担忧，让我能够安心地做一点学问。而深感遗憾的是，在这洪城校园的陋室里，我留给她的是一路的辛苦、长期的拮据。

项目研究期间，正是我作为青年教师工作上爬坡过坎的艰难阶段，教学、科研、行政，像"三座大山"压着我。既要教书，又要糊口养家育儿；既要静心而坐、面壁思考做课题，又要硬着头皮应付院系的会议和烦琐的事务；既要四处奔波搞调研，又要苦思冥想作凝练。有时真感到心力交瘁，真感到脆弱的双肩难以承受如此重负。如何平衡教学与科研、业务与行政、工作与生活等问题，是我们每一个高校教师都必须面对的，我至今都还没有修炼好。

2011—2013年，我的身体状况一度很差，经常感冒咳嗽头晕，稍微在电脑桌前坐时间长一点，就会胸口发闷；有时候上几节课下来，回到家连说话的力气都没有了。课题研究工作数度停顿，时断时续。历经艰难与疲惫，历经酷暑寒冬，酸甜苦辣均尝之，总算把课题做了出来。让我欣慰的是，几年过来了，三座大山一一搬开：教学上我成了优秀主讲教师，课题总算做出来了，系部行政工作也逐渐上手。我要感谢上苍，让我挺过了这生活重负的几年，让我和我的家人平安度过这几年艰难的岁月！

国家社会科学基金项目研究的几载转瞬即逝，我初生牛犊走向社会开始工作最美好的几年时光在这里面度过。我看重这默默无闻的几年，看重这段平淡的时光。在这里我受到了系统规范的项目研究训练，开启了治学之门，我永远会以曾经主持研究过国家级课题为荣。

再一次感谢国家社会科学基金委和评审专家们的馈赠，感谢幸运之神对我的眷顾，让我这个才入职的大学教师就有幸研究国家级项目！

再一次感谢我的工作单位南昌航空大学，给我提供了工作平台和安身立命之所，让我有了工作和生活的依托，使我有机会教书育人和做研究。

再一次感谢我的恩师虞崇胜老师！再一次感谢我的母校武汉大学！我受惠于先生的恩泽，恩师对我的教诲、帮助和关怀，今生铭记。恩师让我超越了很多，改变了很多，让我一个农村放牛娃读了博士，成长为高校教师。我今天每一点成绩的取得，无不受教于恩师、受惠于母校武汉大学系统规范的学术训练。

完稿之际，浮想联翩。毋庸讳言，为完成本课题我付出了艰辛的努力。多少次深夜中猛醒，为的是一段文字和观点；多少次放下碗筷，为的是一个线索和问题；多少个时日，酸涩的双眼追逐着堆积的资料和闪烁的电脑屏幕；多少次调研中，遭遇别人的白眼和冷待……

学识有限，时间有限，身体条件有限，我的这篇论文难免存在疏忽和不周之处，对一些问题的理解可能存在偏差，敬请各位学界师长批评指正，敬请各位专家学者不吝赐教，以便我在今后的学习和研究中予以完善。

最后，感谢国家社会科学规划办公室的研究资助；感谢南昌航空大学科技成果出版专项基金的资助；感谢南昌航空大学文法学院的出版资助；感谢中国社会科学出版社编辑张潜女士、王茵女士的编劳。正是由于他们的资助和辛劳，本书才得以出版面世。

李　奎

2017 年 3 月于南昌航空大学洪城校园补牢斋